Ein Jahr auf dem Court

Allgemeiner Hinweis:

Aus Gründen der besseren Lesbarkeit haben wir uns entschlossen, durchgängig die männliche (neutrale) Anredeform zu nutzen, die selbstverständlich die weibliche mit einschließt.

Das vorliegende Buch wurde sorgfältig erarbeitet. Dennoch erfolgen alle Angaben ohne Gewähr. Weder der Autor noch der Verlag können für eventuelle Nachteile oder Schäden, die aus den im Buch vorgestellten Informationen resultieren, Haftung übernehmen.

Sollte diese Publikation Links auf Websiten Dritter enthalten, so übernehmen wir für deren Inhalte keine Haftung, da wir uns diese nicht zu eigen machen, sondern lediglich auf deren Stand zum Zeitpunkt der Erstveröffentlichung verweisen.

CHRISTIAN ALBRECHT BARSCHEL

EIN JAHR
AUF DEM COURT

 **SPANNENDE GESCHICHTEN AUS DER WELT DES TENNIS**

MEYER & MEYER VERLAG

Ein Jahr auf dem Court
Bibliografische Information der Deutschen Bibliothek
Die Deutsche Bibliothek verzeichnet diese Publikation in der Deutschen Nationalbibliografie; detaillierte bibliografische Details sind im Internet über <http://dnb.ddb.de> abrufbar.

Alle Rechte, insbesondere das Recht der Vervielfältigung und Verbreitung sowie das Recht der Übersetzung, vorbehalten. Kein Teil des Werkes darf in irgendeiner Form – durch Fotokopie, Mikrofilm oder ein anderes Verfahren – ohne schriftliche Genehmigung des Verlages reproduziert oder unter Verwendung elektronischer Systeme verarbeitet, gespeichert, vervielfältigt oder verbreitet werden.

© 2020 by Meyer & Meyer Verlag, Aachen
Auckland, Beirut, Dubai, Hägendorf, Hongkong, Indianapolis, Kairo, Kapstadt, Manila, Maidenhead, Neu-Delhi, Singapur, Sydney, Teheran, Wien
  Member of the World Sport Publishers' Association (WSPA)
Druck: CPI – Clausen & Bosse, Leck
ISBN 978-3-8403-7721-1
E-Mail: verlag@m-m-sports.com
www.dersportverlag.de

INHALT

Vorwort 6
    Januar: Down Under 8
    Februar: Debüts und Premieren 35
    März: Bombendrohung und Fair Play 55
    April: Comeback und Höchststrafe 78
    Mai: Sandplatzhelden 100
    Juni: Roland Garros 121
    Juli: Der Heilige Rasen 144
    August: Goldige Momente 168
    September: New York, New York 192
    Oktober: Porsche-Problem und Heirat 216
    November: Weltmeister 237
    Dezember: Davis-Cup-Helden 257
Anhang
1 Literatur 279
2 Bildnachweis 286

VORWORT

„Ganz großes Tennis!" Diese Redewendung ist aus dem alltäglichen Sprachgebrauch nicht mehr wegzudenken. „Tennis ist eine perfekte Kombination aus brutaler Action in einer Atmosphäre der absoluten Ruhe", sagte einst die US-Ikone Billie Jean King, eine leidenschaftliche Kämpferin für die Gleichberechtigung zwischen Spielern und Spielerinnen. Andre Agassi stellte treffend über den „weißen Sport" fest: „Jeder Punkt kann zum Wendepunkt werden und sich in deine dunkelste oder größte Stunde verwandeln."

Ganz großes Tennis schildert auch dieses Buch über den „weißen Sport". Es liefert 365 Geschichten, ob historisch, kurios oder bizarr, aus der Welt des Tennissports – von Neujahr bis Silvester. Der Fokus liegt größtenteils auf den deutschen Spielern und Spielerinnen, die seit Beginn der Open Era im Jahr 1968 – der Geburtsstunde des Profitennis – denkwürdige Matches gespielt haben.

Wann gewann Boris Becker zum ersten Mal in Wimbledon? Warum ist der 9. Juli 1989 der größte Tag in der Geschichte des deutschen Tennis?

Wer schaffte das außergewöhnlichste Comeback nach einem Rückstand von 0:6, 0:5, 0:40?

Wieso wurde am 30. April 1993 am Hamburger Rothenbaum das dunkelste Kapitel im Tennissport geschrieben?

Und wie lief das kuriose Geschlechterduell zwischen dem Kettenraucher Karsten Braasch und den Williams-Schwestern Serena und Venus bei den Australian Open 1996 ab?

Vorwort

Roger Federer sagte einmal: „Wenn du deinen Sport wirklich liebst, musst du seine Geschichte studieren, damit du verstehst, wie er zu dem geworden ist, wie wir ihn heute kennen." Ein treffender Satz vom wohl populärsten Spieler der Tennisgeschichte.

Dieses Buch erzählt zu jedem Tag im Jahr eine passende Geschichte über die schönste Sportart der Welt. Ich wünsche Ihnen viel Vergnügen beim Lesen und im Schwelgen historischer Erinnerungen.

Christian Albrecht Barschel

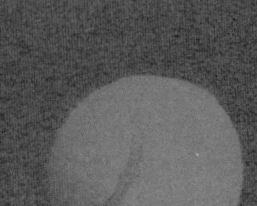

Januar: Down Under

1. Januar
1973
Margaret Court gewinnt historischen Titel bei den Australian Open

Margaret Court ist mit 24 Grand-Slam-Titeln im Einzel Rekordhalterin im Damentennis. Fast die Hälfte ihrer Grand-Slam-Titel gewann die Australierin bei ihrem Heim-„Major", den Australian Open. Den elften und letzten Turniersieg in Down Under holte sich Court am Neujahrstag des Jahres 1973, allesamt auf Rasen, da die Australian Open erst im Jahr 1988 ein Hartplatzturnier wurden.

Im Endspiel besiegte Court bei Temperaturen um die 45° C ihre Landsfrau Evonne Goolagong mit 6:4, 7:5. Kein Spieler oder keine Spielerin hat bei einem Grand-Slam-Turnier mehr Einzeltitel gewonnen als Court.

Allerdings: Die Australian Open waren in früheren Jahren eher eine australische Meisterschaft, da das Turnier damals noch nicht das Renommee von heute besaß und viele ausländische Topstars die lange Reise nach Australien nicht unternehmen wollten.

Court wurde die Ehre zuteil, dass im heutigen Melbourne Park, dem Veranstaltungsort des Turniers, der zweitgrößte Platz der Anlage nach ihr benannt ist. Nach diversen homophoben Aussagen von Court wurde eine Namensänderung der Margaret Court Arena diskutiert, die allerdings bislang nicht durchgeführt wurde.

2. Januar
1992
Boris Becker, Steffi Graf und das Mixed mit Folgen

Boris Becker und Steffi Graf bildeten beim Hopman Cup 1992 in Perth, der inoffiziellen Mixed-Weltmeisterschaft im Tennis, das deutsche Team. Ihr Auftritt stand aber unter keinem guten Stern. Damals wurde im australischen Perth im K.-o.-Format gespielt.

Becker und Graf siegten im Viertelfinale gegen Frankreich in den Einzeln, traten aber nicht zum abschließenden Mixed an. Im Halbfinale gegen die Tschechoslowakei musste Graf ihr Einzel gegen Helena Sukova nach Satzgleichstand wegen Schwindelanfällen aufgeben. Becker gewann anschließend sein Einzel gegen Karel Novacek. Trotz ihrer Aufgabe im Einzel trat Graf zum entscheidenden Mixed an, war aber am Ende ihrer Kräfte. Becker und Graf hielten zwar mit, verloren jedoch die Partie mit 4:6, 4:6. Es war der einzige gemeinsame Mixedauftritt der beiden deutschen Tennislegenden.

Für Graf hatte das Antreten beim Hopman Cup schwere Folgen. Vor Turnierbeginn hatten deutsche Ärzte bei ihr eine Mittelohrentzündung festgestellt und ihr von der Teilnahme am Hopman Cup abgeraten. Doch Graf ignorierte den Rat, flog nach Perth und machte die Erkrankung dadurch noch schlimmer. Nach dem Hopman Cup erteilten die Ärzte ihr zunächst Flugverbot von Perth nach Melbourne. Bei den Australian Open angekommen, musste Graf nach einigen kurzen Trainingseinheiten und diversen Bluttests für das Grand-Slam-Turnier absagen.

3. Januar
1972
Ken Rosewall und seine unglaubliche Siegesspanne

Ken Rosewall gewann 1953 als 18-Jähriger bei den Australian Open seinen ersten Grand-Slam-Titel. 19 Jahre später triumphierte der Australier zum vierten Mal bei seinem Heimturnier und sicherte sich seinen achten und letzten Turniersieg bei einem Grand Slam. Der 37-jährige Rosewall besiegte im ältesten Grand-Slam-Finale in der Geschichte des Profitennis seinen australischen Landsmann Malcom Anderson mit 7:6 (7:2), 6:3, 7:5.

Mit 19 Jahren ist dies die größte Zeitspanne im Tennis zwischen dem ersten und letzten Grand-Slam-Titel eines Spielers. Mit 37 Jahren und zwei Monaten ist Rosewall bis heute der älteste Grand-Slam-Sieger im Einzel in der Geschichte des Profitennis.

4. Januar
1976
Mark Edmondson und sein Australian-Open-Titel aus dem Nichts

Mark Edmondson hat das erreicht, wovon alle australischen Spieler träumen. Er gewann sein Heimturnier: die Australian Open. Es war im Jahr 1976, als Edmondson als Nummer 212 der Weltrangliste im Finale bei den Australian Open gegen seinen Landsmann John Newcombe sensationell siegte. Er ist damit der am niedrigsten platzierte Spieler, der je ein Grand-Slam-Turnier bei den Herren gewinnen konnte und ist bis heute der letzte Australier, der bei den Australian Open triumphierte.

„Ich bin in Schock. Das ist zu gut, um es zu glauben. Ich denke, ich werde mir heute Abend ein paar Flaschen Schampus genehmigen", sagte der Sensationssieger nach seinem Coup.

Wer jetzt dachte, dass dies der Beginn einer großen Einzelkarriere von Edmondson war, der sah sich getäuscht. Der Australier konnte hauptsächlich nur bei Turnieren in seinem Land glänzen und erreichte mit Position 15 seine beste Platzierung in der Weltrangliste. Besser lief dagegen seine Karriere als Doppelspieler. 34 Turniersiege, darunter fünf Grand-Slam-Titel, machten Edmondson zu einem der besten Doppelspieler seiner Zeit.

5. Januar
2019

Angelique Kerber und Alexander Zverev verlieren dramatisches Finale im Hopman Cup

Wie schon im Jahr 2018 erreichten Angelique Kerber und Alexander Zverev beim Hopman Cup in Perth, der inoffiziellen Mixed-Weltmeisterschaft im Tennis, das Finale und trafen erneut auf die Schweiz mit Belinda Bencic und Roger Federer. Und wie 2018 verlor das deutsche Duo das Endspiel und verpasste den dritten deutschen Titelgewinn beim Hopman Cup.

Zverev verlor im ersten Match gegen Federer mit 4:6, 2:6. Anschließend siegte Kerber mit 6:4, 7:6 (8:6) gegen Bencic, sodass im Mixed die Entscheidung über den Titelgewinn fallen musste. Dort entwickelte sich eine kuriose und hochklassige Partie, die Kerber und Zverev hauchdünn verloren. Im Tiebreak des dritten Satzes kam es zu einer Premiere. Beim Stand von 4:4 entschied der letzte Punkt, wer den Titel gewinnen würde. Kerber und Zverev verloren den spektakulären Ballwechsel und unterlagen schließlich mit 0:4, 4:1, 3:4 (4:5).

„Wir wollten unbedingt gewinnen. Wir waren so nah dran. Wir als Spieler haben eigentlich genug von euch, aber was können wir machen?! Besonders du, Roger. Lass uns doch auch mal gewinnen, nur einmal den Hopman Cup. Es gibt wahrscheinlich nicht genug Drinks auf diesem Planeten, um das hier zu vergessen", scherzte Zverev nach der bitteren Niederlage.

Nach 30 Jahren Hopman Cup wurde die inoffizielle Mixed-Weltmeisterschaft vorerst eingestellt. Ob es in den nächsten Jahren ein Comeback der Teamveranstaltung gibt, ist noch unklar.

6. Januar
1996
Marc Rosset und sein Faustschlag mit Folgen

Das Schweizer Duo mit der erst 15-jährigen Martina Hingis und Olympiasieger Marc Rosset spielte 1996 beim Hopman Cup in Perth, der inoffiziellen Mixed-Weltmeisterschaft im Tennis, um den Titel im Finale gegen Kroatien mit Iva Majoli und Goran Ivanisevic. Die Entscheidung um den Turniersieg fiel im Mixed.

Und dort sorgte Rosset mit einer riesengroßen Dummheit für den Titelgewinn für Kroatien. Hingis und Rosset hatten bei 5:4-Führung im dritten Satz bei Aufschlag von Ivanisevic drei Matchbälle am Stück. Die Schweizer konnten diese große Chance nicht nutzen. Als auch nicht der vierte Matchball die Entscheidung brachte, kochten bei Rosset die Emotionen hoch.

Der Zwei-Meter-Hüne donnerte seine rechte Faust gegen eine Werbebande. Es war ein Faustschlag mit Folgen. Nach dem Ausgleich zum 5:5 ließ sich Rosset an der Schlaghand behandeln. Zwar ging es zunächst weiter, doch obwohl die ersten beiden Punkte im Aufschlagspiel von Hingis an die Schweizer gingen, waren die Schmerzen bei Rosset zu groß – Aufgabe und Hopman-Cup-Titel für Kroatien.

Während Hingis nach der Siegerehrung bittere Tränen in den Armen ihrer Mutter weinte, zog sich Rosset einen Haarriss im kleinen Finger und in der rechten Hand zu, sodass er seinen Start bei den folgenden Turnieren, unter anderem bei den Australian Open, absagen musste. „Ich kann nicht erklären, wie leid es mir tut, aber manchmal hat man sich selbst nicht unter Kontrolle", zeigte sich der Schweizer zerknirscht.

Kurios: Hingis und Rosset traten im nächsten Jahr wieder an. Im Gruppenspiel gegen Südafrika führte Rosset gegen Wayne Ferreira klar mit 6:0, 2:1, als er über ein Ballmädchen stolperte und wegen Rückenschmerzen aufgeben musste und auch nicht zum Mixed antreten konnte.

7. Januar
1995
Anke Huber und Boris Becker gewinnen Hopman Cup im finalen Liebesduell

Für Anke Huber war das Finale beim Hopman Cup in Perth im Jahr 1995 eine verflixte Situation. An der Seite von Boris Becker spielte sie um den zweiten deutschen Titel bei der inoffiziellen Mixed-Weltmeisterschaft im Tennis nach 1993. Ihre Finalgegner: die Ukraine mit den Geschwistern Andrei Medvedev und Natalia Medvedeva.

Das Besondere dabei: Huber und Medvedev waren seit zwei Jahren ein Liebespaar. Huber brachte Deutschland mit einem Dreisatzsieg gegen Medvedeva mit 1:0 in Führung. Danach kam es zum Duell zwischen Becker und Medvedev, bei dem Huber eher ihrem Freund die Daumen drückte, wie sie später erzählte.

Becker siegte in drei Sätzen und sicherte Deutschland den zweiten und letzten deutschen Titel beim Hopman Cup. Huber war trotzdem froh, dass es im Mixed nicht zum ultimativen Showdown mit ihrem Freund Medvedev um den Turniersieg kam. Die beiden trennten sich wenig später, kamen im Jahr 1999 wieder zusammen. Von der Liebe beflügelt, erreichte Medvedev 1999 bei den French Open das Endspiel, wo er gegen Andre Agassi nach einer 2:0-Satzführung schon eine Hand am Siegerpokal hatte.

Die Liebe zerbrach endgültig Anfang 2000. Medvedev trennte sich von Huber. Kuriosum am Rande: Medvedev und Huber spielten im Oktober 2001 innerhalb von einer Woche ihr letztes Karrierematch.

8. Januar
1993
Steffi Graf und Michael Stich gewinnen ersten Hopman-Cup-Titel für Deutschland

Nachdem Steffi Graf 1989 (mit Patrik Kühnen) und 1992 (mit Boris Becker) nicht den Titel beim Hopman Cup in Perth holen konnte, unternahm sie 1993 den nächsten Versuch. Ihr Partner war Michael Stich. Und tatsächlich waren aller guten Dinge drei.

Graf und Stich gewannen den Hopman Cup erstmals für Deutschland. Im Finale besiegten sie das spanische Geschwister-Duo Arantxa Sanchez Vicario und Emilio Sanchez. Für Graf und Stich war es der Startschuss zu einer starken Saison. Graf gewann 1993 insgesamt zehn Turniere, darunter drei Grand-Slam-Titel, Stich siegte bei sechs Turnieren und triumphierte zudem mit Deutschland im Davis Cup.

9. Januar
2003
Patrick Rafter verkündet Karriereende

Überraschend kam dieser Rücktritt nicht. Patrick Rafter verkündete wenige Tage vor Beginn der Australian Open nach einer einjährigen Auszeit in einem offenen Brief an die Medien sein Karriereende im Alter von 30 Jahren.

„Ich bedauere es, dass die Trophäen in Wimbledon und im Davis Cup nicht in meinem Schrank sind, aber so ist der Sport. Du gewinnst einiges, und du verlierst einiges. Wie auch immer, ich fühle, dass ich das Spiel zufrieden mit meinen Leistungen verlasse, in der Gewissheit, dass ich alles gegeben habe", schrieb der Australier.

Rafter gewann in seiner Karriere elf ATP-Titel, darunter zweimal die US Open. In Wimbledon stand er zweimal im Finale. Mit einer Woche an der Spitze im Jahr 1999 hatte er zudem die kürzeste Regentschaft als Nummer-eins-Spieler.

Rafter spielte sein letztes Einzel im Davis-Cup-Finale 2001 gegen Frankreich, wo er in drei Sätzen gegen Sebastien Grosjean siegte. Der Australier ist somit einer von nur ganz wenigen Spielern, die mit einem Erfolg im Einzel die Tennisbühne verlassen haben.

10. Januar
1982

Beim Schaukampf zwischen Jimmy Connors und John McEnroe fliegen die Worte

Auch bei einem Match, wo es nicht um Weltranglistenpunkte und Trophäen geht, können die Emotionen überkochen. Die beiden US-Amerikaner Jimmy Connors und John McEnroe, bekannt für ihr heißblütiges Temperament, gerieten bei der Michelob Light Challenge in Rosemont im US-Bundesstaat Illinois, einem Einladungsturnier mit acht Spielern, heftig aneinander.

Es war ein Match mit Verwarnungen, Punktstrafen, Spielverzögerungen und Streitereien. Als Connors mit dem Verhalten von McEnroe nicht einverstanden war, kletterte er übers Netz und geigte seinem Landsmann die Meinung. Bevor es zu Handgreiflichkeiten kommen konnte, gingen die Offiziellen dazwischen.

Connors gewann das Match in fünf engen Sätzen und sprach einen Tag später über den Vorfall: „Ich war sauer. Ich hoffe, das passiert nicht wieder, aber ich möchte nicht, dass jemand etwas über mich sagt, das er nicht belegen kann. Ich hoffe, ich habe missverstanden, was er gesagt hat. Ich denke, dass wir beide die gleiche Einstellung haben. Er ist aggressiv, ich bin aggressiv. Wir beide stehen für unsere Rechte ein. Aber ich stehe für meine Rechte in einer anderen Art und Weise ein. Wenn ich mich im Recht fühle, trete ich hervor. Ich möchte etwas Respekt."

Connors und McEnroe standen sich in offiziellen Matches insgesamt 34-mal gegenüber, darunter zweimal im Finale in Wimbledon.

11. Januar
2015

Roger Federer gewinnt 1.000 ATP-Match

Es hätte kaum einen besseren Rahmen geben können für den 1.000 Einzelsieg auf der ATP-Tour von Roger Federer, und zwar mit einem Titelgewinn. Der Schweizer durchbrach die gigantische Schallmauer mit dem Finalerfolg beim ATP-Turnier in Brisbane.

Federer besiegte im Endspiel den Kanadier Milos Raonic mit 6:4, 6:7 (2:7), 6:4. „Kein Zweifel. Das ist ein spezieller Moment. Ich habe über die Jahre so viel gespielt, aber dieser Sieg vor euren Augen bedeutet mir so viel", sagte Federer und blickte dabei zu den Tennislegenden Rod Laver und Roy Emerson, die in Brisbane diesen historischen Moment miterlebten. „Dieses Match werde ich bestimmt nicht mehr vergessen", freute sich der Schweizer über den 1.000 Sieg auf ATP-Level.

Federer wurde nach Jimmy Connors und Ivan Lendl der dritte Spieler, dem dieses Kunststück gelang.

12. Januar
1980
Vitas Gerulaitis und sein Zitat für die Ewigkeit

Vitas Gerulaitis war zu seiner Zeit einer der großen Stars der Tennisszene. Der US-Amerikaner gewann die Australian Open, stand bei den French Open und bei den US Open im Finale, erreichte in der Weltrangliste Platz drei.

Doch der im Jahr 1994 verstorbene Gerulaitis ist mittlerweile mehr bekannt für ein geflügeltes Wort. Es ist ein Satz für die Ewigkeit. Obwohl Gerulaitis zu den Topspielern gehörte, gab es einen Gegner, an dem er sich lange Zeit die Zähne ausbiss – Jimmy Connors. Gegen seinen Landsmann gab es in 16 Duellen keinen Sieg, bis zum Halbfinale beim Masters im New Yorker Madison Square Garden.

Und auch im 17. Aufeinandertreffen mit Connors sah es zunächst nach einer weiteren Niederlage für den Lebemann, der kaum eine Party ausließ, aus. Connors führte mit 5:3, doch dann drehte Gerulaitis auf und siegte mit 7:5, 6:2. Auf der folgenden Pressekonferenz gab der US-Amerikaner das vielleicht bekannteste Zitat der Tennisgeschichte zum Besten. „Das war eine Lektion an alle: Niemand schlägt Vitas Gerulaitis 17-mal in Folge!"

Gerulaitis gewann auch die drei folgenden Spiele gegen Connors und behielt mit seinem Zitat recht. Auch gegen Björn Borg verlor er 16-mal in Folge, zu einem 17. Duell kam es laut aktueller Auflistung nicht mehr. Andere Aufzeichnungen sprachen jedoch davon, dass Gerulaitis gegen Borg alle 20 Matches verloren hat. Aber es ist sicherlich besser so, dass das geflügelte Wort von Gerulaitis Bestand hat.

13. Januar
1997
Boris Beckers historische Niederlage im Glutofen von Melbourne

Boris Becker ging bei den Australian Open 1997 als Titelverteidiger ins Rennen und traf in der ersten Runde auf den Spanier Carlos Moya, der mit seinen 20 Jahren bereits die Nummer 25 der Weltrangliste war. Im Glutofen von Melbourne mit bis zu 60° C auf dem Centre Court lieferten sich Becker und Moya ein packendes Duell, was zumindest bei Becker große Spuren hinterließ.

„Mein Gehirn ist Rührei, mein Reservekanister ist leer. Am Ende des Spiels wusste ich nicht einmal mehr, wie ich eigentlich heiße", sagte Becker.

Der Deutsche hatte zunächst alles im Griff und führte mit 7:5, 3:1, ehe der Spanier erbitterten Widerstand leistete. Nach 3:31 Stunden schaffte Moya die große Sensation und schickte Becker nach fünf Sätzen (5:7, 7:6 (7:4), 3:6, 6:1, 6:4) ins Tal der Tränen. „Meine Füße fühlten sich im fünften Satz wie verbrannt an. Ich hatte bei jedem Schritt die Angst, dass sich meine Haut ablöst", erklärte Becker, der seinem Gegner den gebührenden Respekt zollte. „Es gibt keine Entschuldigung. Ich bin Realist, Carlos war der Bessere. Er hat verdient gewonnen."

Beckers Niederlage war bis heute die einzige Niederlage eines Australian-Open-Titelverteidigers bei den Herren in der ersten Runde. Für Moya war der Coup gegen Becker der Beginn eines sensationellen Laufs. Der Spanier spielte ein herausragendes Turnier und schlug auf dem Weg ins Endspiel unter anderen noch Michael Chang. In seinem ersten Grand-Slam-Finale blieb Moya aber nur die Rolle des klar unterlegenen Statisten. Gegen Pete Sampras war der damalige 20-Jährige chancenlos.

14. Januar
2002
Monster-Comeback von Stefan Koubek bei den Australian Open

Die Australian Open 2002 waren das beste Grand-Slam-Turnier von Stefan Koubek, der das erste und einzige Mal das Viertelfinale bei einem „Major" erreichte. Dabei wäre es zu diesem Erfolg beinahe gar nicht gekommen, denn der Österreicher stand in der ersten Runde kurz vor dem Aus.

Gegen den französischen Qualifikanten Cyril Saulnier lief bei Koubek zweieinhalb Sätze lang nichts zusammen. 6:0, 6:1, 4:1 und 40:15 führte Saulnier, ehe der Österreicher ins Match fand und tatsächlich noch den Sieg schaffte. Im Tiebreak des dritten Satzes wehrte Koubek dabei einen Matchball ab und siegte schließlich mit 0:6, 1:6, 7:6 (8:6), 6:4, 8:6.

„Ich saß mit einem Bein im Flieger", blickte Koubek Jahre später auf sein Monster-Comeback zurück. Auch im Zweitrundenmatch gegen James Blake drehte der Österreicher einen 0:2-Satzrückstand zum Sieg. Im Viertelfinale war Koubek dann platt und verlor klar gegen Jiri Novak.

15. Januar
1981
Björn Borg bekommt Strafpunkte gegen John McEnroe

Björn Borg war der erste große Popstar im Tennis. Mit seiner Spielweise hat er den Sport revolutioniert und dafür gesorgt, dass Tennis einen regelrechten Boom erlebte. Aufgrund seiner in sich ruhenden Art bekam der Schwede den Namen „Iceborg" verpasst.

Doch so still und cool, wie sich Borg auf dem Platz gab, war er in Wirklichkeit nicht. „Ich war nie so kalt, wie es schien. Das war nur Schauspielerei. Ein Schauspiel, das ich perfekt spielte. Es war Teil meiner Waffenkammer. Ich dachte, wenn meine Gegner nicht wissen, wie ich mich richtig fühlte im Inneren, dann wäre ich unbesiegbar", gestand Borg nach seiner Karriere.

Doch in einer Partie gingen mit Borg die Pferde durch. Beim Gruppenspiel beim Masters-Turnier in New York stand Borg seinem ewigen Rivalen John McEnroe gegenüber. Beim Stand von 3:3 im Tiebreak des zweiten Satzes schlug der Schwede einen Vorhandwinner. So dachte er jedenfalls.

Der Schiedsrichter schritt ein und überstimmte die Entscheidung des Linienrichters. Borg wollte das nicht wahrhaben und diskutierte mit dem Schiedsrichter Mike Lugg. Nach 30 Sekunden wurde Borg wegen Spielverzögerung verwarnt, nach 30 weiteren Sekunden erhielt er einen Strafpunkt. Borg wollte nicht aufhören zu diskutieren und fing sich einen weiteren Strafpunkt ein. McEnroe führte daraufhin mit 6:3 im Tiebreak.

Zwar verlor Borg den Satz, aber den Sieg sicherte er sich im Tiebreak des dritten Satzes sowie später auch den Turniersieg. „Ich konnte nicht glauben, was passiert ist. Ich war schockiert darüber, was Borg getan hat. Ich kann mir das nicht erklären. Er tut so etwas nie. Ich wollte die Strafpunkte beinahe nicht nehmen", sagte der temperamentvolle McEnroe über die Strafpunkte für Borg.

Der Schwede zeigte sich auch nach dem Sieg angriffslustig. „Ich war sauer. Es hätte 4:3 für mich stehen müssen, das war ein wichtiger Punkt."

16. Januar
2013

Maria Sharapovas historischer Double Bagel

Von einem *Double Bagel* spricht man im Tennis, wenn ein Spieler das Match mit 6:0, 6:0 gewinnt. Die Bezeichnung stammt daher, weil die runde Form des Bagels an die Zahl 0 erinnert. Bei den Australian Open 2013 verteilte Maria Sharapova gleich zweimal in Folge einen Double Bagel.

In der ersten Runde siegte die Russin gegen Olga Puchkova mit 6:0, 6:0. In der zweiten Runde fertigte sie die Japanerin Misaki Doi mit dem gleichen Ergebnis ab. Zwei Double Bagel in Folge bei einem Grand-Slam-Turnier hatte es zuvor zuletzt durch Wendy Turnbull bei den Australian Open 1985 gegeben.

„Ich möchte nicht für diese Statistik bekannt sein. Ich möchte dafür bekannt sein, Grand-Slam-Titel zu gewinnen, nicht dafür, dass ich zwei Matches mit 6:0, 6:0 gewonnen habe", sagte Sharapova über die beiden Double Bagel. Die Russin zeigte sich bei den Australian Open 2013 in bärenstarker Form, gab bis zum Halbfinale insgesamt nur neun Spiele ab, wurde dann aber selbst vom Platz gefegt. Na Li gewann 6:2, 6:2 gegen Sharapova.

17. Januar
1992
John McEnroe lässt Boris Becker verblüfft zurück

Boris Becker ging bei den Australian Open 1992 als Titelverteidiger und aktuelle Nummer drei der Welt an den Start. In der dritten Runde bekam er es mit dem knapp 33-jährigen Altstar John McEnroe zu tun. Die Favoritenrolle lag klar auf der Seite des Deutschen, auch weil McEnroe zu seinen Lieblingsgegnern gehörte. Doch was der US-Amerikaner in Melbourne spielte, ließ Becker verblüfft zurück.

McEnroe siegte klar mit 6:4, 6:3, 7:5. „Es ist eine große Erleichterung. Ich fühle mich so viel leichter. Es ist so lange her, dass ich einen Spieler von Boris' Kaliber besiegen konnte", strahlte McEnroe. „Das hat mich überrascht. Ich habe einfach nicht glauben können, dass John sein Spiel drei Sätze lang durchzieht", kommentierte Becker die überraschende Niederlage und stellte bereits vor dem Match treffend fest: „Wenn es bei John läuft, kann er uns immer noch viel Ärger bereiten."

18. Januar
1991
Boris Becker siegt nach 5:11 Stunden im Glutofen von Melbourne

Boris Becker und Omar Camporese gaben sich so richtig die Kugel in der dritten Runde der Australian Open 1991, und zwar 5:11 Stunden lang. Es war bis dato das längste Match in der Turniergeschichte. Im Glutofen von Melbourne schien Becker das Match nach einer 2:0-Satzführung aus den Händen zu gleiten. Der fünfte Satz wurde dramatisch und dauerte über zwei Stunden.

Becker breakte Camporese zum 11:10 und hatte anschließend drei Matchbälle am Stück. Doch der Italiener gab sich nicht geschlagen und schaffte mit fünf Punktgewinnen in Folge das Rebreak. Auch das nächste Break von Becker zum 12:11 konterte Camporese. Einen weiteren Aufschlagverlust zum 13:12 konnte der Italiener aber nicht egalisieren. Becker beendete das Match mit zwei Assen in Folge und siegte mit 7:6 (7:4), 7:6 (7:5), 0:6, 4:6, 14:12.

„Ich habe keine Ahnung, wie ich es beendet habe. Ich nehme an, dass ich am Ende einen Schlag mehr als er gemacht habe. Es war ein tolles Match von beiden Spielern. Für mich war es eines meiner fünf besten Matches, in denen ich gespielt habe. Es hätte nicht enger sein können", sagte Becker. Der Deutsche gewann eine Woche später die Australian Open und wurde dadurch zum ersten Mal die Nummer eins der Weltrangliste.

19. Januar
1997
Das Ende von Steffi Grafs gigantischer Grand-Slam-Serie

Als uneingeschränkte Grand-Slam-Königin ging Steffi Graf in die Australian Open 1997. Die Deutsche hatte die letzten sechs Grand-Slam-Turniere, an denen sie teilnahm, allesamt gewonnen. Bei den Australian Open 1995 und 1996 fehlte sie wegen Verletzungen. Und auch der Start beim Turnier 1997 verlief nicht ohne Wehwehchen. Graf litt an einer Entzündung im Zeh und musste Antibiotika nehmen.

Sie erreichte das Achtelfinale und war damit seit 45 Grand-Slam-Matches ungeschlagen. Im Achtelfinale traf Graf auf die nur 1,58 Meter große Südafrikanerin Amanda Coetzer, die wegen ihrer wieselflinken Beine auch „Speedy Gonzales" genannt wurde. Der Glutofen in Melbourne mit 37° C im Schatten machte Graf zu schaffen. Sie erlitt einen Hitzschlag und musste mehrmals mit Eispacks behandelt werden.

Coetzer, die in der Wüste Südafrikas aufwuchs und zu den fittesten Spielerinnen zählte, kam mit den hohen Temperaturen weitaus besser zurecht. Im zweiten Satz sah es danach aus, als ob Graf auf die Siegerstraße zurückkommen würde. Sie führte schnell mit 4:0, doch am Ende jubelte Coetzer nach einem 6:2, 7:5-Erfolg. „Sie hat wirklich sehr gut gespielt. Ich habe alles versucht, was ich konnte. Ich habe es so hart versucht, wie ich konnte. Ich hatte einfach nicht die Energie bei der Hitze. Aber gebt ihr die Anerkennung. Sie ist mit den Bedingungen sehr gut umgegangen", kommentierte Graf.

„Wir beide hatten mit der Hitze ein wenig zu tun. Ich habe versucht, nicht darüber nachzudenken, dass sie den Arzt kommen ließ. Sie hat zu dieser Zeit sehr gut gespielt. Ich habe versucht, mich nicht ablenken zu lassen. Ich habe viel Training bei warmem Wetter in Florida gemacht", sagte Coetzer, die 1997 zur Angstgegnerin von Graf wurde. Bei den French Open besiegte sie die Deutsche erneut, und auch bei deren Heimturnier in Berlin mit dem vernichtenden Ergebnis von 6:0, 6:1 – die höchste Niederlage in der Karriere von Graf.

20. Januar 2008

Lleyton Hewitt, Marcos Baghdatis und das späteste Ende eines Tennismatchs

Bis 03:44 Uhr, so lange spielten Andreas Seppi und Bobby Reynolds in der ersten Runde der Australian Open 2007. Das war das späteste Ende bei einem Profimatch, bis Lleyton Hewitt und Marcos Baghdatis kamen. Der Australier und der Zypriote spielten in der dritten Runde der Australian Open 2008 bis 04:34 Uhr morgens und setzten damit vielleicht einen Rekord für die Ewigkeit.

Erst um 23:47 Uhr Ortszeit fiel der Startschuss für dieses epische Match mit vielen Aufs und Abs. Da die vorherigen Partien sehr lange gingen, konnte die Night Session erst sehr spät losgehen. Baghdatis knickte Anfang des dritten Satzes um. Es roch nach Aufgabe und vorzeitigem Ende. Doch der Zypriote hielt durch und zeigte sein Kämpferherz.

Um 03:06 Uhr und bei einer 5:1-Führung von Hewitt im vierten Satz war das Match eigentlich gelaufen. Baghdatis wehrte einen Matchball ab und schaffte tatsächlich den Satzausgleich. Im fünften Satz brachte das Break von Hewitt in einem 15-minütigen Aufschlagspiel von Baghdatis die Entscheidung. Um 04:33 Uhr verwandelte Hewitt schließlich seinen fünften Matchball und ließ sich nach 4:45 Stunden Spielzeit erschöpft auf den Boden fallen.

Tennisgeschichte wurde in dieser Nacht zu Sonntag in Melbourne geschrieben. Hewitt erklärte später, dass es mental einer seiner besten Siege gewesen sei.

21. Januar 1990

John McEnroe vergisst Regeländerung und wird disqualifiziert

Die bekannteste Disqualifikation im Herrentennis ist sicherlich die von John McEnroe bei den Australian Open 1990 in seinem Achtelfinale gegen Mikael Pernfors. „Big Mac" bewegte sich stets am Rande einer Disqualifikation. In Melbourne passierte es dann erstmals, als ihm eine Regeländerung zum Verhängnis wurde, die zu Jahresbeginn in Kraft getreten war.

Die Schritte für die Disqualifikation wurden von vier auf drei reduziert. Somit konnte ein Spieler nach drei Verwarnungen wegen unsportlichen Verhaltens disqualifiziert werden. McEnroe hatte die neue Regel nicht im Kopf und stand nach der Bekanntgabe der Disqualifikation ungläubig und wortlos auf dem Platz.

Nachdem McEnroe seine zweite Verwarnung bekam und damit einen Punktabzug kassiert hatte, rief er nach Oberschiedsrichter Ken Farrar, der kurz darauf mit dem Turnierschiedsrichter Peter Bellenger den Platz betrat. Farrar erklärte McEnroe, dass die Entscheidung mit dem Strafpunkt bestehen bleibe. Nach einer kurzen Diskussion rief Schiedsrichter Gerry Armstrong zum Weiterspielen auf.

Während McEnroe in Richtung Grundlinie ging, ließ er eine Schimpftirade los. „F ... deine Mutter", rief der US-Amerikaner in Richtung Farrar. Farrar hörte die Beleidigung, drehte um in Richtung Schiedsrichterstuhl und gab Armstrong die Anweisung, McEnroe zu disqualifizieren. „Code violation, verbal abuse. Default, Mr. McEnroe. Game, set and match, Pernfors", sagte Armstrong in sein Mikrofon und verkündete die Disqualifikation von McEnroe.

Die Zuschauer des Matchs quittierten die Disqualifikation mit Buhrufen und schrien minutenlang: „Wir wollen McEnroe." Der US-Amerikaner war der erste Spieler in der Turniergeschichte der Australian Open und der zweite Spieler in der Grand-Slam-Geschichte, der wegen Fehlverhaltens disqualifiziert wurde. 1963 wurde der Spanier Willie Alvarez bei den French Open wegen schlechten Benehmens disqualifiziert.

22. Januar 2003

Andy Roddick, Younes El Aynaoui und die 21:19-Schlacht

Ein denkwürdiges Match, das kein Ende nehmen wollte, lieferten sich Andy Roddick und Younes El Aynaoui bei den Australian Open 2003. Das Duell zwischen dem US-Amerikaner und dem Marokkaner gilt als eines der besten Matches aller Zeiten und sollte in der Sammlung eines Tennisfans nicht fehlen. Die Partie wurde von Minute zu Minute intensiver. Waren die ersten vier Sätze schon ein absoluter Leckerbissen, bot der fünfte Satz Tennis auf allerhöchstem Niveau.

Beide leisteten sich kaum Fehler und produzierten Winner um Winner. Am Ende standen auf beiden Seiten mehr als 100 direkte Gewinnschläge auf dem Konto. Bei 5:4 hatte El Aynaoui Matchball. Doch Roddick wehrte diesen mit einem Inside-Out-Vorhand-Gewinnschlag in Weltklassemanier ab und feierte diesen Punktgewinn enthusiastisch. Roddick servierte bei 11:10 zum Matchgewinn. Doch das war auch noch nicht das Ende. Roddicks Break zum 20:19 brachte schließlich die Entscheidung.

Nach 4:59 Stunden um kurz vor 1 Uhr nachts in Melbourne verwandelte Roddick seinen zweiten Matchball in dieser epischen Partie und siegte mit 4:6, 7:6 (7:5), 4:6, 6:4, 21:19. Beide umarmten sich am Netz und verneigten sich vor den Zuschauern, die alle bis zum Schluss geblieben waren und den Spielern mit stehenden Ovationen dankten.

John McEnroe interviewte beide noch auf dem Platz. „Er sah so aus, als ob er noch einen Satz spielen könnte", sagte Roddick scherzhaft über El Aynaoui. „Meine Beine fühlten sich am Ende etwas schwer an. Auch wenn ich verloren habe, bin ich glücklich", kommentierte El Aynaoui. „Der fünfte Satz war wirklich speziell. Die Strategie wurde über den Haufen geworfen. Es war nur noch ein purer Kampf. Es ging nur noch ums Herz", resümierte Roddick das Match, das mit 83 Spielen die längste Partie in der Geschichte der Australian Open war.

23. Januar
1988

Steffi Graf gewinnt mit einem Novum erstmals die Australian Open

Bei den Australian Open 1988 legte Steffi Graf den Grundstein für etwas Einmaliges im Tennis – das Erreichen des Golden Slams, der Gewinn von allen vier Grand-Slam-Turnieren und Olympiagold innerhalb eines Kalenderjahres. Das Finale gegen Chris Evert in Melbourne wurde zu einem Novum in der Tennisgeschichte. Zum ersten Mal musste ein Grand-Slam-Finale unter geschlossenem Dach zu Ende gespielt werden.

Bei 2:1-Führung für Graf im ersten Satz wurde das Match wegen eines Regenschauers unterbrochen. Nach 90 Minuten entschieden die Offiziellen, dass das einfahrbare Dach, das im gleichen Jahr in Betrieb genommen wurde, geschlossen würde. Das Schließen des Dachs war ein klarer Vorteil für Graf, da die Deutsche die bessere Hallenspielerin der beiden war. „Steffi ist eine viel bessere Hallenspielerin als ich. Es ist komplett anders als Freiluft. Sie ist einfach besser damit umgegangen", sagte Evert nach dem Finale.

Und Graf bewies das zunächst eindrucksvoll, als es unter geschlossenem Dach weiterging. Den ersten Satz gewann sie mit 6:1. Im zweiten Satz raste sie zu einer schnellen 5:1-Führung. Es sah nach einem ganz klaren

Finalsieg der Deutschen aus. Doch so leicht ließ sich Evert dann doch nicht besiegen. Die 18-malige Grand-Slam-Siegerin gewann fünf Spiele in Folge und stand dicht vor dem Satzausgleich. Es ging schließlich in den Tiebreak, den Graf mit 7:3 für sich entschied.

Die Deutsche hatte zum ersten Mal die Australian Open gewonnen. Der Grundstein für etwas noch Größeres war gelegt. Nach ihrem Australian-Open-Triumph wurde die 18-Jährige mit Lobeshymnen überschüttet. „Ich weiß nicht, wer Steffi überhaupt schlagen kann", sagte Pam Shriver. „Das Damentennis wird 1988 zu einer One-Girl-Show. Ich glaube nicht, dass es jemanden gibt, der Steffi 1988 besiegen wird", prophezeite die australische Tennislegende Rod Laver, der 1962 und 1969 den Grand Slam schaffte.

24. Januar
1995

Die traurigen Tränen des Pete Sampras in Melbourne

Das Viertelfinale bei den Australian Open 1995 gegen seinen Landsmann Jim Courier ist eines der emotionalsten Matches von Pete Sampras. Der US-Amerikaner brach in Trauer und Sorge um seinen schwerkranken Trainer Tim Gullikson auf dem Platz in Tränen aus. Gullikson hatte während des Turniers einen Schwächeanfall erlitten und wurde ins Krankenhaus eingeliefert.

Courier war im vierten Satz dank seines ersten Breaks im Match auf der Siegerstraße, ehe ihm ein Doppelfehler zum Verhängnis wurde. Zu Beginn des fünften Satzes brach Sampras plötzlich auf dem Platz und auf seiner Bank in Tränen aus. „Als ich in meinem Stuhl während des Seitenwechsels saß, begann ich, über Tim nachzudenken. Ich dachte an Tim im Krankenhaus zurück, wie verletzlich und traurig er war. Einen Moment später brach ich auseinander. Diese ganze Sache hatte sich in mir aufgestaut. Die kraftvollen Emotionen, die ich die ganze Zeit verdrängt hatte, mussten und wollten heraus. Es war nicht meine Art, Dinge rauszulassen, schon gar nicht bei einem Tennismatch. Deshalb wusste ich nicht, wo ich mit meinen Gefühlen hin sollte. Dass ich meine Gefühle kontrollieren wollte, machte es dabei noch viel schlimmer", schilderte Sampras später diesen Vorfall in seiner Biografie *A Champion's Mind*.

Später wurde angenommen, dass ein Ruf eines Zuschauers für den Gefühlsausbruch bei Sampras gesorgt hatte. Doch davon distanzierte sich Sampras in seiner Biografie. „Es gibt einen Mythos über den gesamten Vorfall. Die Idee, dass mein Zusammenbruch begann, als ein Fan schrie ‚Auf geht's Pete. Tu es für deinen Coach.' Doch das ist nicht wahr. Ich habe den Kerl nicht einmal gehört", klärte Sampras die Situation auf. Sampras konnte nicht aufhören zu weinen. Bei 1:1 und 30:0 rief Courier ihm zu: „Bist du in Ordnung, Pete? Wir können das auch morgen zu Ende bringen."

Nach knapp vier Stunden um 01:09 Uhr morgens Ortszeit verwandelte Sampras seinen ersten Matchball. „Ich weiß, dass du tot bist, Pete, weil ich tot bin", sagte Courier beim Handshake. „Gewinnen oder verlieren. Es war eins der besten Matches, an denen ich teilgenommen habe. Ich habe nicht aufgegeben und alles versucht, um zu gewinnen. Wir haben beide viel Herz dort draußen gezeigt", sagte Sampras später in der Pressekonferenz. Bei Gullikson wurde später ein Gehirntumor diagnostiziert. Er verstarb schließlich am 3. Mai 1996.

25. Januar
2003
„Serena Slam" und „Sister Slam" in Melbourne

Zum insgesamt fünften Mal und zum vierten Mal in Folge spielten die Williams-Schwestern Serena und Venus in einem Grand-Slam-Finale gegeneinander. Serena hatte in Paris, Wimbledon und New York die Endspiele gegen ihre ältere Schwester gewonnen und strebte nun nach ihrem persönlichen „Serena Slam" – dem Sieg bei vier Majors in Folge. Doch Venus machte es ihrer Schwester nicht einfach und leistete erbitterten Widerstand.

Doch mit vier leichten Fehlern im letzten Spiel gab Venus das Match leichtfertig ab – 7:6 (7:4), 3:6, 6:4 hieß es am Ende für Serena. „Ich bin nie zu Tränen gerührt, aber gerade bin ich sehr emotional. Ich bin wirklich, wirklich, wirklich glücklich. Ich möchte meiner Mutter und meinem Vater für die Hilfe danken", sagte die gerührte US-Amerikanerin nach ihrem „Serena Slam".

„Ich wünschte, dass ich die Siegerin bin, aber natürlich ist Serena ein großer Champion. Sie hat alle vier Grand Slams gewonnen, was etwas ist, was ich auch gerne mal schaffen möchte", sagt die geschlagene Venus, die auch das vierte Grand-Slam-Finale in Folge gegen ihre Schwester verloren hatte. Den „Serena Slam" hätte man also auch „Sister Slam" nennen können.

26. Januar 2003

Rainer Schüttler verpasst Sensationssieg bei den Australian Open

Rainer Schüttler erlebte 2003 bei den Australian Open ein zweiwöchiges Tennismärchen. Das ganz große Happy End blieb allerdings aus. Der Deutsche, zum damaligen Zeitpunkt die Nummer 36 der Welt, spielte sich in Melbourne sensationell ins Finale vor.

„Wahnsinn, das ist einer der besten Momente meines Lebens. Ich habe die Welt innerhalb von zwei Wochen ein bisschen auf den Kopf gestellt. Daran habe ich vor dem Turnier nie gedacht. Ich war froh, in der dritten Runde zu sein", freute sich Schüttler nach dem Einzug ins Endspiel. Für den Titelgewinn bei den Australian Open reichte es nicht.

Andre Agassi war viel zu stark und besiegte Schüttler im Endspiel glasklar mit 6:2, 6:2, 6:1 – nach nur 76 Minuten. „Er war einfach zu gut für mich. Das Finale habe ich mir mit Sicherheit anders vorgestellt. Aber ich habe nicht gegen irgendjemanden verloren. Wenn ich in ein paar Wochen zurückblicke, werde ich auf keinen Fall enttäuscht sein", kommentierte Schüttler die Niederlage in seinem einzigen Grand-Slam-Endspiel.

27. Januar
1998

Karsten Braasch gewinnt Männer-Frau-Vergleich gegen die Williams-Schwestern

Die damals 17-jährige Serena Williams ließ sich zur Aussage hinreißen, dass sie Spieler in den Top 200 der Herren-Weltrangliste besiegen würde. Dies nahm Karsten Braasch zum Anlass, die Herausforderung anzunehmen. Während der Australian Open 1998 kam es zum Showdown zwischen Braasch, einem bekennenden Kettenraucher, und den Williams-Schwestern Venus und Serena.

Braasch, zum damaligen Zeitpunkt die Nummer 203 der Welt, spielte zunächst einen Satz gegen Serena und dann einen gegen Venus. „Meine Trainingsvorbereitung beinhaltete eine gemütliche Runde Golf am Morgen, gefolgt von einigen Radlern. Ich tauchte auf dem Platz angemessen entspannt auf", sagte Braasch.

Der Deutsche machte sich sogar selbst das Handicap, zu Beginn des Matchs nur einen Aufschlag zu haben. „Ich fühlte mich so entspannt, dass ich mich nicht mal richtig aufgewärmt habe. Wir haben angefangen zu spielen und ich raste zu einer 5:0-Führung. Schließlich habe ich mein Match gegen Serena mit 6:1 gewonnen", erinnerte sich Braasch.

„Es war sehr schwer. Ich hätte nicht gedacht, dass es so schwer wird. Ich habe Schläge gemacht, die auf der WTA-Tour Gewinnschläge gewesen wären, aber er hat sie einfach erreicht", sagte Serena nach der Niederlage. Nach der Niederlage von Serena versuchte Venus ihr Glück. „Das Match gegen Venus war sehr ähnlich. Es endete mit einem 6:2 für mich", sagte Braasch. Der Deutsche spielte nicht annähernd sein bestes Tennis, wie einige Beobachter berichteten.

„Ich denke nicht, dass sie jemals einen Spieler in den Top 500 besiegen können, weil ich heute wie ein Typ, der auf Platz 600 notiert ist, gespielt habe", erzählte Braasch hinterher.

28. Januar 1996

Boris Becker gewinnt bei den Australian Open seinen letzten Grand-Slam-Titel

Seinen sechsten und letzten Grand-Slam-Titel gewann Boris Becker bei den Australian Open 1996. In der zweiten Runde stand der Deutsche nach einem 0:2-Satzrückstand gegen Thomas Johansson vor dem Aus. In typischer Becker-Manier spielte er sich schließlich bis zum Turniersieg. Im Endspiel siegte er 6:2, 6:4, 2:6, 6:2 gegen den US-Amerikaner Michael Chang.

„Um ehrlich zu sein, ich habe nicht gedacht, dass ich noch einen Grand-Slam-Titel in mir habe", überraschte Becker mit ehrlichen Worten in seiner Siegerrede. „Meine Tage sind gezählt, deine nicht", sagte Becker gegenüber seinem Finalgegner Chang. Der 28. Januar hat besondere Bedeutung in der Karriere von Becker. Er gewann an diesem Tag nicht nur seinen letzten Grand-Slam-Titel, sondern führte an jenem Tag im Jahr 1991 nach seinem ersten Sieg bei den Australian Open erstmals die Weltrangliste als Nummer eins an.

29. Januar 2012
Novak Djokovic besiegt Rafael Nadal im Gigantenfinale der Australian Open

Ein Finale für die Ewigkeit spielten Novak Djokovic und Rafael Nadal bei den Australian Open 2012. 5:53 Stunden lang boten sich die beiden Superstars einen Abnutzungskampf auf höchstem Niveau. Das Endspiel hatte nahezu alles, was man sich als Tennisfan wünschen kann. Es war ein Spiel auf Augenhöhe mit vielen atemberaubenden Ballwechseln, vielen Wendungen und ganz vielen Emotionen.

Djokovic rang Nadal in fünf erbarmungslosen Sätzen mit 6:7, 6:4, 6:2, 6:7 (5:7), 7:5 nieder. Es ist bis heute das längste Grand-Slam-Finale der Tennisgeschichte. Bei der Siegerehrung konnten die beiden kaum stehen. Es mussten Stühle gereicht werden, auf denen beide erschöpft zusammensackten.

„Rafa, wir haben heute Geschichte geschrieben. Leider konnte es heute nur einen Sieger geben", sagte Djokovic.

30. Januar 2016
Angelique Kerber gewinnt ersten Grand-Slam-Titel

Viel fehlte nicht und Angelique Kerber wäre bei den Australian Open 2016 in der ersten Runde ausgeschieden. Die Deutsche hatte gegen die Japanerin Misaki Doi Matchball gegen sich und kam letztendlich doch noch weiter. Knapp zwei Wochen später durfte Kerber über den ganz großen Coup jubeln: den ersten Grand-Slam-Titel, und das mit einem Finalsieg gegen die aktuelle Nummer eins der Welt.

Kerber besiegte Serena Williams in einem hochklassigen Finale mit 6:4, 3:6, 6:4. „Mein Traum ist wahr geworden an diesem Abend. Dafür habe ich hart gearbeitet. Das waren die besten zwei Wochen meines Lebens", freute sich die Deutsche. Weitere große Titel in Kerbers Karriere sollten folgen.

31. Januar 2016
Angelique Kerber löst Wette ein und springt in den Yarra River

Wettschulden sind Ehrenschulden, hieß es für Angelique Kerber. Einen Tag nach ihrem Titelgewinn bei den Australian Open, ihrem ersten Grand-Slam-Titel, löste die Deutsche ihr Versprechen ein und sprang in den Yarra River in Melbourne.

„Es war kalt, aber das hat sich gelohnt. Das war es wert", sagte Kerber nach dem Sprung in den Fluss. Die Deutsche hatte ihrem Trainer Torben Beltz zuvor versprochen, im Falle des Turniersieges bei den Australian Open im Yarra River zu baden.

Nach ihrem überraschenden Titelgewinn hatte Kerber „eigentlich gar nicht geschlafen", wollte die verlorene Wette aber unbedingt einlösen. „Ich kann es immer noch nicht glauben. Jetzt bin ich in der Historie drin", sagte die Deutsche nach ihrem überraschenden Titelcoup in Melbourne.

Die Idee mit dem Sprung in den Yarra River war nicht neu. Jim Courier sprang nach seinen Australian-Open-Triumphen 1992 und 1993 ebenfalls in den damals völlig verdreckten Fluss.

Februar: Debüts und Premieren

1. Februar
2009
Rafael Nadal besiegt Roger Federer und gewinnt erstmals die Australian Open

Dieses Finalduell hatte sich angekündigt. Roger Federer und Rafael Nadal trafen im Endspiel der Australian Open aufeinander – zum insgesamt siebten Mal in einem Grand-Slam-Finale. Bei einem Finalerfolg hätte Federer seinen 14. Grand-Slam-Titel errungen und mit Pete Sampras gleichgezogen. Nadal strebte seinen ersten Erfolg bei den Australian Open an.

Wie so oft in ihren Partien boten Nadal und Federer über weite Strecken Traumtennis. Federer machte einen Punkt mehr als Nadal, doch das nützte ihm in der Endabrechnung nichts. Nach 4:22 Stunden hieß der Sieger Nadal nach einem 7:5, 3:6, 7:6 (7:3), 3:6, 6:2. Der Spanier hatte zwei Tage zuvor im Halbfinale bereits 5:14 Stunden auf dem Platz gestanden.

Bei der Siegerehrung kämpfte Federer mit den Tränen. Nadal nahm den Schweizer in den Arm und tröstete ihn. „Oh, mein Gott, das bringt mich um. Rafa, du hast unglaublich gespielt. Du hast den Sieg verdient", sagte der emotionale Federer. „Roger, tut mir leid für heute. Ich weiß ganz genau, wie du dich jetzt fühlst. Denk daran, dass du ein großer Champion bist, einer der Besten in der Geschichte. Du wirst die 14 Grand-Slam-Titel von Sampras verbessern", erklärte Nadal. Der Spanier sollte damit recht behalten.

2. Februar 2004
Roger Federer wird erstmals Nummer eins der Welt

Dieser Moment hatte sich lange Zeit vorher schon abgezeichnet. Nach dem Finaleinzug bei den Australian Open 2004 war klar, dass Roger Federer erstmals den Tennisthron besteigen würde. Der Schweizer löste einen Tag nach seinem ersten Titelgewinn in Melbourne Andy Roddick als Weltranglistenersten ab.

„Es ist mir sehr wichtig, meine Spitzenposition möglichst lange zu verteidigen. Dass ich jetzt noch mehr der Mann bin, den jeder schlagen will, ist klar. Als Nummer eins kann ich nicht weiter nach oben kommen, also muss ich mich fortan über Bestätigungen und Turniersiege freuen", kommentierte Federer.

Gesagt, getan. Der Schweizer blieb 237 Wochen in Folge lang an der Spitze der Weltrangliste – einsamer Rekord bei den Herren. Federer war für insgesamt 310 Wochen die Nummer eins der Welt.

3. Februar 1990
Michael Stich gibt Debüt im Davis Cup

Michael Stich kam in der Erstrundenpartie im Davis Cup gegen die Niederlande erstmals zum Einsatz für das deutsche Team. Nachdem Carl-Uwe Steeb und Eric Jelen am Eröffnungstag die beiden Einzel für Deutschland gewinnen konnten, trat Stich im Doppel an der Seite von Jelen an. Die beiden siegten gegen Tom Nijssen und Michiel Schapers mit 6:4, 6:2, 5:7, 6:4 und brachten das deutsche Davis-Cup-Team uneinholbar mit 3:0 in Führung.

„Mir wackelten noch etwas die Beine vom Abspielen der Nationalhymne", gab Stich nach dem Doppelsieg zu. Stich spielte insgesamt 17 Davis-Cup-Partien für Deutschland. Seine Gesamtbilanz: 35:11 – 21:9 im Einzel und 14:2 im Doppel. Stich führte das deutsche Davis-Cup-Team 1993 zum dritten und bislang letzten Titel.

4. Februar
2001
Roger Federer gewinnt in Mailand ersten ATP-Titel

Dieser Titelgewinn war überfällig. Roger Federer holte sich beim Hallenturnier in Mailand im Alter von 19 Jahren und sechs Monaten endlich seinen ersten ATP-Titel. Der Schweizer besiegte im Finale den Franzosen Julien Boutter mit 6:4, 6:7 (7:9), 6:4.

„Was für eine Erleichterung. Als Kind träumt man ständig davon, seinen ersten Titel zu gewinnen. Ich bin sehr glücklich, meinen ersten Titel hier in Mailand gewonnen zu haben", sagte Federer.

Für Federers Vater Robert endete der erste Titeltag seines Sohnes mit einer Schrecksekunde. So heißt es in der Biografie über Federer vom Schweizer Journalisten René Stauffer. „In seiner Aufregung hat er seine Autoschlüssel im abgeschlossenen Wagen gelassen und musste das Fenster einschlagen, um sie herauszuholen."

5. Februar
1985
Ivan Lendl und Larry Stefanki beenden
Match ohne Schiedsrichter

Äußerst kurios ging die Erstrundenpartie zwischen Ivan Lendl und Larry Stefanki beim ATP-Turnier in Delray Beach zu Ende, und zwar ohne

Schiedsrichter. Lendl dominierte das Match nach Belieben und führte mit 6:2, 4:0, als Stefanki einen Punktabzug vom italienischen Stuhlschiedsrichter Luigi Brambilla wegen Spielverzögerung verpasst bekam.

Der US-Amerikaner hatte dem Schiedsrichter zuvor eine Frage gestellt und wartete auf eine Antwort. Während Brambilla den Oberschiedsrichter kommen ließ, spielten Lendl und Stefanki munter weiter. „Nachdem wir sechs Punkte gespielt hatten, sagte Brambilla: ‚Lass uns weitermachen.' Wir sagten, dass wir von Einstand weiterspielen", erzählte Stefanki.

Als Lendl das Spiel zum 5:0 machte, verließ Brambilla aus Protest den Platz und das Stadion. Lendl und Stefanki brachten die Partie ohne Schieds- und Linienrichter zu Ende. „Tennis ist Unterhaltung, die Fans liebten es. Lendl und ich trafen unsere eigenen Entscheidungen und jemand in der Pressebox verkündete den Spielstand. Wir hatten Spaß und es war total unter Kontrolle. Das Match war nicht eng und wir wollten einfach Spaß haben", sagte Stefanki nach dem kuriosen Matchende.

6. Februar
1993
Arthur Ashe stirbt nach HIV-Erkrankung

Am 6. Februar 1993 verließ eine große und bedeutende Persönlichkeit im Tennissport diese Welt. Arthur Ashe starb im Alter von 49 Jahren an den Folgen einer HIV-Erkrankung. Im Jahr 1983 hatte sich Ashe mit dem Virus infiziert, weil er eine mit dem Virus infizierte Blutkonserve anlässlich einer Herzoperation erhalten hatte. Fünf Jahre später wurde die Krankheit bei einer weiteren Operation diagnostiziert. 1992 verkündete Ashe der Öffentlichkeit, dass er das HI-Virus in sich trägt.

„Champions sind Leute, die ihren Sport besser verlassen wollen, als sie ihn vorgefunden haben", sagte der US-Amerikaner. Als erster dunkelhäutiger Spieler gewann er ein Grand-Slam-Turnier. Seinem Sieg bei den US

Open 1968 ließ er den Gewinn der Australian Open 1970 folgen. Sein Meisterstück folgte in Wimbledon 1975. Auf dem „Heiligen Rasen" triumphierte er als bislang einziger farbiger Spieler bei den Herren und wurde dadurch unsterblich.

Bei den French Open reichte es für Ashe nur bis zum Viertelfinale, sodass er seine Grand-Slam-Titelsammlung nicht vervollständigen konnte. Ashe war ein aktiver Bürgerrechtler, der für die Menschenrechte in Südafrika und Haiti protestierte und deshalb verhaftet wurde.

Der Name Arthur Ashe lebt nach seinem Tod weiter. Das weltgrößte Tennisstadion bei den US Open in New York, das Platz für 23.771 Zuschauer hat, trägt genauso seinen Namen wie die Auszeichnung der ATP „Arthur Ashe Humanitarian of the Year", die menschliches Engagement von Tennisspielern ehrt.

7. Februar 2016

Deutsches Fed-Cup-Team verliert mit Australian-Open-Siegerin Angelique Kerber

Trotz der Reisestrapazen nach dem Gewinn der Australian Open stand Angelique Kerber genau eine Woche nach ihrem ersten Grand-Slam-Triumph in Melbourne wieder auf dem Platz. Die 28-jährige Deutsche nahm am Erstrundenduell des deutschen Fed-Cup-Teams in Leipzig gegen die Schweiz teil.

Kerber gewann zwar ihr erstes Einzel gegen Timea Bacsinszky klar mit 6:1, 6:3, verlor jedoch im Spitzeneinzel gegen Belinda Bencic mit 6:7 (4:7), 3:6. Die Entscheidung in der Fed-Cup-Partie fiel im entscheidenden Doppel, das Anna-Lena Grönefeld und Andrea Petkovic gegen Bencic und Martina Hingis mit 3:6, 2:6 verloren.

Das deutsche Fed-Cup-Team musste nach dem 2:3 gegen die Schweiz den Gang in die Relegation antreten. „Irgendwann war mein Akku alle. Irgendwann kommt man einfach an die körperlichen Grenzen", sagte Kerber nach der Niederlage im Fed Cup.

8. Februar 2015

Andrea Petkovic gewinnt zwei Fed-Cup-Krimis an einem Wochenende

Andrea Petkovic war die gefeierte deutsche Spielerin beim Fed-Cup-Sieg der deutschen Mannschaft im Viertelfinale gegen Australien. In Stuttgart sicherte Petkovic den deutschen Erfolg mit zwei hart erkämpften Einzelsiegen. Nachdem sie am Vortag Australiens Spitzenspielerin Samantha Stosur nach 3:16 Stunden Spielzeit mit 6:4, 3:6, 12:10 niedergerungen und zum 1:1-Zwischenstand ausgeglichen hatte, folgte ein 6:3, 3:6, 8:6 gegen Jarmila Gajdosova, mit dem sie das deutsche Team uneinholbar mit 3:1 in Führung brachte.

„Das ist definitiv einer der Momente in meiner Karriere, die ich im Kopf behalten werde", sagte Petkovic nach dem Marathonmatch gegen Stosur. Als sie den zweiten Einzelsieg zur Entscheidung nachlegte, reagierte Petkovic euphorisch. „Ich war ein bisschen müde von gestern, aber ich habe immer weitergemacht, nur Punkt für Punkt gespielt. Ich hoffe, es gibt Champagner, aber Bier ist auch okay. Wir werden uns auf jeden Fall unter die Fans mischen. Die Atmosphäre hier war unglaublich."

9. Februar
1996
David Prinosil und Hendrik Dreekmann feiern umjubeltes Davis-Cup-Debüt

Boris Becker stand für die Davis-Cup-Auftaktpartie des deutschen Teams gegen die Schweiz nicht zur Verfügung. Michael Stich war nach einer Verletzung nur für das Doppel spielbereit. Und so kam es, dass David Prinosil und Hendrik Dreekmann beim Auswärtsspiel in Genf ihre Davis-Cup-Premiere feierten. Für die beiden Deutschen wurde es ein Einstand nach Maß gegen die favorisierten Schweizer.

Zunächst siegte Prinosil gegen Jakob Hlasek mit 6:4, 7:6 (7:4), 5:7, 4:6, 6:1. Prinosil hatte bei 5:4 im dritten Satz bereits Matchball. „Aber ich habe Angst bekommen, gedacht, spiele den Ball nur noch ins Feld und warte darauf, dass er den Fehler macht", gab Prinosil hinterher zu.

Es folgte die Gala von Dreekmann, der Olympiasieger Marc Rosset auf dem roten Sandplatz mit 6:3, 6:1, 6:4 entzauberte. Das deutsche Team gewann schließlich mit 5:0 und zog ins Viertelfinale ein.

10. Februar
1992
Jim Courier wird erstmals Nummer eins der Welt

Nicht Pete Sampras, Andre Agassi oder Michael Chang, sondern Jim Courier war der erste Spieler aus der goldenen Generation des US-Herrentennis, der den Sprung an die Weltranglistenspitze schaffte. Zwei Wochen nach seinem Titelgewinn bei den Australian Open 1992 löste Courier den Schweden Stefan Edberg als Nummer eins der Welt ab.

Mit dem Finaleinzug beim ATP-Turnier in San Francisco hatte der US-Amerikaner sein großes Ziel erreicht. „Ich war deswegen sehr gestresst. Ich war mir der Situation bewusst. Ich wollte es einfach für eine Woche schaffen, nur um zu sagen, dass ich es an die Spitze des Gipfels geschafft habe", sagte Courier über seinen Meilenstein.

Der US-Amerikaner, der insgesamt 58 Wochen die Weltrangliste anführte, war bekannt für seine weiße Baseballkappe, die er bei jedem Spiel trug. Während der Pausen beim Seitenwechsel las Courier zur Entspannung hin und wieder Bücher.

11. Februar 2017
Hymneneklat beim Fed-Cup-Match USA gegen Deutschland auf Hawaii

Eine Fed-Cup-Partie auf Hawaii – eine traumhafte Vorstellung für Tennisspielerinnen. Für das deutsche Fed-Cup-Team begann das Duell gegen die USA alles andere als traumhaft. Bei der obligatorischen Präsentation der Hymnen der beiden Länder vor Spielbeginn kam es zum Eklat. Der US-amerikanische Sänger trällerte im Royal Lahaina Resort die falsche Version der deutschen Nationalhymne ins Mikrofon.

Das deutsche Team musste statt der dritten Strophe des Deutschlandliedes die in Deutschland verbotene erste Strophe anhören, die mit den Worten „Deutschland, Deutschland über alles, über alles in der Welt" beginnt. Die deutsche Mannschaft guckte sich entsetzt an, als sie die falsche Hymne hörte. Julia Görges begann sogar zu weinen.

Zwar versuchten Spielerinnen, Betreuer und Fans die richtige Hymne anzustimmen, doch gegen den lautstarken Sänger verhallte das „Einigkeit und Recht und Freiheit". Der Sänger, dem der Fauxpas unterlief, hätte es als Lehrer eigentlich wissen müssen, was er da gesanglich zum Besten gab. Andrea Petkovic sprach anschließend davon, dass es das „mit Abstand Schlimmste war, was mir im Leben passiert ist".

Nach einem kleinen Shitstorm wegen ihrer Aussage relativierte Petkovic ihre Aussage. „Mit etwas mehr Rationalität kann ich es so einordnen, wie es war: ein Fehler, für den die Amerikaner sich entschuldigt haben. Das erklärt die emotionale Ausdrucksweise vielleicht etwas besser. Es ist das Schlimmste, das mir in meinem Fed-Cup-Leben passiert ist. Es ist nicht das Schlimmste, das mir im Leben je passiert ist."

Der Hymneneklat war für das deutsche Fed-Cup-Team der Anfang von zwei gebrauchten Tagen auf Hawaii. Bereits nach drei Partien war das Duell gegen die USA verloren. Statt den Titeltraum im Fed Cup weiter zu leben, musste Deutschland in die Relegation.

12. Februar
1996
Thomas Muster wird erstmals Nummer eins der Welt

Was Boris Becker für das deutsche Tennis war, das war Thomas Muster für das österreichische. Der Steirer hat den Tennissport in Österreich, im Land des Wintersports, populär gemacht. Am 12. Februar 1996 war Muster endlich auf dem Gipfel angekommen.

Im Alter von 28 Jahren wurde er erstmals die Nummer eins der Welt. Den Grundstein für die Besteigung des Tennisthrons legte Muster im Jahr zuvor, in dem er zwölf Turniere gewann, elf davon auf seinem heiß geliebten Sand – darunter die French Open.

„Ich bin dafür bekannt, dass ich mit den Füßen am Boden bleibe. Ich habe seit Jahren auf dieses Ziel hingearbeitet und werde deswegen nicht ausflippen. Dafür bin ich schon zu alt und zu reif", nahm Muster die Übernahme der Führung in der Weltrangliste gelassen zur Kenntnis. Den ersten Tag als Nummer eins verbrachte der Österreicher wie gewohnt auf dem Tennisplatz, wenn auch recht unüblich.

Denn die Davis-Cup-Partie in Südafrika konnte wegen Regen erst am Montag zu Ende gespielt werden. Muster gewann sein erstes Match als Weltranglistenerster gegen Wayne Ferreira und glich für Österreich zum zwischenzeitlichen 2:2 aus. Für den Linkshänder war es nur ein kurzes Gastspiel an der Spitze.

Bereits eine Woche später wurde er von Pete Sampras abgelöst. Nach seinem Turniersieg in Mexiko-City übernahm Muster am 11. März erneut die Führung im ATP-Ranking und blieb fünf weitere Wochen die Nummer eins der Welt.

13. Februar 2000

Marc Rosset bringt Roger Federer zum Weinen

Zum ersten Mal in der Geschichte des Herrentennis standen sich beim ATP-Turnier in Marseille zwei Schweizer im Finale eines ATP-Turniers gegenüber: der 29-jährige Marc Rosset und der 18-jährige Roger Federer. Für Federer war es das erste Finale auf der ATP-Tour. Der Teenager hatte damals bereits als Nummer 67 der Welt eine bessere Weltranglistenposition als der Schweizer Veteran Rosset mit Platz 77.

Federer verlor das Finale denkbar knapp mit 6:2, 3:6, 6:7 (5:7) und weinte bei der Siegerehrung bittere Tränen. Rosset tröstete seinen Landsmann und verriet Jahre später im Interview mit der Zeitung *Blick*: „Während der Zeremonie weinte Roger unaufhörlich. Ich sagte ihm, er solle aufhören zu weinen, da er ja noch jung sei. Darauf meinte Roger, er werde es nach dieser Niederlage vielleicht nie wieder in ein Finale schaffen."

Bei seine Siegerrede prophezeite Rosset: „Ich nehme dieses Match, aber du wirst alle anderen gewinnen. Roger ist die Zukunft des Schweizer Tennis, keine Frage." Rosset sollte mit dieser Einschätzung völlig richtig liegen.

14. Februar 2008
Monica Seles verkündet Karriereende

Knapp fünf Jahre nach ihrem letzten Match auf der WTA-Tour gab Monica Seles im Alter von 34 Jahren ihr endgültiges Karriereende bekannt. „Tennis war und wird immer ein riesiger Teil meines Lebens sein. Ich habe einige Zeit eine Rückkehr zum Profitennis in Betracht gezogen, aber nun habe ich entschieden, das nicht zu verfolgen", sagte Seles, die bei den French Open 2003 ihr letztes Profimatch spielte.

Die gebürtige Jugoslawin gewann 53 WTA-Titel, neun davon bei Grand-Slam-Turnieren, und führte die Weltrangliste für 178 Wochen an. Ihre erfolgreiche Karriere nahm eine entscheidende Wendung, als sie am 30. April 1993 von dem verwirrten Steffi-Graf-Fan Günter Parche beim Turnier in Hamburg mit einem Küchenmesser niedergestochen wurde.

15. Februar 2013
Serena Williams krönt sich mit Comebacksieg zur ältesten Nummer eins im Damentennis

Es war nur ein Viertelfinalsieg beim WTA-Turnier in Doha, doch für Serena Williams bedeutete dies etwas Historisches. Dank des Erfolgs sicherte sich die US-Amerikanerin die Rückkehr an die Weltranglistenspitze und machte sich mit 31 Jahren und vier Monaten zur ältesten Nummer eins im Damentennis. Williams brach den Rekord von Chris Evert, die kurz vor ihrem 31. Geburtstag auf Platz eins vorgerückt war.

Der Viertelfinalerfolg von Williams in Doha war hart erkämpft. Gegen Petra Kvitova lag die US-Amerikanerin mit 1:4 im dritten Satz zurück und siegte sich schließlich mit 3:6, 6:3, 7:5 in die Rekordbücher. „Ich bin so sensibel in diesen Tagen, ich heule immer. Ich hätte nie gedacht, dass ich hier wieder sein würde", sagte Williams im Anschluss an das Match und vergoss dabei ein paar Tränen.

Den Rekord als älteste Nummer eins im Damentennis baute Williams in den folgenden Jahren weiter aus. Das letzte Mal stand Williams mit 35 Jahren und sieben Monaten an der Weltranglistenspitze.

16. Februar
1992

Martina Navratilova stellt Titelrekord auf

Dieser Rekord hatte sich angekündigt. Martina Navratilova spielte sich mit dem Turniersieg beim WTA-Turnier in Chicago in die Geschichtsbücher. Die US-Amerikanerin setzte sich im Finale gegen Jana Novotna mit 7:6 (7:4), 4:6, 7:5 durch und stellte einen neuen Titelrekord im Einzel auf. Für Navratilova war es der 158. Turniersieg auf der WTA-Tour. Sie überflügelte damit ihre Langzeitrivalin und gute Freundin Chris Evert, die 157 Titel gewann.

Der Rekord in Chicago stand aber auf der Kippe, als Novotna bei 5:4-Führung im dritten Satz zum Sieg servierte. „Du kannst dich selbst belügen, so viel du willst. Aber wenn ein Rekord auf dem Spiel steht, gibt es Druck. Ich wollte einfach dieses Match gewinnen", sagte Navratilova nach dem Aufstellen des Rekordes. Mit insgesamt 167 Titeln im Einzel hat Navratilova möglicherweise einen Rekord für die Ewigkeit aufgestellt.

17. Februar
1995
Steffi Graf gewinnt erstes Duell mit dem 14-jährigen Wunderkind Martina Hingis

Mit dem Turniersieg beim WTA-Turnier in Paris konnte sich Steffi Graf wieder an die Spitze des WTA-Rankings spielen. Dabei traf sie im Viertelfinale auf das neue Wunderkind im Damentennis: Martina Hingis.

Graf setzte sich im ersten Duell mit der damals 14-jährigen Schweizerin zwar klar mit 6:2, 6:3 durch, war nach dem Sieg trotzdem voll des Lobes für Hingis. „Ich denke, sie ist definitiv auf dem richtigen Weg. Ich glaube nicht, dass ich Martina viel erzählen muss. Sie weiß, was sie von der Grundlinie tun muss. Sie muss an ihrem Aufschlag arbeiten, aber das wird sie wissen. Sie braucht nur ein paar Jahre mehr an Erfahrung. Die wird sie bekommen", kommentierte Graf über Hingis.

Zwei Jahre später wurde Hingis die jüngste Nummer eins im Damentennis. Graf sicherte sich schließlich auch den Titel in Paris, den 87. in ihrer Karriere, und wurde wieder die Nummer eins der Welt.

18. Februar
1990
Boris Becker und Carl-Uwe Steeb schreiben deutsche Tennisgeschichte

Ein deutsches Endspiel bei einem ATP-Turnier gehört auch heute noch zu einer Rarität. Boris Becker und Carl-Uwe Steeb spielten 1990 in Brüssel das erste deutsche ATP-Finale in der Tennisgeschichte. Becker setzte sich gegen seinen Landsmann mit 7:5, 6:2, 6:2 durch und feierte seinen 25. ATP-Titel.

Die weiteren deutschen ATP-Finals bestritten Michael Stich und Becker (Wimbledon 1991), Markus Zoecke und Hendrik Dreekmann (Sun City 1994), Tommy Haas und Nicolas Kiefer (Los Angeles 2004), Philipp Kohlschreiber und Philipp Petzschner (Halle 2011), Haas und Kohlschreiber (München 2013), Florian Mayer und Alexander Zverev (Halle 2016) und Zverev und Kohlschreiber (München 2018).

19. Februar 2006

John McEnroe gewinnt Doppeltitel mit 47 Jahren

Dieser Doppeltitel kam völlig aus dem Nichts. Der 47-jährige John McEnroe spielte beim ATP-Turnier in San Jose sein erstes Profiturnier nach zwölf Jahren und trat in der Doppelkonkurrenz mit dem Schweden Jonas Björkman, zum damaligen Zeitpunkt die Nummer vier der Doppelweltrangliste, an. Und tatsächlich: McEnroe gewann an der Seite von Björkman sensationell seinen 78. ATP-Titel im Doppel und wurde zum ältesten Titelgewinner in den letzten 30 Jahren – Einzel und Doppel.

„Ich habe es gespürt, dass ich es in mir habe. Jonas hat uns geführt. Als ich hierher kam, dachte ich, dass wir entweder in der ersten Runde verlieren oder den Titel holen", sagte McEnroe. „Er ist so clever. Er spielt mit seinem Kopf. Was mich wirklich beeindruckt hat, war, wie er mit der Power der jungen Kerle umgegangen ist", kommentierte Björkman über seinen Doppelpartner.

McEnroe bestritt danach nur noch ein weiteres Turnier. Ein halbes Jahr später, im Oktober 2006, trat er beim ATP-Turnier in Stockholm im Doppel an – wiederum mit Björkman. Das Duo verlor dabei im Viertelfinale.

20. Februar 1999
Steffi Graf verpasst Finale in Hannover

Das WTA-Turnier in Hannover wurde nur viermal ausgetragen. Zweimal trat Steffi Graf zum Hallenevent in Niedersachsen an. Der Titelgewinn war der so erfolgsverwöhnten Deutschen nicht vergönnt. Bei ihrem zweiten Auftritt in Hannover scheiterte sie im Halbfinale an der 18-jährigen Venus Williams. Graf unterlag der US-Amerikanerin mit 3:6, 6:3, 3:6.

„Das Alter meiner Gegnerin ist das wenigste, was mich interessiert. Darüber mache ich mir keine Gedanken. Ich weiß, dass ich immer noch gut Tennis spielen kann", sagte Graf, die sich in den Endzügen ihrer Karriere befand.

21. Februar 1999
Tommy Haas gewinnt in Memphis ersten ATP-Titel

Der erste ATP-Titel ist immer etwas ganz Besonderes. Tommy Haas musste trotz seiner frühen Erfolge als Teenager ein wenig auf seinen Premierentriumph auf der ATP-Tour warten. Die ersten drei Endspiele gingen verloren. Bei den Australian Open 1999 zeigte Haas mit dem Einzug ins Halbfinale, dass es nur eine Frage der Zeit ist, bis er seinen ersten Turniersieg eintüten würde.

Kurz darauf war es schließlich so weit. Haas triumphierte sechs Wochen vor seinem 21. Geburtstag beim ATP-Turnier in Memphis. Im Finale ließ er dem ehemaligen Weltranglistenersten Jim Courier beim 6:4, 6:1 keine Chance. „Ich fühle mich großartig. Es hat Riesenspaß gemacht, hier zu spielen", jubelte Haas. Courier stellte fest: „Er wird ein ganz Großer. Was Tommy alleine an Returns zurückgebracht hat, war unglaublich."

Mit den ganz großen Titeln klappte es für Haas nicht. Memphis war für ihn immer eine Reise wert. 2006 und 2007 gewann er das Hartplatzturnier im US-Bundesstaat Tennessee zwei weitere Male in eindrucksvoller Manier. Bei keinem Turnier siegte Haas öfter.

22. Februar
1987
Boris Becker gewinnt Premiere in Indian Wells

Zum ersten Mal gastierten die Tennisstars 1987 in Indian Wells, nachdem das Turnier vom nahe gelegenen La Quinta nach Indian Wells verlegt wurde. Boris Becker gewann die Premierenausgabe des Hartplatzturniers in der kalifornischen Wüste, das heute nach den Grand-Slam-Turnieren zum prestigeträchtigsten Turnier im Herrentennis zählt. Becker spielte dabei eines der besten Turniere in seiner Karriere und blieb im Turnierverlauf ohne Satzverlust.

Im Finale besiegte der Deutsche Stefan Edberg mit 6:4, 6:4, 7:5. Für Becker war es das erste Turnier ohne seinen Trainer Günther Bosch. Die beiden hatten sich einen Monat zuvor nach dem Achtelfinalaus bei den Australian Open getrennt. „Ich musste mir so viel beweisen, es hat geklappt. Von einem Trainer habe ich mich erst mal abgenabelt. Jetzt bin ich selbstständig und trage Verantwortung. Ich muss mich um alles selbst kümmern", sagte der damals 19-jährige Becker.

23. Februar
1994
Steffi Graf verpasst Tracy Austin
in Indian Wells die Höchststrafe

Tracy Austin, die ehemalige Nummer eins der Welt, war die Gegnerin von Steffi Graf bei ihrem Profidebüt im Oktober 1982. Mehr als elf Jahre später trafen sich die beiden beim Turnier in Indian Wells zum zweiten Mal auf dem Platz. Graf, mittlerweile die dominierende Spielerin im Damentennis, zeigte ihre ganze Klasse und erteilte der mittlerweile 31-jährigen US-Amerikanerin eine spielerische Lehrstunde. 6:0, 6:0 hieß es nach 43 Minuten.

„Als ich gegen Steffi das erste Mal spielte, war sie ein kleines Kind – 13 Jahre alt. Sie begann ihre Karriere, ich war an der Spitze. Nun bin ich eine alte Frau am Ende meiner Karriere und sie ist an der Spitze", stellte Austin treffend fest. Die US-Amerikanerin, die genau wie Graf als Wunderkind bezeichnet wurde, beendete drei Monate später ihrer Karriere.

24. Februar 2007

Tommy Haas krönt Traumwoche in Memphis

Das ATP-Turnier in Memphis und Tommy Haas – das passte gut zusammen. In Memphis feierte der Deutsche seinen ersten ATP-Titel. Das Hallenturnier in den USA gehörte zu den Lieblingsturnieren von Haas. 2007 ging Haas als Titelverteidiger an den Start und spielte eines seiner überzeugendsten Turniere in seiner Karriere. Auf dem Weg zum dritten Memphis-Titel schlug er in fünf Matches fünf US-Amerikaner und blieb ohne Satzverlust.

Noch besser: Haas hatte im gesamten Turnierverlauf nicht einen einzigen Breakpunkt gegen sich. „So etwas passiert nicht oft. Ich weiß nicht, ob mir das vorher jemals gelungen ist", sagte Haas.

Im Endspiel besiegte er Andy Roddick klar mit 6:3, 6:2. „Irgendwas an diesem Turnier lässt mich gut spielen. Alles schien zu meinen Gunsten zu laufen. Ich habe sehr gut aufgeschlagen", freute sich Haas über seinen elften ATP-Titel.

25. Februar 1990

Boris Becker gewinnt mit perfektem Match ersten ATP-Titel in Deutschland

Lange musste Boris Becker auf diesen Moment warten. Beim Hallenturnier in Stuttgart war es endlich so weit. Becker gewann seinen ersten ATP-Titel in Deutschland – und das in überzeugender Manier.

Der Deutsche besiegte im Finale den Weltranglistenersten Ivan Lendl klar mit 6:2, 6:2. „Ich habe das perfekte Match gespielt", freute sich Becker hinterher.

Vier weitere Titel in der Heimat sollten in den nächsten Jahren folgen: zweimal bei der ATP-Weltmeisterschaft in Frankfurt, ein weiteres Mal in Stuttgart in der Halle sowie beim Grand Slam Cup in München.

26. Februar 2007

Roger Federer bricht Ranglistenrekord von Jimmy Connors

Auf diesen Rekord hat Roger Federer lange hingearbeitet. Mit seiner 161. Woche in Folge als Nummer eins im ATP-Ranking brach er den Uraltrekord von Jimmy Connors, den der US-Amerikaner zwischen 1974 und 1977 aufgestellt hatte.

„Ich habe die Tage gezählt", gestand Federer nach seinem mühsamen Auftaktsieg beim ATP-Turnier in Dubai, wo er den Dänen Kristian Pless mit 7:6 (7:2), 3:6, 6:3 bezwang. „Dieser Rekord ist besonders für mich. Selbst wenn ich die Nummer eins morgen verlieren sollte, braucht es drei Jahre, bis jemand den Rekord brechen kann." Federer baute seinen Rekord auf insgesamt 237 durchgehende Wochen als Nummer eins der Welt aus. Der Schweizer ist somit Rekordhalter im Damen- und Herrentennis.

Bei den Damen führen Steffi Graf und Serena Williams mit jeweils 186 Wochen in Folge als Nummer eins diese Bestenliste an.

27. Februar
1994
Steffi Graf und Michael Stich gewinnen Titel am gleichen Tag

Zwei deutsche Titel am gleichen Tag erlebt man nicht alle Tage. Steffi Graf und Michael Stich schafften dies – auf unterschiedlichen Kontinenten. Während Stich beim Hallenturnier in Rotterdam siegreich war und sein 14. ATP-Titel gewann, triumphierte Graf beim WTA-Turnier in Indian Wells. Für Graf war es ihre Premiere beim hochkarätig besetzten Hartplatzturnier in Indian Wells.

Im Finale besiegte die Deutsche Amanda Coetzer aus Südafrika mit 6:0, 6:4. Und auch Stich war in seinem Finalspiel in Rotterdam gegen einen Spieler aus Südafrika erfolgreich. Er bezwang Wayne Ferreira mit 4:6, 6:3, 6:0.

28. Februar
1983
Ivan Lendl wird erstmals Nummer eins der Welt

Über 30 ATP-Titel hatte Ivan Lendl bereits gewonnen, als er eine Woche vor seinem 23. Geburtstag erstmals die Nummer eins der Welt wurde. Der gebürtige Tschechoslowake löste Jimmy Connors an der Weltranglistenspitze ab. Allerdings: Lendl hatte zu diesem Zeitpunkt noch kein Grand-Slam-Turnier gewonnen. Er war somit die erste amtierende Nummer eins ohne „Major"-Titel.

Es dauerte bis zu den French Open 1984, bis Lendl seinen Grand-Slam-Fluch beenden konnte. „Ivan, der Schreckliche" verbrachte zwischen 1983 und 1990 insgesamt 270 Wochen auf Platz eins in der Weltrangliste.

Lendl galt als Prototyp des professionellen Spielers, der nichts dem Zufall überließ. In Erinnerung an ihn bleibt die lange Zeit, bis er seinen Aufschlag ausführte. Schier endlos tickte der Sekundenzeiger der Uhr, wenn Lendl in die Tasche griff, um eine Handvoll Sägespäne hervorzukramen, den Ball etliche Male gegen den Boden tippte, sich schließlich an den Wimpern zupfte und den Ball meterhoch in die Luft warf, um seinen Aufschlag ins gegnerische Feld zu befördern.

März: Bombendrohung und Fair Play

1. März
1998
Venus Williams feiert besonderen Tag in Oklahoma City

Zwei Premierentitel innerhalb weniger Stunden feierte Venus Williams beim WTA-Turnier in Oklahoma City. Die 17-Jährige gewann in ihrem dritten Endspiel ihren ersten WTA-Titel. Im Finale besiegte Williams die Südafrikanerin Joanette Kruger mit 6:3, 6:2.

Nach dem Premierentriumph im Einzel kehrte Williams 30 Minuten später auf den Platz zurück, um mit ihrer 16-jährigen Schwester Serena Williams das Doppelfinale zu bestreiten. Und auch hier klappte es mit dem Premierentitel.

Die Williams-Schwestern schlugen Catalina Cirstea (Rumänien) und Kristine Kunce (Australien) mit 7:5, 6:2. „Das werde ich mit Sicherheit immer in Erinnerung behalten. Ich kann sagen, dass alles in Oklahoma City begann", sagte Williams.

2. März
2019
Roger Federer gewinnt in Dubai seinen 100. ATP-Titel

Als zweiter Spieler bei den Herren nach Jimmy Connors (109 ATP-Titel) in der Geschichte des Profitennis gewann Roger Federer seinen 100. ATP-

Titel. Der Schweizer schaffte diesen Meilenstein im Alter von 37 Jahren mit dem Turniersieg in Dubai – seinem Zweitwohnsitz nach der Schweiz.

Federer siegte im Endspiel gegen den Griechen Stefanos Tsitsipas, gegen den er wenige Wochen zuvor bei den Australian Open 2019 im Achtelfinale ausgeschieden war, mit 6:4, 6:4 und holte seinen achten Titel in Dubai. „Heute ist ein Traum wahr geworden. Es war eine unglaubliche Woche für mich", sagte Federer.

Seinen ersten ATP-Titel hatte der Schweizer am 4. Februar 2001 in Mailand errungen. „Ich weiß gar nicht genau, ob Stefanos schon geboren war, als ich meinen ersten Titel auf der Tour gewann", scherzte Federer.

3. März
1980
John McEnroe wird erstmals Nummer eins der Welt

Das ATP-Turnier in Memphis im Jahr 1980 wird John McEnroe in bester Erinnerung behalten. Der Titelgewinn mit dem Finalsieg gegen Jimmy Connors brachte McEnroe erstmals an die Spitze der Weltrangliste. McEnroe löste Björn Borg als Nummer eins in der Weltrangliste ab.

„Es war eine unbeschreibliche Genugtuung, der Beste der Welt zu sein, brachte jedoch auch allerlei Nebenwirkungen mit sich: Die Erwartungen waren immer stratosphärisch, jeder wollte dich schlagen und man setzte sich zusätzlich selbst unter Druck, weil man über den Sieg grübelte", sagte McEnroe im Rückblick auf seinen Status als Nummer eins.

Der US-Amerikaner verbrachte insgesamt 170 Wochen an der Spitze der Weltrangliste. Zudem war er 269 Wochen lang die Nummer eins im Doppel.

4. März
1990
Michael Stich gewinnt in Memphis seinen ersten ATP-Titel

Die Karriere von Michael Stich lief ganz anders als die von Boris Becker. Während Becker im Alter von 17 Jahren Wimbledon gewann, drückte Stich noch lange die Schulbank. Der gebürtige Schleswig-Holsteiner entschied sich recht spät dazu, Tennisprofi zu werden. Genauso wie bei Tommy Haas wurde Memphis der Ort für den ersten ATP-Titel von Stich.

Dabei stand der 21-Jährige, der als Nummer 80 im ATP-Ranking ins Turnier ging, in der ersten Runde gegen den Kanadier Grant Connell kurz vor dem Aus. Doch wie so oft im Tennis war dieser knappe Sieg die Initialzündung für den Erfolg im weiteren Turnierverlauf. Stich siegte im Endspiel gegen den Australier Wally Masur mit 6:7 (5:7), 6:4, 7:6 (7:1).

„Es gab nicht viele deutsche Spieler, die einen ATP-Titel gewinnen konnten. Vielleicht bekomme ich etwas Aufmerksamkeit", kommentierte der Deutsche seinen Premierentriumph. Wegen des Hypes um Boris Becker ging Stichs Turniersieg in Memphis etwas unter. So richtig Aufmerksamkeit sollte er erst ein Jahr später bekommen, als er den endgültigen Durchbruch auf der ATP-Tour schaffte.

5. März
1987
Steffi Graf feiert in Miami einen ihrer größten Siege

Eines der besten WTA-Turniere ihrer noch jungen Karriere spielte Steffi Graf in Miami auf der Halbinsel Key Biscayne. Dabei besiegte die 17-Jährige im Halbfinale die aktuelle Weltranglistenerste Martina Navratilova klar mit 6:3, 6:2. „Ich bin so glücklich über das Match. Es ist einer der größten Siege, die ich bislang hatte", freute sich Graf.

Navratilova prophezeite: „Heute war sie die beste Spielerin in der Welt. Und genau das wird sie auch sein, wenn ich das nächste Mal gegen sie spiele." Navratilova sollte sich mit ihrer Prognose um einige Wochen irren. Erst zwei Duelle später waren die Vorzeichen umgekehrt und Graf tatsächlich die Nummer eins der Welt.

Die Deutsche holte sich schließlich auch den Titel in Miami mit einem Finalsieg gegen Chris Evert und gab auf dem Weg zum Turniersieg in sieben Matches nur 21 Spiele ab.

6. März
1988

Boris Becker gelingt Doublesieg in Indian Wells

Im Vorjahr beim ATP-Turnier in Indian Wells hatte Boris Becker den Titel im Einzel gewonnen und das Finale im Doppel verloren. Ein Jahr später holte sich der Deutsche den Doublesieg in der kalifornischen Wüste. Becker triumphierte im Einzel und im Doppel an der Seite des Franzosen Guy Forget. Ein Kunststück, das in der Turniergeschichte von Indian Wells nur zwei weiteren Herrenspielern gelungen ist.

Im Finale im Einzel besiegte Becker den Spanier Emilio Sanchez mit 7:5, 6:4, 2:6, 6:4. „Wenn ich nicht gewonnen hätte, wäre für mich auch keine Welt untergegangen. Ich danke meinem Trainer Bob Brett. Er schafft es, dass ich arbeite", sagte Becker nach dem Titelgewinn.

Der unterlegene Finalist Sanchez, der im Vorjahr in Indian Wells auch gegen Becker verloren hatte, kündigte bei der Siegerehrung an: „Liebe Freunde, ich gratuliere Boris Becker. Aber im kommenden Jahr komme ich wieder. Und ich verspreche euch, dann werde ich ihn schlagen." Kurioserweise trafen Becker und Sanchez zwei Tage später wieder aufeinander – in der ersten Runde beim ATP-Turnier in Orlando. Becker siegte erneut.

7. März
2016
Dopinggeständnis von Maria Sharapova

Als Maria Sharapova in Los Angeles eine Pressekonferenz einberief, dachte man an ein mögliches Karriereende oder an eine neue Geschäftsidee. Stattdessen überraschte Sharapova mit der Aussage, dass sie nach dem verlorenen Australian-Open-Viertelfinale gegen Serena Williams im Januar 2016 positiv auf das Dopingmittel Meldonium getestet wurde.

„Ich habe einen großen Fehler gemacht", räumte die Russin ein. Sie habe jahrelang das Herzmittel Meldonium genommen, das bis Ende 2015 nicht auf der Dopingliste gestanden hatte. „Ich habe nicht auf die Liste geschaut", erklärte Sharapova im Hinblick darauf, dass Meldonium mit Beginn 2016 auf die Dopingliste gesetzt wurde.

Sharapova wurde zunächst rückwirkend für zwei Jahre gesperrt. Nach ihrem Einspruch wurde die Sperre um neun Monate verkürzt. Am 26. April 2017 kehrte Sharapova beim WTA-Turnier in Stuttgart auf die Tennisbühne zurück.

8. März
1985
Boris Becker gibt sein Debüt im Davis Cup

Im Alter von 17 Jahren und drei Monaten war es so weit. Boris Becker kam in der ersten Davis-Cup-Runde der Weltgruppe zu seinem ersten Einsatz für die deutsche Davis-Cup-Auswahl gegen Spanien. Und Becker zeigte bereits im Teenageralter, dass er von Beginn an die Führungsfigur im deutschen Herrentennis sein würde.

Der 17-Jährige siegte in Sindelfingen gegen Juan Aguilera mit 6:3, 6:4, 6:4 und brachte Deutschland mit 2:0 in Führung. Einen Tag später fixierte Becker an der Seite von Andreas Maurer im Doppel mit einem Fünfsatzsieg gegen das zukünftige Weltklassedoppel Emilio Sanchez und Sergio Casal (4:6, 6:3, 1:6, 6:3, 6:4) den deutschen Gesamtsieg. Die knappe Niederlage in seinem zweiten Einzel gegen Casal (4:6, 6:1, 5:7) fiel nicht mehr ins Gewicht.

Es sollte die erste von nur drei Einzelniederlagen (die zweite Niederlage war ebenfalls gegen Casal) in der Davis-Cup-Karriere von Becker sein. Mit dem Leimener als Führungsfigur zog Deutschland 1985 in das Finale im Davis Cup ein.

9. März
1980

Deutsches Davis-Cup-Team gewinnt in Spanien

Das deutsche Davis-Cup-Team ging mit einem 1:2-Rückstand in den Schlusstag beim Auswärtsspiel in Valencia gegen Spanien. Rolf Gehring hatte am Eröffnungstag nach einem 0:2-Satzrückstand gegen Jose Higueras den ersten Punkt für die deutsche Mannschaft geholt. Am Schlusstag glich zunächst Ulrich Pinner mit einem 6:4, 6:3, 6:3 gegen Higueras aus.

Gehring wurde anschließend zum Matchwinner. Er besiegte Fernando Luna mit 3:6, 6:3, 6:3, 6:3. Das deutsche Team zog mit dem hart erkämpften Sieg in Spanien in das Halbfinale der Europa-Zone ein, wo man später Schweden unterlag.

10. März
1986
Deutschland verliert im Davis Cup sensationell in Mexiko

Das deutsche Davis-Cup-Team ging als Vorjahresfinalist in die Davis-Cup-Saison 1986 und traf in der ersten Runde als klarer Favorit auf Mexiko. Gespielt wurde in Mexiko-City im German Club. Bei dem Namen des Spielortes durfte doch gar nichts schiefgehen, müsste man glauben. Tatsächlich ging eine Menge schief.

Gleich im Auftakteinzel war Michael Westphal chancenlos gegen Mexikos Nummer zwei, Francisco Maciel. Boris Becker konnte zwar mit einem klaren Sieg in seinem ersten Einzel ausgleichen. Doch im Doppel verloren Becker und Andreas Maurer völlig überraschend in fünf Sätzen. Das deutsche Team stand am Schlusstag unter Zugzwang.

Becker gewann auch sein zweites Einzel deutlich in drei Sätzen. Es lag im Schlusseinzel an Westphal, den deutschen Gesamtsieg zu holen. Der Hamburger war auf der Siegerstraße gegen Leonardo Lavalle, führte mit 2:0 in den Sätzen und brach trotz zahlreicher Chancen ein. Die Partie musste beim Stand von 10:8, 8:6, 3:6, 4:6, 1:3 aus Westphals Sicht wegen Dunkelheit abgebrochen werden.

Bis dahin hatten sich hitzige Szenen auf den Rängen – unter anderem eine Schlägerei zweier Betrunkener, weswegen das Match für einige Minuten unterbrochen werden musste – und dem Platz abgespielt. In der Fortsetzung konnte Westphal nicht mehr viel entgegensetzen und verlor den entscheidenden Satz mit 3:6.

Aus dem „Selbstgänger" in Mexiko wurde ein Desaster. Das deutsche Davis-Cup-Team musste schließlich in die Relegation um den Verbleib in der Weltgruppe spielen.

11. März
1991
Monica Seles wird erstmals Nummer eins der Welt

Nicht einmal zwei Jahre nach ihrem ersten Turniersieg auf der WTA-Tour avancierte Monica Seles im Alter von 17 Jahren und drei Monaten erstmals zur Nummer eins der Welt. Und nicht nur das: Die gebürtige Jugoslawin brach damit den Nummer-eins-Rekord von Tracy Austin als jüngste Weltranglistenerste. Den Rekord als jüngste Nummer eins verlor Seles sechs Jahre später an Martina Hingis.

Seles löste Steffi Graf an der Spitze der Weltrangliste ab. Die Deutsche hatte zuvor die Spitzenposition 186 Wochen in Folge innegehabt. „Teenager sind gefüllt mit einer naiven Unbesiegbarkeit, die zu riesigen Leistungen führen können. Das zeigt, welche Kraft der Verstand hat", sagte Seles über ihre riesengroßen Erfolge in jungen Jahren. Auf dem Höhepunkt ihres Erfolgs wurde Seles am 30. April 1993 beim Turnier am Hamburger Rothenbaum von einem gestörten Steffi-Graf-Fan mit einem Küchenmesser in den Rücken gestochen. Seles war insgesamt 178 Wochen die Nummer eins der Welt, 65 Wochen davon wurde sie neben Graf als Co-Nummer-eins geführt.

12. März
2019
Philipp Kohlschreiber schreibt mit Sieg gegen Novak Djokovic Tennisgeschichte

Philipp Kohlschreiber spielte sich beim ATP-Turnier in Indian Wells in die Geschichtsbücher. Der 35-jährige Deutsche besiegte in der dritten Runde den Weltranglistenersten Novak Djokovic mit 6:4, 6:4. Damit wurde Kohlschreiber zum ältesten Spieler bei einem Debütsieg gegen einen aktuellen Nummer-eins-Spieler.

Insgesamt war Kohlschreiber der drittälteste Spieler seit Gründung der ATP-Tour im Jahr 1990, der gegen einen Weltranglistenersten gewinnen konnte. Älter waren nur Ivo Karlovic und Roger Federer. „Es ist ein ganz besonderer Moment", sagte Kohlschreiber. „Sicher, gegen die Topspieler anzutreten, ist immer ein Vergnügen, aber in der Regel schlagen sie dich. Heute gegen Novak als Nummer eins und topgesetzten Spieler war es ein unglaublicher Sieg für mich."

13. März
1999
Carlos Moya siegt sich zur ersten spanischen Nummer eins der Welt

Nach dem Auftaktaus von Pete Sampras beim ATP-Turnier in Indian Wells stand fest, dass Sampras die Weltranglistenführung verlieren könnte. Mehrere Spieler hatten die große Chance auf die Übernahme der Nummer eins, darunter Yevgeny Kafelnikov, Patrick Rafter und Carlos Moya. Da sowohl Kafelnikov als auch Rafter gleich zu Beginn scheiterten, öffnete sich die Tür für Moya.

Mit dem Finaleinzug hätte der Spanier die Nummer eins werden können. Und Moya schaffte es. Im Halbfinale bezwang er Gustavo Kuerten mit 6:3, 1:6, 6:1 und krönte sich zum ersten Weltranglistenersten aus Spanien im Herrentennis. „Ich kann es kaum glauben. Ich bin der König der Welt", freute sich Moya über seinen historischen Coup.

Den Titel in Indian Wells konnte der Spanier allerdings nicht erringen. Er unterlag im Finale gegen den Australier Mark Philippoussis mit 7:5, 4:6, 4:6, 6:4, 2:6. Moya wurde allerdings nach nur zwei Wochen als Nummer eins vom Weltranglistenthron gestoßen. Die kürzeste Nummer eins im Herrentennis ist er damit jedoch nicht. Patrick Rafter blieb nur eine Woche lang die Nummer eins der Welt.

14. März
2015
Serena Williams beendet Boykott in Indian Wells

14 Jahre, nachdem sie zuletzt beim WTA-Turnier in Indian Wells gespielt hatte, kehrte Serena Williams zum prestigeträchtigen Event in der kalifornischen Wüste zurück. Die US-Amerikanerin hatte das Turnier jahrelang boykottiert, nachdem sie 2001 im Finale ausgebuht wurde, weil es Anschuldigungen gab, dass der Ausgang der Matches zwischen ihr und Schwester Venus von Vater Richard Williams bestimmt wurde.

14 Jahre später wurde Williams mit stürmischem Applaus empfangen, woraufhin die US-Amerikanerin in Tränen ausbrach. Bei ihrem Comeback in Indian Wells besiegte Williams die Rumänin Monica Niculescu mit 7:5, 7:5.

„Das war es wert, wieder hierherzukommen und neue Erinnerungen an das Turnier zu kreieren. Ich habe mich super gefühlt auf dem Platz und mich über die Reaktionen der Fans sehr gefreut. Es fühlt sich an wie einer der größten und stolzesten Momente in meiner Karriere", sagte Williams, die bis ins Halbfinale kam und dann verletzungsbedingt zurückziehen musste.

15. März
1987
Boris Becker verliert im Davis Cup gegen Angstgegner Sergio Casal

Boris Becker verlor in seiner einzigartigen Karriere im Davis Cup in 41 Einzelmatches nur dreimal – zweimal gegen Sergio Casal. War die erste Niederlage gegen den Spanier im Jahr 1985 noch unbedeutend, da Deutschland bereits den Gesamtsieg sicher hatte, war das verlorene Match gegen Casal in der ersten Runde des Davis Cups 1987 eine Niederlage mit Folgen.

Becker und Casal traten in Barcelona beim Stand von 2:2 zum alles entscheidenden Einzel an. Der Deutsche konnte seiner Favoritenrolle nicht gerecht werden, auch wenn die Partie auf dem von ihm so ungeliebten Sandboden stattfand. Casal lief in seiner Heimatstadt zur Höchstform auf und siegte trotz eines Hängers im zweiten Satz mit 6:2, 0:6, 6:2, 6:3. Deutschland musste daraufhin in die Relegation.

Es folgte das denkwürdige Abstiegsduell gegen die USA mit der Schlacht von Hartford. Becker gewann nach der Niederlage gegen Casal 22 Davis-Cup-Einzel in Folge und wurde zu einem der bestimmenden Spieler in diesem Mannschaftswettbewerb.

16. März 2016
Alexander Zverev verpasst Sensationssieg gegen Rafael Nadal

Es fehlte nur ganz wenig und Alexander Zverev hätte beim ATP-Turnier in Indian Wells für eine große Sensation gesorgt. Der 18-jährige Deutsche stand im Achtelfinale kurz vor dem Sieg gegen Rafael Nadal. Doch am Ende setzte es eine bittere Niederlage mit 7:6 (8:6), 0:6, 5:7.

Im dritten Satz führte Zverev mit 4:1 und hatte sogar Breakchance zum 5:1. Als sich der Teenager bei 5:3-Führung und eigenem Aufschlag seinen ersten Matchball erspielte, vergab er diesen leichtfertig. Ein einfacher Vorhandvolley landete im Netz. Es kam, wie es kommen musste. Der vergebene Matchball brach Zverev das Genick, sodass Nadal seine Routine ausspielte und das Match noch zu seinen Gunsten drehte.

„Beim Matchball habe ich versagt. Ich habe den wohl einfachsten Schlag im gesamten Match verhauen. Das Timing war komplett missraten, der Ball war am Ende zu weit weg von mir", trauerte Zverev dem vergebenen Sieg hinterher. Es wäre sein erster Erfolg gegen einen aktuellen Top-Ten-

Spieler gewesen. Nadal versuchte, Zverev mit den Worten trösten: „Alex ist einer der zukünftigen Nummer-eins-Spieler der Welt."

17. März
2001
Serena Williams wird in Indian Wells ausgebuht

Serena Williams wurde im Finale beim WTA-Turnier in Indian Wells gegen Kim Clijsters über das komplette Match ausgebuht. Der Grund: Im Halbfinale hätte es zum Sister Act zwischen Serena und Venus Williams kommen sollen. Doch 20 Minuten vor Spielbeginn sagte Venus Williams das Match wegen einer Sehnenentzündung ab. Die Medien schürten den Verdacht, dass Vater Richard Williams den Ausgang der Duelle seiner Töchter vorher festlegen würde.

Trotz der Buhrufe siegte Williams im Endspiel gegen Clijsters mit 4:6, 6:4, 6:2. „Zu Beginn war ich etwas schockiert. Ich habe zu Gott gebetet, mir dabei zu helfen, stark zu sein. Nicht, dass ich gewinne, aber stark genug sein, nicht auf das Publikum zu hören", sagte Williams zu den Vorfällen im Finale.

Da auf der Tribüne Vater Richard angeblich rassistisch beleidigt wurde, beschlossen die beiden Williams-Schwestern, das Turnier in Zukunft zu boykottieren. Serena Williams hielt ihren Boykott 13 Jahre lang aufrecht. 2015 kehrte sie schließlich nach Indian Wells zurück.

18. März
1984
Bombendrohung beim Finale in Rotterdam zwischen Ivan Lendl und Jimmy Connors sorgt für Abbruch

Ein ATP-Turnier ohne Sieger ist eigentlich unvorstellbar. Beim ATP-Turnier in Rotterdam ist es tatsächlich passiert – das erste und einzige Mal im

Profitennis. Ivan Lendl und Jimmy Connors standen sich im Finale in Rotterdam gegenüber. Dabei spielte Lendl eines der besten Matches seiner Karriere, gewann den ersten Satz mit 6:0 und holte sich zu Beginn des zweiten Satzes gleich das Break zum 1:0. Doch dann musste das Finale unterbrochen werden.

Die Polizei ordnete die Evakuierung der Ahoy-Arena in Rotterdam an. Eine Bombendrohung ging via Telefon ein. Der Anrufer gab an, dass er zu einer antikapitalistischen Bewegung gehöre und eine Bombe in der Nähe des Platzes platziert sei. Eine Untersuchung ergab keinerlei Auffälligkeiten. Die Zuschauer durften zu ihren Sitzen zurückkehren, doch das Finale wurde nicht wieder aufgenommen.

Lendl weigerte sich, weiterzuspielen. Turnierchef Wim Buitendijk erklärte, dass Lendl „keine Risiken eingehen" wolle. Trotz der klaren Führung von Lendl wurde entschieden, dass es keinen Turniersieger in Rotterdam gab. Lendl schlug vor, dass das Preisgeld für den Sieger und den Finalisten so lange einbehalten würde, bis das Match entschieden wurde. Eine Fortsetzung des Duells sollte es aber nie geben.

19. März
1989
Miloslav Mecir gewinnt als letzter Spieler Turnier mit Holzschläger

Der Holzschläger im Tennis wurde in den 1980er-Jahren vom modernen Grafitschläger abgelöst. Einige Spieler wollten sich von ihrem lieb gewonnenen Holzschläger nicht trennen. Einer von ihnen war Miloslav Mecir.

Beim Turnier in Indian Wells spielte sich Mecir in die Geschichtsbücher, indem er zum letzten Spieler wurde, der einen Titel mit einem Holzschläger gewinnen konnte.

Im Endspiel drehte der Tschechoslowake einen 0:2-Satzrückstand gegen Yannick Noah und siegte mit 3:6, 2:6, 6:1, 6:2, 6:3. Mecir bleibt in Erinnerung durch den Gewinn der Goldmedaille bei den Olympischen Spielen 1988 in Seoul sowie durch seine elegante Spielweise.

Seine Art, Tennis zu spielen, wirkte mühelos, als bedeute es keine Kraftanstrengung. Daher bekam er auch den Spitznamen „die Katze" verpasst. Für die meisten Spieler war der Tschechoslowake ein Angstgegner, weil es so schwer war, gegen ihn zu bestehen.

20. März
1994

Die Fair-Play-Geste von Andre Agassi gegenüber Pete Sampras

Das Finale bei den Miami Open 1994 versprach einen spielerischen Leckerbissen zwischen Andre Agassi und Pete Sampras. Dass das Finale überhaupt stattfinden konnte, lag an einer sportlich fairen Geste von Agassi. Denn Sampras litt an einer Magenverstimmung, an der das abendliche Pastaessen schuld gewesen sein soll. Dem Finale drohte die Absage, doch Agassi stimmte zu, dass das Endspiel später am Tag stattfinden konnte.

Sampras wurde 90 Minuten intravenös mit Flüssigkeit behandelt, ehe er mit einem leeren Magen den Platz betreten konnte. Und tatsächlich: Sampras holte sich den Titel bei den Miami Open, indem er Agassi mit 5:7, 6:3, 6:3 besiegte. „Ich bin genauso überrascht wie jeder in diesem Raum, dass ich gewonnen habe", sagte Sampras auf der Pressekonferenz. Auf dem Platz dankte „Pistol Pete" seinem Landsmann für die Fair-Play-Geste. „Er hat mir gezeigt, was Klasse bedeutet. Das werde ich nie vergessen."

Agassi selbst sagte über seine Erlaubnis, das Finale später spielen zu lassen: „Das war keine komplizierte Entscheidung für mich. Wenn ich den besten Spieler der Welt nicht besiegen kann, dann verdiene ich es nicht, die Trophäe mit nach Hause zu nehmen. Und gewiss verdiene ich sie nicht, wenn ich ihn nicht besiegen kann, wenn er krank ist."

21. März
2010
Ivan Ljubicic krönt Traumlauf in Indian Wells

Spät, aber gewaltig, hieß es in der Karriere von Ivan Ljubicic. Der Kroate machte sich zwei Tage nach seinem 31. Geburtstag das schönste Geschenk und krönte sich zum ältesten Premierensieger bei einem Turnier der Masters-1000-Serie auf der ATP-Tour. Ljubicic schnappte sich den Titel beim prestigeträchtigen ATP-Turnier in Indian Wells.

Nachdem er im Achtelfinale Novak Djokovic und im Halbfinale Titelverteidiger Rafael Nadal bezwingen konnte, vollendete er seinen Traumlauf beim Hartplatzturnier in der kalifornischen Wüste mit einem Finalsieg gegen Andy Roddick. Ljubicic besiegte den US-Amerikaner mit 7:6 (7:3), 7:6 (7:5).

Für den Kroaten war es der zehnte und insgesamt letzte Titelgewinn auf der ATP-Tour. „Im Blick auf meine Karriere hat es sich angefühlt, dass etwas fehlt. Es ist ein fantastisches Gefühl, das nun endlich zu haben. Das gibt etwas Besonderes zu meiner Karriere", sagte Ljubicic, der nach seiner Karriere Trainer von Roger Federer wurde.

22. März
1973
Chris Evert und Martina Navratilova spielen ihr erstes Duell

Dieses Duell hat das Damentennis 15 Jahre geprägt. Martina Navratilova gegen Chris Evert ist die Mutter aller Tennisrivalitäten. Navratilova beschrieb die Rivalität als das „amerikanische Mädchen von nebenan gegen die muskulöse Lesbe". Insgesamt gab es zwischen 1973 und 1988 sage und schreibe 80 Duelle zwischen der gebürtigen Tschechoslowakin und der US-Amerikanerin, 61 Spiele davon waren Endspiele. Die Bilanz spricht mit 43:37 für Navratilova, die auch die wichtigen Spiele meist für sich entschied.

14-mal trafen sich Navratilova und Evert in einem Grand-Slam-Finale, zehnmal behielt Navratilova die Oberhand. In ihrem allerersten Duell trafen die beiden Tennisikonen aber nicht in einem Endspiel aufeinander, sondern in der ersten Runde, beim Turnier in Akron im US-Bundesstaat Ohio.

Evert, damals 18 Jahre alt, siegte gegen die 16-jährige Navratilova mit 7:6 (5:4), 6:3 und gewann schließlich das Turnier. „Das Schöne an unsere Rivalität war nicht nur, dass wir so oft gegeneinander gespielt haben, sondern der Kontrast. Wir waren wie Tag und Nacht. Sie war aggressiv, ich war eine Konterspielerin. Sie war muskulös, ich nicht. Sie kam aus einem kommunistischen Land, ich war eine Amerikanerin aus dem Land der Freiheit. Sie war emotional, ich war cool", sagte Evert zu der gemeinsamen Rivalität, die in der Filmdokumentation *Unmatched* beleuchtet wurde.

Auch für Navratilova zählen die vielen Duelle mit Evert zur größten Sportrivalität aller Zeiten. „Ohne Zweifel ist sie das. Es ist die Langlebigkeit. Du hast Qualität und Quantität. Die meiste Zeit waren wir Nummer eins und zwei. Es war einzigartig. Es ist schwer, das zu kopieren."

23. März
1995

Gabriela Sabatini verspielt Finaleinzug in Miami gegen Kimiko Date

Der Finaleinzug bei den Miami Open schien für Gabriela Sabatini nur noch Formsache zu sein. Die Argentinierin führte im Halbfinale mit 6:1,

5:1 gegen die Japanerin Kimiko Date und verlor noch mit 6:1, 6:7 (2:7), 6:7 (4:7). Sabatini bekam es mit den Nerven zu tun und servierte im Matchverlauf insgesamt 18 Doppelfehler. Date wehrte bei 5:6 im zweiten Satzball zwei Matchbälle ab sowie einen weiteren bei 3:5 im dritten Satz.

„Das Match ist nun zu Ende. Das ist mir bereits passiert und es ist okay für mich. Ich habe heute nicht darüber nachgedacht", erklärte Sabatini nach der bitteren Niederlage und wollte keinen Vergleich zum Match gegen Mary-Joe Fernandez bei den French Open 1993 zulassen, als sie ebenfalls ein 6:1, 5:1 mit fünf Matchbällen verspielt hatte.

Vielleicht lag es aber auch daran, dass Sabatini nicht gewinnen wollte. Im Oktober 2012 enthüllte die Argentinierin, dass sie früher extrem scheu war und mit dem Medieninteresse schwer umgehen konnte und deshalb Matches oft verloren habe, um nicht mit der Presse sprechen zu müssen.

24. März
2005
Olivier Rochus gewinnt Partie
„Zwerg gegen Riese" gegen Ivo Karlovic

Solch eine Partie mit einem dermaßen enormen Größenunterschied zwischen zwei Spielern hatte es auf der ATP-Tour noch nie gegeben. In der ersten Runde beim ATP-Turnier in Miami auf der Halbinsel Key Biscayne standen sich der kleinste Profi auf der ATP-Tour, der Belgier Olivier Rochus (1,65 Meter groß) und der größte Spieler, der Kroate Ivo Karlovic (2,11 Meter groß) gegenüber.

Obwohl Karlovic sein Aufschlagspiel nicht einmal verlor, siegte Rochus im Duell „Zwerg gegen Riese" mit 5:7, 7:6 (7:5), 7:6 (7:3). „Heute ich habe ich einen Kerl bezwungen, der fast doppelt so groß ist wie ich. Die Größe spielt keine Rolle. Selbst wenn du klein bist, kannst du alle Qualitäten haben und sicher zu den besten zehn oder fünf Spielern der Welt gehören. Du spielst dennoch auf einem sehr hohen Niveau", sagte Rochus. Der Belgier schaffte es in seiner Karriere bis auf Platz 24 und gewann zwei ATP-Titel.

25. März
1995

Steffi Graf gewinnt Miami-Titel und bittet Monica Seles um Rückkehr

Für Steffi Graf war der Turniersieg beim WTA-Turnier in Miami auf der Halbinsel Key Biscayne nur Formsache. Die 25-jährige Deutsche spielte sich routiniert ohne Satzverlust zu ihrem vierten Titel in Miami. Im Endspiel besiegte Graf die Japanerin Kimiko Date mit 6:1, 6:4. Für Graf war es der dritte Turniersieg in Folge ohne Satzverlust.

Bei der Siegerehrung richtete die Deutsche emotionale Worte an ihre große Rivalin Monica Seles, die knapp zwei Jahre zuvor bei einer Messerattacke in Hamburg schwer verletzt wurde und seitdem pausieren musste. Graf nahm Stellung zu den Gerüchten, dass Seles bald wieder auf die WTA-Tour zurückkehren würde.

„Ich hoffe, du schaust zu. Und ich hoffe, dass du zurückkommst. Ich vermisse dich wirklich und ich denke, allen anderen geht es genauso", sagte Graf über das geplante Comeback von Seles. Wenige Monate später kehrte Seles nach mehr als zweijähriger Pause auf die WTA-Tour zurück.

26. März
2013
Tommy Haas schreibt mit Sieg gegen Novak Djokovic Tennisgeschichte

Tommy Haas feierte im Achtelfinale des ATP-Turniers in Miami auf der Halbinsel Key Biscayne seinen zweiten Karrieresieg gegen einen aktuellen Nummer-eins-Spieler. Haas besiegte den Serben Novak Djokovic klar mit 6:2, 6:4.

„Das war einer der größten Erfolge meiner Karriere", sagte der Deutsche, der mit seinem Sieg ein kleines Stück Tennisgeschichte schrieb. Denn mit 34 Jahren und elf Monaten wurde der Deutsche der älteste Spieler seit 30 Jahren, der einen Nummer-eins-Spieler besiegen konnte.

„Das ist schon lange her, deshalb ist es natürlich etwas Besonderes, es noch einmal geschafft zu haben – und dann gegen Novak, der seit Jahren das beste Tennis spielt und die wahre Nummer eins ist. Besser als im ersten Satz kann ich unter diesen Bedingungen nicht spielen", freute sich Haas über seinen Coup.

27. März
1994
Davis-Cup-Drama zwischen Deutschland und Österreich

Deutschland und Österreich standen sich zum vierten Mal in der Geschichte des Davis Cups gegenüber. Die Chancen auf den ersten österreichischen Erfolg standen gut, da sie zum einen Heimspiel auf Sand hatten und mit Thomas Muster einen der weltbesten Sandplatzspieler im Team hatten. Gespielt wurde in Unterpremstätten in einer Zeltarena für 12.000 Zuschauer auf einer naturbelassenen Wiese.

Nach den ersten zwei Tagen führte Davis-Cup-Titelverteidiger Deutschland mit 2:1. Am Schlusstag kam es zu einem der dramatischsten Spiele der Davis-Cup-Geschichte. Das Match zwischen Muster und Michael Stich wurde zu einer Nervenschlacht, bei dem die Österreicher ihren Landsmann frenetisch unterstützten und Stich gnadenlos auspfiffen.

Muster setzte sich nach 5:24 Stunden Spielzeit und Abwehr eines Matchballs mit 6:4, 6:7 (8:10), 4:6, 6:3, 12:10 durch und glich für Österreich zum 2:2 aus. „Ich habe im fünften Satz wie in Trance gespielt", sagte Muster nach dem Sieg. Stich erinnerte sich Jahre später: „Die Stimmung war das Schlimmste, was ich in einer Davis-Cup-Partie erlebt habe. Die Menschen waren nicht für ihr Team, sie waren gegen uns. Das hat keinen Spaß gemacht."

Das Schlusseinzel zwischen Marc-Kevin Goellner und Horst Skoff musste die Entscheidung bringen. Goellner blieb im Hexenkessel cool und siegte für Deutschland mit 3:6, 6:4, 7:5, 6:1. „Das war ein ziemlicher Psychokrieg in Unterpremstätten. Ich war mir sicher, der bessere Spieler zu sein. Ich wusste genau, dass ich konditionell viel stärker bin", sagte Goellner im Rückblick auf das dramatische Davis-Cup-Wochenende.

28. März 2004

Roger Federer und Rafael Nadal duellieren sich zum ersten Mal

Roger Federer und Rafael Nadal trafen bei den Miami Open erstmals aufeinander – der Beginn der wohl elektrisierendsten Rivalität der Tennisgeschichte. Es war ein Duell mit unterschiedlichen Voraussetzungen. Auf der einen Seite der 22-jährige Federer, der knapp zwei Monate zuvor erstmals die Nummer eins der Welt wurde und der dominierende Spieler auf der ATP-Tour war. Auf der anderen Seite der 17-jährige Nadal, der bereits drei ATP-Titel vorzuweisen hatte und damals die Nummer 34 im ATP-Ranking war.

Federer ging als klarer Favorit in die Drittrundenpartie in Miami. Der Schweizer hatte zuvor die Turniere in Dubai und Indian Wells gewonnen. Dass Nadal zum Angstgegner von Federer im weiteren Verlauf werden sollte, wurde gleich beim ersten Duell der beiden deutlich.

Der Spanier spielte eines der besten Matches seiner noch jungen Karriere und siegte glatt mit 6:3, 6:3. „Ich habe fast perfektes Tennis gespielt", sagte Nadal. Federer war voll des Lobes für den Teenager. „Er hat einige unglaubliche Schläge gemacht. Ich habe vorher viel von ihm gehört und einige seiner Matches gesehen. Daher war es keine große Überraschung", kommentierte Federer die erste Niederlage gegen Nadal.

29. März
1998
Marcelo Rios krönt sich mit Titel in Miami zur Nummer eins

Mit fulminanten Leistungen im März 1998 spielte sich Marcelo Rios bis auf Platz eins in der Weltrangliste vor. Der Chilene begann den Monat als Nummer sieben der Welt und siegte zunächst beim Turnier in Indian Wells. Mit dem Titelgewinn in Miami hätte Rios den Sprung auf Platz eins schaffen können – als erster Südamerikaner in der Tennisgeschichte.

Rios zog auch in Miami ins Endspiel ein und traf dort auf Andre Agassi. Der Linkshänder gewann das Finale mit 7:5, 6:3, 6:4 und wurde somit zur Nummer eins der Welt. „Für Chile ist es nicht normal, der beste Spieler der Welt zu sein. Wir hatten nie eine Nummer eins der Welt", war sich Rios der Bedeutung seiner Leistung für sein Heimatland Chile bewusst.

Rios führte die Weltrangliste insgesamt sechs Wochen an. Der Chilene ist der einzige Nummer-eins-Spieler im Herrentennis, der kein Grand-Slam-Turnier gewinnen konnte.

30. März
1997
Thomas Muster schließt Frieden mit den Miami Open

Für Thomas Muster schloss sich bei den Miami Open auf der Halbinsel Key Biscayne der Kreis, indem er einen emotionalen Titelgewinn feierte. Der Österreicher siegte im Endspiel gegen Sergi Bruguera mit 7:6 (8:6), 6:3, 6:1 und feierte seinen 44. Titel auf der ATP-Tour. Es sollte der letzte Turniersieg in der Karriere des Österreichers gewesen sein.

Acht Jahre zuvor stand Muster ebenfalls im Endspiel bei den Miami Open, konnte jedoch zum Match gegen Ivan Lendl nicht antreten, da er von einem betrunkenen Autofahrer angefahren und dabei schwer verletzt wurde.

„Es ist sehr emotional, wenn ich daran denke, was vor acht Jahren geschehen ist", sagte Muster nach dem Turniersieg bei den Miami Open. Für den Österreicher war es zudem der letzte Turnierauftritt in Key Biscayne. Durch den Titelgewinn hatte er seinen Frieden mit dem Turnier geschlossen.

31. März
1997
Martina Hingis wird zur jüngsten Nummer eins im Damentennis

Mit dem Turniersieg bei den Miami Open spielte sich Martina Hingis im Alter von 16 Jahren und fünf Monaten erstmals auf Platz eins der Weltrangliste vor. Die Schweizerin löste Steffi Graf an der Weltranglistenspitze ab und ist bis heute die jüngste Nummer eins in der Geschichte des Damentennis. Hingis blieb im weiteren Karriereverlauf für 209 Wochen die Nummer eins der Welt. Die sogenannte *Swiss Miss* wurde ihrem Ruf als Wunderkind gerecht und gewann alle ihre fünf Grand-Slam-Titel im Einzel im Teenageralter.

Mit 22 Jahren war die Karriere von Hingis wegen Verletzungsproblemen zu Ende. 2006 kehrte sie zurück, konnte aber an ihre Glanzzeiten nicht anknüpfen. Unrühmlicher Schlusspunkt in der Einzelkarriere von Hingis war eine positive Dopingprobe beim Wimbledon-Turnier 2007. Die Schweizerin wurde positiv auf Kokain getestet und später für zwei Jahre gesperrt.

Für Hingis hatte die Sperre aber keine Auswirkungen auf ihre Karriere, da sie am 1. November 2007 ihren endgültigen Rücktritt wegen anhaltender Verletzungen bekannt gab. Von Juli 2013 bis Oktober 2017 spielte Hingis im Doppel und beendete als Nummer eins im Doppel endgültig ihre Profikarriere.

April: Comeback und Höchststrafe

1. April
1989
Thomas Muster wird vom betrunkenen Autofahrer umgefahren

Thomas Muster spielte sich bei den Miami Open auf der Halbinsel Key Biscayne erstmals in ein Finale auf Hartplatz vor. Der Österreicher drehte die Partie gegen Yannick Noah nach 0:2-Satzrückstand, siegte mit 5:7, 3:6, 6:3, 6:3, 6:2 und schaffte mit dem Finaleinzug den erstmaligen Sprung in die Top Ten der Weltrangliste.

Zwei Stunden später platzten Musters Titelträume jäh, als der betrunkene Autofahrer Norman Sobie ihn umfuhr und schwer verletzte. Muster verletzte sich am Kreuz- und Seitenband und musste daraufhin die Finalpartie gegen Ivan Lendl absagen.

„Ich hatte bis dahin nie eine Verletzung und wusste nicht, was ein Kreuz- oder Seitenband ist. Nach dem Aufprall konnte ich nicht aufstehen, weil das Knie weggekippt ist. Trotzdem habe ich gesagt: ‚Das geht schon wieder bis Sonntag'", sagte Muster Jahre später in Erinnerung an den Unfall. Was noch schlimmer war: Die Fortsetzung der Karriere des damals 21-Jährigen stand auf der Kippe. Muster gab nicht auf und quälte sich für sein Comeback.

Die Bilder, in denen er, mit Gipsbein auf einer Holzbank sitzend, Bälle schlug, gingen um die Welt. Bereits fünf Monate später feierte der

Österreicher seine Rückkehr auf den Platz. Acht Jahre später konnte Muster Frieden mit dem Turnier in Key Biscayne schließen, indem er dort seinen 44. und letzten ATP-Titel gewann.

2. April
1999
Roger Federer gibt Debüt im Davis Cup mit 17 Jahren

Mit 17 Jahren und knapp acht Monaten debütierte Roger Federer für das Schweizer Davis-Cup-Team. Im 100. Jahr des prestigeträchtigsten Mannschaftswettbewerbs traf Federer bei seinem Debüt in Neuchatel auf den Italiener Davide Sanguinetti.

Der Teenager, zum damaligen Zeitpunkt auf Platz 123 im ATP-Ranking platziert, schlug die Nummer 48 der Welt mit 6:4, 6:7 (3:7), 6:3, 6:4 und brachte das Schweizer Team mit 2:0 in Führung. Es war zudem sein erstes Match über drei Gewinnsätze.

„Ich war nervös zu Beginn, konnte mich dann aber beruhigen. Den Tiebreak habe ich nicht gut gespielt, ich war zu riskant. Letztendlich haben das genommene Risiko und die Unterstützung des Publikums mir dabei geholfen, zu gewinnen", kommentierte Federer sein Davis-Cup-Debüt. Die Schweiz gewann die Partie mit 3:2.

Italiens Davis-Cup-Kapitän Paolo Bertolucci erkannte bereits, welch Ausnahmespieler Federer sein würde. „Es war unglücklich für uns, dass Federer für den Gegner gespielt hat. Aber es hat Spaß gebracht, ihm zuzuschauen. Es gibt nicht viele Leute, die so gut Tennis spielen können." Federer hat in seiner Karriere 27 Davis-Cup-Partien für die Schweiz bestritten. Seine Bilanz: 52:18 (40:8 im Einzel, 12:10 im Doppel). 2014 gewann er den Titel für die Eidgenossen.

3. April
2005

Roger Federer gelingt Revanche gegen Rafael Nadal in Miami

Beim ATP-Turnier in Miami im Jahr 2004 standen sich Roger Federer und Rafael Nadal erstmals gegenüber. Nadal siegte in der dritten Runde. Ein Jahr später trafen sich die beiden in Miami erneut zum Duell, diesmal im Finale.

Federer drehte dabei einen 0:2-Satzrückstand und bezwang den 18-jährigen Nadal nach 3:43 Stunden mit 2:6, 6:7 (4:7), 7:6 (7:5), 6:3, 6:1. Der Spanier stand im dritten Satz kurz vor dem Sieg bei einer 4:2-Führung sowie beim Stand von 5:3 im Tiebreak. Es war bis zu den US Open 2015 die einzige Niederlage von Nadal nach einem 2:0-Satzvorsprung.

„Ich bin aus solch einer Situation selten zurückgekommen. Das war ein großer Moment für mich. Es war ein Auf und Ab. Ich habe versucht, Rafael zu sehr zu bedrängen, aber konnte mich schließlich entspannen. Ich dachte, dass es gut gehen würde, wenn ich ihn in den fünften Satz bekommen könnte", sagte Federer. Für den Schweizer war es der 18. Finalsieg in Serie.

4. April
2014

Peter Gojowczyk begeistert bei Davis-Cup-Debüt

Das deutsche Davis-Cup-Team ging in das Viertelfinale in Frankreich als krasser Außenseiter. Kapitän Carsten Arriens verzichtete nach einem Eklat beim Erstrundensieg gegen Spanien auf die beiden besten deutschen Spieler: Tommy Haas und Philipp Kohlschreiber. So kamen Tobias Kamke und Peter Gojowczyk im Einzel zum Einsatz und gaben ihr Debüt im Davis Cup.

Kamke brachte das deutsche Team mit einem Dreisatzsieg gegen Julien Benneteau mit 1:0 in Führung. Es folgte ein dramatisches Einzel zwischen Peter Gojowczyk und Frankreichs Spitzenspieler Jo-Wilfried Tsonga. Gojowczyk ließ dabei sein Herz auf dem Platz und konnte zum Ende des Matches nach einer Verletzung am Oberschenkel fast nur noch humpeln. Und trotzdem reichte es nach 4:19 Stunden Spielzeit zum Sensationssieg von Gojowczyk.

Der Deutsche rang Tsonga nach Abwehr von zwei Matchbällen mit 5:7, 7:6 (7:3), 3:6, 7:6 (10:8), 8:6 nieder. „Ich bin überwältigt. Das ist einfach nur ein geiles Gefühl", sagte Gojowczyk. „Wenn das Match wegen Verletzung oder Krämpfen weggegangen wäre, das wäre ganz bitter gewesen", sagte Kapitän Arriens und lobte seinen Schützling. „Das war unbeschreiblich, wie er gegen einen der ganz Großen gegengehalten hat. So etwas habe ich selten gesehen."

Trotz der Sensation von Gojowczyk und der 2:0-Führung nach dem ersten Tag verlor das deutsche Davis-Cup-Team letztendlich das Viertelfinale mit 2:3.

5. April
1975
Ilie Nastase streikt sich zum Sieg gegen Ken Rosewall

Ilie Nastase war als ein, wenn nicht das größte Enfant terrible auf der ATP-Tour bekannt. Im Halbfinale beim ATP-Turnier in Tuscon (USA) spielte sich eine bizarre Episode um den damals 29-jährigen Rumänen ab. Nastase stand gegen den 40-jährigen Ken Rosewall kurz vor dem Matchverlust und lag mit 3:6, 4:5 zurück.

Rosewall servierte zum Sieg und glich in seinem Aufschlagspiel mit einem Ass zum 15:15 aus. Nastase wollte die Entscheidung über das Ass nicht wahrhaben und sagte zum Schiedsrichter: „Ich möchte nicht mehr spielen." Der Rumäne nahm sich sein Handtuch und setzte sich auf seine Bank.

Laut ATP-Regeln hätte Nastase disqualifiziert werden können, stattdessen ging es nach ein paar Minuten Spielstreik von Nastase weiter. Rosewall verlor dadurch seine Konzentration und insgesamt zehn Punkte und acht Spiele in Folge. Nastase gewann schließlich mit 3:6, 7:5, 6:2. „Das hat mein Momentum gebrochen", sagte Rosewall hinterher.

Nastase zeigte sich nach dem Sieg nur wenig einsichtig wegen seines Verhaltens. „Vielleicht war es falsch, was ich getan habe, aber ich habe nicht daran gedacht, ihn aufzuregen. Er ist der schwierigste Spieler für mich und ich weiß immer noch nicht, wie ich ihn geschlagen habe. Ich habe keinen Respekt vor keinem anderen Spieler auf dem Platz. Wenn du Respekt hast, solltest du nicht spielen. Aber vor ihm habe ich Respekt."

Nach dem Sieg von Nastase gingen im Tennisklub des ausgetragenen ATP-Turniers in Tuscon wütende Telefonanrufe von vielen Fernsehzuschauern ein, die sich über das Verhalten des Rumänen aufregten.

6. April
2001
Marc Rosset stellt im Davis Cup Doppelfehlerrekord auf

Ein Doppelfehler kommt selten allein, hieß es in der Auftaktpartie im Davis-Cup-Viertelfinale zwischen der Schweiz und Frankreich in Neuchatel. Marc Rosset stellte im Match gegen Arnaud Clement einen Doppelfehlerrekord bei den Herren auf, der bis heute Bestand hat.

Rosset servierte zwar 48 Asse, aber gleichzeitig auch insgesamt 30 Doppelfehler und verlor gegen Clement mit 3:6, 6:3, 6:7 (4:7), 7:6 (8:6), 13:15. Rosset kam im weiteren Verlauf des Davis-Cup-Wochenendes nicht mehr zum Einsatz. Die Schweiz verlor das Viertelfinale schließlich mit 2:3.

7. April
1980
Tracy Austin wird mit 17 Jahren erstmals Nummer eins der Welt

Tracy Austin avancierte im Alter von 17 Jahren und knapp vier Monaten zur jüngsten Nummer eins im Damentennis, indem sie Martina Navratilova an der Weltranglistenspitze ablöste. Den Rekord als jüngste Nummer eins verlor Austin elf Jahre später an Monica Seles.

Die US-Amerikanerin führte die Weltrangliste für insgesamt 21 Wochen an. Anhaltende Rückenprobleme zwangen Austin, die zweimal die US Open gewinnen konnte, mit 21 Jahren zum Karriereende. 1992 wurde sie schließlich als jüngste Spielerin aller Zeiten in die *Tennis Hall of Fame* aufgenommen.

Dem Tennissport ist Austin aber immer treu geblieben, vor allem als fachkundige Kommentatorin für das Fernsehen. „Ich sehe mein Leben in drei Karrieren – meine Tenniskarriere, meine Karriere als Kommentatorin und meine Karriere als Mutter", sagte die Mutter von drei Söhnen.

8. April
2018
Deutsches Davis-Cup-Team verliert Drama in Spanien

Viel hat nicht gefehlt und das deutsche Davis-Cup-Team hätte im Viertelfinale gegen die Spanier um Superstar Rafael Nadal gewonnen. Gespielt wurde in der Stierkampfarena in Valencia. Dank eines Sieges von Alexander Zverev gegen David Ferrer sowie eines packenden Erfolgs in fünf Sätzen von Tim Pütz und Jan-Lennard Struff im Doppel führte das deutsche Team mit Beginn des Schlusstages 2:1.

Im Spitzeneinzel war Zverev zunächst chancenlos gegen Rafael Nadal. Die Entscheidung fiel im Schlusseinzel zwischen Philipp Kohlschreiber und Ferrer. Kohlschreiber und Ferrer duellierten sich auf Augenhöhe bis zur Erschöpfung. Im fünften Satz vergab Kohlschreiber zwei Breakchancen zur 5:3-Führung und verlor letztendlich nach dramatischen 4:51 Stunden mit 6:7 (1:7), 6:3, 6:7 (4:7), 6:4, 5:7.

„Ich bin natürlich sehr frustriert. Das ist wahrscheinlich eine der bittersten Niederlagen, wenn nicht die bitterste in meiner Karriere", sagte Kohlschreiber. Deutschlands Davis-Cup-Kapitän Michael Kohlmann stellte treffend fest: „Heute wird es schwierig sein, das Positive zu sehen."

9. April
1989
Deutsches Davis-Cup-Team dreht Viertelfinale in der Tschechoslowakei

Das deutsche Davis-Cup-Team traf als Titelverteidiger im Viertelfinale auf die Tschechoslowakei und musste auswärts in Prag antreten. Nach den ersten beiden Tagen stand es überraschend 1:2, da Boris Becker und Eric Jelen im Doppel gegen Petr Korda und Milan Sreijber in einem dramatischen Match nach vergebenem Matchball mit 3:6, 7:6 (7:2), 6:3, 6:7 (7:9), 3:6 verloren.

Am Schlusstag sorgten Becker und Carl-Uwe Steeb für Erleichterung beim deutschen Team und den Einzug ins Halbfinale. Zunächst siegte Steeb gegen Karel Novacek mit 6:3. 6:4, 6:4. Im Anschluss stellte Becker mit einem ebenso klaren 6:3, 6:4, 6:3 gegen Sreijber den deutschen Gesamtsieg sicher. Das deutsche Team feierte den Erfolg mit Champagner und den mitgereisten Fans. Das Projekt Titelverteidigung im Davis Cup nach dem Premierenerfolg im Jahr 1988 nahm durch den Sieg in der Tschechoslowakei Konturen an.

10. April
1995
Andre Agassi wird erstmals Nummer eins der Welt

Als Andre Agassi zum ATP-Turnier in Tokio reiste, tat er das in der Gewissheit, dass er das Turnier als Nummer eins der Welt bestreiten würde. Mit dem Titelgewinn in Miami zwei Wochen zuvor im Finale gegen Pete Sampras legte Agassi den Grundstein für den Sprung an die Weltranglistenspitze.

Bei Sampras fielen die Turniersiege in Osaka und Tokio im Vorjahr aus der Wertung, sodass Agassi 19 Tage vor seinem 25. Geburtstag zur Nummer eins im ATP-Ranking wurde, ohne noch mal zu spielen. „Es ist wichtig für mich, der Beste zu sein, der ich sein kann. Für mich ist es, die Nummer eins zu sein", sagte Agassi.

Der US-Amerikaner erreichte in seiner ersten Woche als Weltranglistenerster das Finale in Tokio, was er jedoch verlor. Agassi verbrachte insgesamt 101 Wochen als Nummer eins der Welt – seine letzte im Alter von 33 Jahren.

11. April
2009
Roger Federer heiratet Langzeitfreundin Miroslava „Mirka" Vavrinec

Am Ostersamstag heiratete Roger Federer seine langjährige Freundin Miroslava „Mirka" Vavrinec. In einer bescheidenen Zeremonie in Basel gaben sich die beiden vor Familie und engen Freunden das Ja-Wort. Federer gab die Hochzeit auf seiner Webseite bekannt.

„Es war ein wunderschöner Frühlingstag und ein unglaublich freudiges Ereignis. Mr. und Mrs. Federer wünschen euch allen ein fröhliches Osterwochenende." Federer und seine Frau Mirka verliebten sich bei den Olympischen 2000 in Sydney ineinander. Mirka, früher selbst Profi und ebenfalls bei Olympia am Start, tröstete Federer über die bittere Enttäuschung der verpassten Medaille hinweg.

Der Schweizer verlor zunächst im Halbfinale gegen Tommy Haas (Deutschland) und dann das Spiel um die Bronzemedaille gegen Arnaud di Pasquale (Frankreich). „Wir kannten uns vorher schon ein bisschen. Aber sie ist halt drei Jahre älter. Die ganzen Olympischen Spiele lief es ganz gut im Dorf. Und dann plötzlich gab es da am letzten Tag diesen Kuss", blickte Federer zurück.

12. April
1993
Pete Sampras wird erstmals Nummer eins der Welt

Der Turniersieg in Miami im März brachte Pete Sampras in eine gute Position, um erstmals die Nummer eins in der Welt zu werden. Beim ATP-Turnier in Tokio war die Chance zum Greifen nah, als der Weltranglistenerste Jim Courier bereits im Achtelfinale ausschied. Sampras nutzte die Gunst der Stunde, gewann das Turnier im Finale gegen Landsmann Brad Gilbert und fand sich einen Tag später erstmals an der Spitze des ATP-Rankings wieder.

„Es ist schwer, die Nummer eins zu werden, aber es ist schwerer, dort zu bleiben. Es fühlt sich so an, als ob du ein Bullauge auf der Brust hättest. Du schaust permanent über deine Schulter", sagte der US-Amerikaner.

Sampras konnte mit dem Druck als Nummer-eins-Spieler extrem gut umgehen und führte im Karriereverlauf die Weltrangliste insgesamt 286 Wochen lang an. Zudem beendete er von 1993 bis 1998 sechsmal in Folge das Jahr als Nummer eins, was bis heute Rekord ist.

13. April
1986
Steffi Graf gewinnt ersten WTA-Titel

Auch wenn Steffi Graf im April 1986 erst 16 Jahre und zehn Monate alt war, musste sie vergleichsweise lange auf ihren ersten WTA-Titel warten. Zum damaligen Zeitpunkt war sie bereits die Nummer vier der Welt. Sechsmal hatte die Teenagerin bereits ein Endspiel erreicht, jedes Mal blieb ihr nur die Rolle der unterlegenen Finalistin – dreimal davon gegen Chris Evert.

Beim Sandplatzturnier in Hilton Head Island im US-Bundesstaat South Carolina durchbrach Graf ihren kleinen Finalfluch und holte sich mit einem 6:4, 7:5 im Endspiel gegen Evert ihren ersten WTA-Titel. „Es ist schön, dass Steffi ihren ersten Titel gewonnen hat. Leider war es gegen mich", kommentierte die unterlegene Evert.

Graf wurde danach gefragt, ob sie nach dem ersten WTA-Titel mit dem Finalsieg gegen die Ikone Evert nun noch mehr Druck spüre. „Ich denke nicht. Ich habe noch so viel Zeit, die vor mir liegt", antwortete sie trocken. Der Turniersieg in Hilton Head Island war der große Beginn in der Karriere der erfolgreichsten deutschen Sportlerin aller Zeiten. Graf gewann schließlich 107 WTA-Turniere.

14. April
1992
Björn Borg verliert auch sein zweites Comeback-Match

Knapp ein Jahr nach seinem Comeback auf der ATP-Tour spielte Björn Borg in Nizza sein zweites Turnier innerhalb von sieben Jahren. Im April

1991 hatte Borg in Monte Carlo bei seiner Rückkehr ins Profitennis klar verloren. Und auch der zweite Turniereinsatz der schwedischen Tennislegende war wenig erfolgreich.

Borg spielte weiterhin mit seinem alten Holzschläger und unterlag dem Franzosen Olivier Delaitre mit 5:7, 2:6. „Die wichtigste Sache ist, wieder Punkte und Matches vor Publikum zu spielen", sagte Borg im Anschluss. Von seinen zwölf Matches nach der Rückkehr auf die ATP-Tour zwischen 1991 und 1993 gewann Borg kein einziges und holte nur drei Sätze.

15. April
2007
Andre Agassi haut Ehefrau Steffi Graf Tennisschläger ins Gesicht

Ein bizarrer Unfall zwischen dem bekanntesten Tennis-Ehepaar ereignete sich beim Wohltätigkeitsevent im West Side Tennis Club in Houston im US-Bundesstaat Texas. Ein Arzt hatte 70.000 US-Dollar gezahlt, damit Andre Agassi und Steffi Graf bei diesem Event spielen. Allerdings endete der Schaukampf mit einer blutenden Graf.

Agassi und Graf hatten sich bei dem Spiel an den Händen gefasst, als Agassi seinen Schläger durchzog und dabei ungeschickterweise seine Ehefrau traf. Graf musste mit drei Stichen im Mund genäht werden. Kurioserweise nähte ausgerechnet der Arzt die Wunde, der die beiden zu der Aktion für den guten Zweck eingeladen hatte. „Es geht ihr gut, es war ein unglücklicher Zufall", sagte Agassi zu dem blutigen Missgeschick.

16. April
2017
Philipp Kohlschreiber verpasst Titel in Marrakesch nach Matchballdrama

Der Titelgewinn für Philipp Kohlschreiber beim ATP-Turnier in Marrakesch war zum Greifen nah und doch blieb ihm der achte Turniersieg auf der ATP-Tour verwehrt. Kohlschreiber verlor das Finale beim Sandplatzturnier in Marrakesch (Marokko) trotz fünf Matchbällen gegen den Kroaten Borna Coric, der seinen Premierentitel auf der ATP-Tour gewann.

Der Deutsche unterlag Coric nach einer Nervenschlacht mit 7:5, 6:7 (3:7), 5:7. Bei 6:5-Führung im zweiten Satz ließ Kohlschreiber insgesamt fünf Matchbälle ungenutzt. Im dritten Satz führte der 33-Jährige mit Break. Trotz der großen Chancen reichte es nicht zum Titelgewinn.

„Das ist einer dieser Tage, wo du viele gute Gelegenheiten hast", sagte Kohlschreiber, der wenige Wochen zuvor beim Turnier in Dubai sieben Matchbälle gegen Andy Murray nicht nutzen konnte. „Es war ein großer Kampf und großes Drama zum Schluss. Eine Partie nach Matchbällen zu verlieren und so nah am Titelgewinn zu sein, ist immer sehr schwierig. Dennoch war es eine gute Woche für mich", resümierte Kohlschreiber die bittere Niederlage.

17. April
2005
Rafael Nadal gewinnt ersten Titel in Monte Carlo

Kein Spieler hat das traditionsreiche Sandplatzturnier in Monte Carlo so geprägt wie Rafael Nadal. Bereits als 16-Jähriger im Jahr 2003 erreichte der Spanier das Achtelfinale im Fürstentum Monaco. Zwei Jahre später gewann Nadal in Monte Carlo seinen ersten großen ATP-Titel. Im Endspiel setzte sich der 18-Jährige gegen den Argentinier Guillermo Coria mit 6:3, 6:1, 0:6, 7:5 durch.

„Mein erster großer Titel. Ich war sehr glücklich, als ich den Davis Cup gewonnen habe, aber das hier ist unglaublich", sagte Nadal. Es war der Beginn einer einzigartigen Liebesgeschichte zwischen dem Spanier und dem roten Sand in Monte Carlo. Nadal gewann den Titel achtmal in Folge und insgesamt elfmal. In Monte Carlo schaffte er es zudem, als erster Herrenspieler im Profitennis ein Turnier zehnmal zu gewinnen.

18. April
1993

Marc-Kevin Goellner siegt sensationell in Nizza

Wie Phönix aus der Asche stieg Marc-Kevin Goellner beim ATP-Turnier in Nizza auf. Der 22-jährige Deutsche musste sich als Nummer 95 der Welt erst für das Hauptfeld beim Sandplatzturnier an der Cote d' Azur qualifizieren. Goellner, dessen umgedrehte Baseballkappe zum Markenzeichen wurde, spielte sich in einen Rausch.

Im Halbfinale besiegte er den Weltranglistendritten Stefan Edberg. Im Endspiel zwang er Ivan Lendl, in dessen 143. ATP-Finale, nach Fehlstart im ersten Satz mit 1:6, 6:4, 6:2 in die Knie.

„Ich war einfach nur erleichtert damals, als ich den Matchball gewonnen hatte, weil ich hatte in der Woche auch Ivan Lendl kennengelernt, und Ivan Lendl hatte zu mir gesagt: Er liebt es, gegen Qualifikanten im Finale zu spielen. Er meinte dann halt, Qualifikanten seien dann satt und die würde er dann 6:2, 6:3 vom Platz fegen. Als ich den ersten Satz dann verloren hatte, dachte ich nur an die Worte, die er mir gesagt hatte, er liebt es, gegen Qualifikanten im Finale zu spielen. Ja und zum Glück konnte ich dann mein bestes Tennis zeigen", blickte Goellner nach Ende seiner Karriere auf seinen ersten von insgesamt zwei ATP-Titeln zurück.

Die Medien tauften den Deutschen nach dem Sensationstitel in Anlehnung an Boris Becker „Baby Bum Bum". Goellner spielte 1993 das beste Jahr seiner Karriere, kam bei den French Open ins Achtelfinale, im Doppel gar ins Endspiel und hatte mit einigen Einzelsiegen maßgeblichen Anteil am bislang letzten deutschen Davis-Cup-Titel.

19. April 2009
Sabine Lisicki gewinnt in Charleston ersten WTA-Titel

Die Siegerliste beim WTA-Turnier in Charleston liest sich wie das *Who's who* im Damentennis: Steffi Graf, Martina Navratilova, die Williams-Schwestern, Martina Hingis. 2009 kam Sabine Lisicki hinzu. Die 19-jährige Deutsche spielte beim Sandplatzturnier das beste Turnier ihrer noch jungen Karriere und gewann ihren ersten WTA-Titel – und das ohne Satzverlust auf dem ungeliebten Sand.

Im Finale besiegte Lisicki die Dänin Caroline Wozniacki mit 6:2, 6:4 und nutzte dabei ihren sechsten Matchball. „Ich konnte nicht glauben, dass ich gewonnen habe, weil ich meinen ersten Matchball nicht nutzen konnte. Als ich schließlich gewonnen habe, wusste ich nicht, der wievielte Matchball es war. Es fühlte sich wie der 30. an. Ich bin so glücklich", strahlte Lisicki nach ihrem Premierentitel auf der WTA-Tour und ergänzte: „Ich habe so hart gearbeitet in den letzten Wochen und Monaten. Es zahlt sich endlich aus. Ich wusste, dass ich das Spiel habe, um solche Gegner zu schlagen. Ich denke, ich bin nun reifer, um Turniere zu gewinnen."

20. April
2014
Deutschland erreicht Finale im Fed Cup

Das deutsche Fed-Cup-Team schaffte zum siebten Mal und erstmals seit 1992 den Einzug ins Finale. Im Halbfinale im Auswärtsspiel in Australien siegte Deutschland mit 3:1. Nachdem Angelique Kerber und Andrea Petkovic am ersten Tag das deutsche Team mit 2:0 in Führung gebracht hatten, machte Kerber im Spitzeneinzel gegen Samantha Stosur alles klar. Die Deutsche siegte gegen die Australierin mit 4:6, 6:0, 6:4.

„Das ist sehr speziell für uns alle und den Tennissport in unserem Land. Wir sind stolz auf dieses Finale und haben hart dafür gearbeitet. Ich war sehr nervös. Aber nach dem zweiten Satz habe ich einfach nur gedacht, dass ich für das Team kämpfen muss", kommentierte Kerber.

Viel Zeit zum ausgiebigen Feiern blieb den deutschen Damen nicht, da es nach dem Sieg sofort zurück mit dem Flugzeug nach Deutschland zum Heimturnier in Stuttgart ging.

21. April
2013
Novak Djokovic beendet Fabelserie
von Rafael Nadal in Monte Carlo

Acht Turniersiege in Folge, insgesamt 46 Matches am Stück gewonnen. Zwischen 2005 bis zum Finale 2013 blieb Rafael Nadal beim Sandplatzturnier in Monte Carlo unbesiegt. Und dann kam Novak Djokovic. Der Serbe beendete die Fabelserie des Spaniers im Fürstentum Monaco und verhinderte Nadals neunten Titelgewinn in Folge in Monte Carlo.

Djokovic gewann das Finale mit 6:2, 7:6 (7:1). „Ich wusste nicht, ob ich das Turnier dieses Jahr spielen würde. Ich habe mich entschieden, zu spielen.

Nun ist es die beste Entscheidung meines Lebens", sagte Djokovic. „Das ist ein sehr erfüllender Moment für mich. Ich wollte diese Trophäe mein ganzes Leben lang, vor allem, weil ich seit einigen Jahren in Monaco wohne", ergänzte der Serbe. „Glückwunsch Novak. Was du tust, ist unglaublich. Glückwunsch an dich, dass du mein Lieblingsturnier gewinnst", sagte Nadal.

22. April 1968
Der Beginn der Open Era

Der 22. April 1968 hat für den Tennissport eine historische Bedeutung. Denn die Open Era feierte ihren Startschuss. Bedeutet: Bei den vier Grand-Slam-Turnieren und vielen weiteren Turnieren waren nun auch Profispieler zugelassen.

Tennislegenden wie die Australier Rod Laver und Ken Rosewall sowie der US-Amerikaner Pancho Gonzales durften nach ihren Wechseln zu den Profis wieder in Wimbledon, New York, Paris oder Melbourne antreten. Am 22. April 1968 begann im britischen Bournemouth das erste offene Turnier für Amateure und Profis. Es endete mit einem Finalsieg von Rosewall gegen Laver. Das Preisgeld für den Sieger: für heutige Verhältnisse läppische 2.400 US-Dollar.

Die beiden Australier standen sich sechs Wochen später auch im Finale der French Open gegenüber, beim ersten Grand-Slam-Turnier in der Open Era.

23. April 1991
Björn Borg gibt Comeback mit Holzschläger

Mehr als sechs Jahre nach seinem letzten Karrierematch kehrte Björn Borg wieder auf den Platz zurück. In seiner Wahlheimat Monte Carlo gab der Schwede im Alter von 34 Jahren sein Comeback. Mit seinem alten Holzschläger und seinem Markenzeichen, dem Stirnband, betrat der Schwede unter den Augen der Weltöffentlichkeit den Sandplatz von Monte Carlo.

2:6, 3:6 gegen den Weltranglisten-52. Jordi Arrese aus Spanien, so lautete das nackte Ergebnis des ersten Comeback-Matchs von Borg. Der spöttische Kommentar von Ion Tiriac, damaliger Manager von Boris Becker. „Jordi Arrese hat noch nie so schlecht gespielt." Borg zeigte sich nach der klaren Comeback-Niederlage trotzdem optimistisch.

„Ich weiß, dass die Leute hohe Erwartungen an mich haben. Aber ich setze mich nicht so sehr unter Druck. Ich genieße wieder den Wettkampf. Ich bin bereit, weiterzumachen. Hoffentlich kann ich länger in Turnieren bleiben." Es dauerte ein Jahr, bis der Schwede sein nächstes Profimatch spielte. Am Holzschläger hielt Borg bis zum Ende seiner Karriere fest.

24. April
2011

Julia Görges gewinnt sensationell WTA-Turnier in Stuttgart

Dieser Titelgewinn kam ziemlich überraschend. Julia Görges holte sich beim WTA-Turnier in Stuttgart ihren zweiten Turniersieg auf der WTA-Tour. Die 22-jährige Deutsche besiegte im Finale die aktuelle Nummer eins der Welt, die Dänin Caroline Wozniacki, mit 7:6 (7:3), 6:3. Nach dem verwandelten Matchball ließ sich Görges völlig überwältigt vom Heimturniersieg in den roten Sand fallen.

„Ich weiß nur, dass ich gewonnen habe. Wie ich das gemacht habe, weiß ich nicht. Gegen Caroline zu spielen, ist wie ein hoher Berg, den man erklimmen muss", sagte Görges, die sich zudem über einen nigelnagelneuen Porsche freuen durfte. „Jeden Tag bin ich an diesem Auto vorbei zum Training gegangen. Aber ich konnte mir nie vorstellen, dass ich es auch fahren werde", freute sich Görges. Die gebürtige Bad Oldesloerin wurde die erste deutsche Titelträgerin beim WTA-Turnier in Stuttgart nach Anke Huber im Jahr 1994.

25. April
2010
Deutschland steigt im Fed Cup aus der Weltgruppe ab

Nach dem Aufstieg in die Weltgruppe im Fed Cup ging es für das deutsche Team gleich wieder runter. Im Relegationsspiel gegen Frankreich verlor Deutschland zu Hause in Frankfurt mit 2:3.

Andrea Petkovic brachte ihr Team mit zwei Siegen im Einzel zweimal in Führung. Die Entscheidung fiel im Doppel, das Petkovic und Kristina Barrois gegen Julie Coin und Alizé Cornet mit 3:6, 1:6 verloren.

„Ich hatte bis zum letzten Ball noch geglaubt, dass wir es schaffen können. Jetzt fühle ich mich total leer", sagte Petkovic. „Ich habe uns insgesamt einen Tick besser gesehen. Aber den jungen Mädels hat vielleicht die Erfahrung gefehlt. Wir werden stärker zurückkommen", kündigte Teamchefin Barbara Rittner an. Ein Jahr später stieg das deutsche Fed-Cup-Team wieder in die Weltgruppe auf.

26. April
1981
Chris Evert verpasst Martina Navratilova die Höchststrafe

Chris Evert gegen Martina Navratilova war die Mutter aller Tennisrivalitäten. 80-mal kreuzten die beiden ihre Schläger. Ein Match stach besonders wegen seiner Kuriosität hervor. Es war das 41. Duell zwischen den beiden – im Finale des Sandplatzturniers in Amelia Island. Evert verpasste ihrer ewigen Rivalin Navratilova in nur 54 Minuten den *Double Bagel*, also ein 6:0, 6:0. Es war das erste Mal, dass eine ehemalige Nummer-eins-Spielerin die Höchststrafe erhielt.

Navratilova zeigte sich bei der Siegerehrung reumütig. „Chris wurde als Virtuosin auf dem Sandplatz vorgestellt. Sie hat bewiesen, dass dies stimmt. Es tut mir leid, dass ich es nicht besser hinbekommen habe. Ich habe hier einen Scheck von 16.000 US-Dollar und denke, dass ich die Hälfte davon an euch zurückgeben sollte."

Evert war zu jener Zeit unbesiegbar auf Sand und feierte ihren 174. Sieg auf Sand in den letzten 175 Spielen. Drei Jahre später standen sich Evert und Navratilova in Amelia Island erneut im Endspiel gegenüber. Doch diesmal siegte Navratilova – mit 6:2, 6:0.

27. April
1988

Mansour Bahrami stiehlt Boris Becker die Show am Hamburger Rothenbaum

Dass Boris Becker in seinem Zweitrundenmatch gegen Mansour Bahrami beim ATP-Turnier am Hamburger Rothenbaum als Sieger den Platz verlassen würde, war keine große Überraschung. Der Deutsche war in der Weltrangliste mehr als 200 Plätze besser platziert als der 32-jährige Iraner. Bahrami schaffte jedoch das, was nur wenige Spieler gegen Becker geschafft haben. Er stahl dem Deutschen die Show und avancierte zum Liebling der Zuschauer – dank seiner trickreichen und völlig unorthodoxen Spielweise.

„Sein einziges Ziel war es doch, mich aus dem Rhythmus zu bringen", sagte Becker im Anschluss an das Match, das er 6:3, 6:3 gewann und zu dessen Ende er sich dann doch auf ein paar Spielchen mit Bahrami einließ und nach dem Handshake versöhnlich den Arm um dessen Schulter legte.

„Nach jeder Niederlage nehme ich mir vor, das nächste Mal ernsthafter zu sein. Aber wenn ich dann auf dem Platz stehe, ist es mir wichtiger, dass die Leute sich amüsieren und mich mögen. Wenn ich wie alle anderen spielen würde, könnte ich erfolgreicher sein, aber die Zuschauer wären bestimmt gelangweilt", sagte Bahrami über seine Spielweise. Der Iraner liebt seinen Status als großer Tennisentertainer und ist bis heute einer der gefragtesten Spieler in Showevents.

28. April
1996
Steffi Grafs schwarzer Tag im Fed Cup

Lange Zeit galt Steffi Graf im Fed Cup als unschlagbar. Bis zum Jahr 1993 verlor sie jeweils nur ein Match im Einzel und Doppel. Nach zwei Jahren Pause kehrte die Deutsche im Jahr 1996 in das Fed-Cup-Team zurück und schloss mit dem Deutschen Tennis Bund ein Geschäft ab. Graf erhielt die Werberechte an allen Heimspielen im Fed Cup. Als Gegenleistung verzichtete sie auf Prämien und Antrittsgelder, wenn sie für die deutsche Mannschaft spielte und sich bereit erklärte, alle Turniere auf deutschem Boden zu bestreiten.

Doch die erste Partie in Japan in Tokio ging mit 2:3 in die Hose und Graf verlor ihr zweites Fed-Cup-Einzel überhaupt gegen Kimiko Date. Beim Stand von 2:1 für Deutschland unterlag sie der Japanerin in einer Marathonpartie mit 6:7 (2:7), 6:2, 10:12.

Im entscheidenden Doppel, das am gleichen Tag ausgetragen wurde, verloren Graf und Anke Huber gegen Kyoko Nagatsuka und Ai Sugiyama mit 6:4, 3:6, 3:6. Statt den dritten deutschen Fed-Cup-Titel in Angriff zu nehmen, musste das deutsche Team in die Relegation. Es blieb auch die letzte Fed-Cup-Saison von Graf, die in den nächsten Jahren nicht mehr für Deutschland antrat.

29. April
1991

Boris Becker verpasst in Monte Carlo ersten Sandplatztitel

Auch in seinem dritten Finale auf Sand sollte es nichts werden für Boris Becker mit dem ersten Titel auf roter Asche. Der Deutsche verlor das hochklassige Endspiel beim ATP-Turnier in Monte Carlo gegen den Spanier Sergi Bruguera mit 7:5, 4:6, 6:7 (6:8), 6:7 (4:7).

Das Endspiel war am Tag zuvor wegen Regen beim Spielstand von 5:4 für Becker im ersten Satz unterbrochen worden. „Das Turnier in Monte Carlo zu gewinnen und dabei einen Spieler wie Becker zu besiegen, ist der Traum meines Lebens", sagte Bruguera nach seinem damals größten Titelgewinn. Der Spanier avancierte zu einem der besten Sandplatzspieler in den 1990er-Jahren mit zwei Triumphen bei den French Open.

Becker, der 1989 bereits das Finale in Monte Carlo verloren hatte, sollte auch 1995 im Endspiel verlieren, in dem er gegen Thomas Muster sogar einen Matchball mit einem Doppelfehler vergab. Becker beendete seine Karriere, ohne ein Turnier auf Sand gewonnen zu haben.

30. April
1993

Das Messerattentat auf Monica Seles am Hamburger Rothenbaum

Es ist nicht nur das dunkelste Kapitel in der Geschichte des Hamburger Rothenbaums, sondern wahrscheinlich auch die dunkelste Stunde, die der Tennissport bislang erlebt hat. Es war ein warmer, sonniger Frühlingsabend, als sich die Tenniswelt für immer verändern sollte.

Monica Seles war kurz davor, beim WTA-Turnier in Hamburg ins Halbfinale einzuziehen, als sie während der Seitenwechselpause vom irren Steffi-Graf-Fan Günter Parche mit einem 22 Zentimeter langen Küchenmesser niedergestochen wurde. Die körperlichen Wunden nach dem Messerattentat verheilten schnell. Laut Aussage der Ärzte hätte Seles schon nach gut drei Monaten wieder auf dem Platz stehen können.

Doch die seelischen Narben waren einfach zu groß, die eine schnelle Rückkehr in den Tenniszirkus unmöglich machten. „Ich bin niedergestochen worden auf dem Tennisplatz vor 10.000 Leuten. Es ist nicht möglich, distanziert darüber zu sprechen. Es veränderte meine Karriere unwiderruflich und beschädigte meine Seele. Ein Sekundenbruchteil machte aus mir einen anderen Menschen", gab Seles in ihrer Biografie *Getting a Grip* offen zu.

Parche kam nahezu ungeschoren davon. Zwei Jahre auf Bewährung aufgrund seiner abnormalen Persönlichkeit lautete die Strafe, die für das Opfer Seles unverständlich war. „Was für eine Botschaft sendet das in die Welt? Er kehrt zurück in sein Leben, aber ich kann es nicht, weil ich mich immer noch von dem Attentat erhole, das mich hätte umbringen können. Ich kann nicht verstehen, warum dieser Mensch nicht für seine Tat büßen musste."

In Deutschland war Seles seit dem Messerattentat nie wieder. Mit dem Urteil gegen Günter Parche konnte sie sich nicht abfinden und kehrte Deutschland den Rücken zu. Obwohl sie gerne wieder in Deutschland spielen wollte, hielt sie an ihren Prinzipien fest. „Dies ist nun einmal das Land, das den Mann, der mich angegriffen hat, nicht ausreichend bestrafte", begründete sie ihre Entscheidung.

Mai: Sandplatzhelden

1. Mai
1994
Michael Stich gewinnt Titel in München

Im Vorjahr verpasste Michael Stich den Titelgewinn beim ATP-Turnier in München durch die Finalniederlage gegen Ivan Lendl nur knapp. Bei der 1994er-Ausgabe schlug die Stunde des Deutschen. Stich verletzte sich bei seinem Einzug ins Finale am Knöchel und spielte das Endspiel mit einer dicken Bandage.

Das hinderte ihn nicht daran, das Finale gegen den Tschechen Petr Korda mit 6:2, 2:6, 6:3 zu gewinnen. Für Stich war es bereits der sechste Titelgewinn auf deutschem Boden. Nach dem Turniersieg in München fehlte ihm zu diesem Zeitpunkt nur noch der Triumph beim Rasenturnier in Halle/Westfalen in seiner deutschen Titelsammlung.

2. Mai
2007
Rafael Nadal gewinnt Battle of Surfaces gegen Roger Federer

Ein besonderer Showkampf zwischen Roger Federer, dem weltbesten Rasenspieler, und Rafael Nadal, dem weltbesten Sandplatzspieler, fand auf der spanischen Insel Mallorca statt. Der Platz war so konzipiert, dass die eine Hälfte aus roter Asche bestand und die andere aus Rasen. Es brauchte 19 Tage und 1,63 Millionen US-Dollar, um den Platz für das Duell, das als *Battle of Surfaces* in die Geschichte einging, zu präparieren.

Nadal ging mit 72 Siegen in Folge auf Sand ins Spiel. Federer mit 48 Siegen in Folge auf Rasen. Für Nadal, der auf Mallorca lebt, war es ein Heimspiel. Der Spanier setzte sich in diesem besonderen Match mit 7:5, 4:6, 7:6 (12:10) durch.

„Es war ein langes Match mit vielen Tempowechseln und wenig Zeit, sich darauf einzustellen. Mein Füße leiden als Preis dafür, um sich auf den Rasen einzustellen", sagte Nadal.

3. Mai
1999
Yevgeny Kafelnikov wird trotz Niederlagenserie Nummer eins der Welt

Das gab es vorher noch nie. Manchmal kann man auch mit einer Niederlagenserie die Nummer eins der Welt werden. Obwohl Yevgeny Kafelnikov sechsmal in Folge sein Auftaktspiel bei einem ATP-Turnier verlor, schaffte er den erstmaligen Sprung an die Weltranglistenspitze. Der Grund: Pete Sampras legte eine mehrwöchige Turnierpause ein und verlor deswegen einige Punkte in der Weltrangliste.

„Ich bin derzeit nicht in der besten Verfassung. Aber ich habe es verdient, die Nummer eins zu sein", sagte Kafelnikov trotz der glücklichen Umstände, die ihn zu Russlands ersten Nummer-eins-Spieler gemacht haben. Der Russe führte insgesamt sechs Wochen lang die Weltrangliste an.

4. Mai
2015
Philipp Kohlschreiber verliert dramatisches München-Finale gegen Andy Murray

Eines der packendsten Finals beim ATP-Turnier in München lieferten sich Philipp Kohlschreiber und Andy Murray. Das Endspiel wurde beim Spielstand von 3:2 für Kohlschreiber im ersten Satz unterbrochen und musste an einem Montag zu Ende gespielt werden. Dort entwickelte sich ein dramatisches Match, das Murray nach 3:04 Stunden Spielzeit mit 7:6 (7:4), 5:7, 7:6 (7:4) für sich entschied und seinen allerersten Sandplatztitel feierte.

„Es war ein sehr hartes und enges Spiel, er hat sehr gut aufgeschlagen. Sein Spiel ist sehr variabel. Für mich ist es unglaublich: Mein erster Auftritt und gleich der Sieg", sagte Murray. „Natürlich tut es sehr weh, wenn man alles gegeben und ein geiles Match gespielt hat. Es war ein Match auf Augenhöhe. Ich habe am Limit gespielt und ihn heute zu seinem besten Tennis in der ganzen Woche gezwungen", sagte Kohlschreiber nach der unglücklichen Niederlage.

5. Mai
2005
Andy Roddick begeistert in Rom mit Fair-Play-Geste

Andy Roddick zeigte beim ATP-Turnier in Rom seinen Sportsgeist, indem er beim Matchball für sich eine Entscheidung zu seinen Ungunsten korrigierte und letztendlich auch noch das Match verlor. Roddick unterlag dem Spanier Fernando Verdasco mit 7:6 (7:1), 6:7 (3:7), 4:6.

Bei 5:3-Führung im zweiten Satz hatte der US-Amerikaner drei Matchbälle in Folge. Als der zweite Aufschlag von Verdasco als Fehler gegeben wurde, korrigierte Roddick die Entscheidung und sprach seinem Gegner das Ass zu, anstatt das Match zu gewinnen. Roddick nutzte auch seine weiteren Matchbälle nicht und ging schließlich als Verlierer vom Platz.

„Ich finde nicht, dass es außergewöhnlich war. Der Schiedsrichter hätte das Gleiche getan, wenn er vom Stuhl gekommen wäre und sich den Abdruck angeschaut hätte. Ich habe ihm den Gang erspart", sagte Roddick über seine Fair-Play-Geste.

6. Mai 2007
Philipp Kohlschreiber feiert in München ersten ATP-Titel

Das ATP-Turnier in München hat für Philipp Kohlschreiber eine besondere Bedeutung. Dreimal konnte der Deutsche sein Heimturnier gewinnen. Im Jahr 2007 feierte er in München seinen ersten ATP-Titel. Kohlschreiber besiegte im Finale den Russen Mikhail Youzhny mit 2:6, 6:3, 6:4.

„Es ist solch eine große Sache, seinen ersten ATP-Titel zu gewinnen, und das auch noch in Deutschland zu tun. Ich bin so glücklich. Das ist ein verrückter Tag", sagte Kohlschreiber, der im Anschluss an den Einzeltitel gemeinsam mit seinem Finalgegner Youzhny auch noch den Doppeltitel gewann.

Kohlschreiber siegte 2012 und 2016 zwei weitere Male in München und stand 2013, 2015 und 2018 im Finale.

7. Mai 2017

Alexander Zverev gewinnt in München ersten Titel auf Sand und in Deutschland

Mit dem Titelgewinn beim ATP-Turnier in München gewann Alexander Zverev nicht nur seinen ersten Titel in Deutschland, sondern auch sein erstes Turnier auf Sand. Der 20-jährige Deutsche besiegte im Finale den Argentinier Guido Pella mit 6:4, 6:3 und krönte sich zum sechsten deutschen Spieler, der in der Profiära den Titel in München holte. Für den Turniersieg gab es neben einem Auto vom Titelsponsor BMW auch die passende bayerische Kleidung, eine Lederhose.

„Dieser Sieg bedeutet mir sehr viel", sagte Zverev und bedankte sich bei seinem Vater, der gleichzeitig sein Trainer ist. „Ohne ihn wäre das alles nicht möglich gewesen."

8. Mai 2005

Rafael Nadal gewinnt Marathonfinale in Rom gegen Guillermo Coria

Rafael Nadal feierte beim ATP-Turnier in Rom einen wegweisenden Sieg für seine zukünftige Karriere und unterstrich seine Fähigkeiten als nimmermüder Tenniskrieger.

Im Finale gegen den Argentinier Guillermo Coria entwickelte sich eine Nervenschlacht auf Augenhöhe, die der 18-jährige Nadal nach 5:14 Stunden mit 6:4, 3:6, 6:3, 4:6, 7:6 (8:6) gewann. Coria führte im fünften Satz mit 3:0 und zwei Breaks. Doch letztendlich siegte Nadal, der aufgrund seiner kämpferischen Spielweise früh den Spitznamen „Stier aus Manacor" verpasst bekam.

„Das ist das härteste Match, das ich in meinem Leben gespielt habe, mehr als fünf Stunden. Ich habe wegen der Unterstützung der Zuschauer gewonnen. Es war unglaublich", freute sich der Spanier. Nadal und Coria spielten das längste Endspiel bei einem ATP-Turnier und übertrafen Jose Higueras und Peter McNamara um eine Minute.

Der Spanier und der Australier hatten sich im Jahr 1982 im Finale am Hamburger Rothenbaum einen denkwürdigen Kampf über 5:13 Stunden geliefert.

9. Mai
1993
Die Siegertränen von Michael Stich in Hamburg

Viele Jahre warteten die Zuschauer in Hamburg auf den nächsten deutschen Sieger am Rothenbaum. Nach dem Erfolg von Wilhelm Bungert im deutschen Finale gegen Christian Kuhnke im Jahre 1964 standen mit Karl Meiler, Hans-Joachim Plötz, Boris Becker und Michael Stich vier Deutsche im Finale. Viermal wurde die Hoffnung auf den deutschen Sieger nicht erfüllt. Nachdem Stich 1992 noch das Finale verloren hatte, schlug ein Jahr später seine große Stunde.

Der Elmshorner, der sich bereits als Kind jedes Jahr das Turnier in Hamburg anschaute, erfüllte sich seinen Kindheitstraum und siegte als bislang letzter Deutscher am Rothenbaum – 6:3, 6:7 (1:7), 7:6 (9:7), 6:4 im Finale gegen den Russen Andrei Chesnokov. „Mein Sieg am Rothenbaum ist für mich der emotionalste Moment meiner Karriere gewesen, noch emotionaler als der Wimbledon-Sieg. Als Kind hatte ich mir so sehr gewünscht, hier eines Tages zu gewinnen. Als es dann geschafft war, kamen die Emotionen hoch", sagte Stich.

Unvergessen ist seine tränenreiche Liebeserklärung an seine damalige Frau Jessica Stockmann bei der Siegerehrung. Die Bilder von seiner Siegesrede mag er sich aber bis heute nicht anschauen, weil sie ihm etwas peinlich sind, wie er dem *Hamburger Abendblatt* mitteilte.

10. Mai 1992
Boris Becker, Michael Stich und der Kniefall von Hamburg

Auf dieses Duell hatte sich nicht nur Hamburg, sondern ganz Tennis-Deutschland gefreut. Boris Becker und Michael Stich trafen 1992 im Halbfinale aufeinander. Es war das vierte Duell der beiden Rivalen. Becker hatte nach dem verlorenen Wimbledon-Finale 1991 einige Monate später bei der ATP-WM in Frankfurt Revanche an Stich genommen. In Frankfurt lagen die Sympathien klar bei Becker, und Stich wurde zeitweise ausgepfiffen. In Hamburg sah die Sache etwas anders aus, auch weil Stich als Elmshorner nicht weit entfernt von Hamburg lebte.

Die Zuschauer freuten sich auf einen spielerischen Leckerbissen und auf ein Duell auf Augenhöhe. Doch sie wurden enttäuscht. Denn das Match glich einer Lehrstunde und einer Hinrichtung Beckers. Stich nahm seinen Rivalen förmlich auseinander und siegte mit 6:1, 6:1.

Unvergessen ist die Szene, als sich Becker und Stich in den Sand knieten und Becker um etwas Milde bat. Doch die bekam er an diesem Tag nicht von Stich. Der Traum vom Heimsieg ging 1992 für Stich noch nicht in Erfüllung. Er verlor das Finale gegen Stefan Edberg.

11. Mai 1992
Michael Stich verliert Finale in Hamburg gegen Stefan Edberg

Einen Tag nach seiner Galavorstellung gegen Boris Becker im Halbfinale des ATP-Turniers am Hamburger Rothenbaum konnte Michael Stich seine

Turnierwoche in der Hansestadt nicht veredeln. Der Deutsche unterlag im Finale dem Schweden Stefan Edberg mit 7:5, 4:6, 1:6 und verpasste es, der erste deutsche Turniersieger in Hamburg seit Wilhelm Bungert im Jahr 1964 zu werden. Stich holte den Turniersieg ein Jahr später nach.

12. Mai 1979
Tracy Austin beendet Chris Everts fabelhafte Siegesserie auf Sand

Chris Evert ist die beste Spielerin auf Sand, die es im Damentennis je gegeben hat. Sie gewann 66 Titel auf der roten Asche und kann eine Siegquote von 93,98 Prozent vorweisen. Bei dieser Statistik auf Sand kann sogar ihr männliches Pendant, Rafael Nadal, nicht mithalten. Evert blieb seit dem 12. August 1973 für mehr als fünfeinhalb Jahre ungeschlagen auf Sand.

Im Halbfinale beim WTA-Turnier in Rom riss schließlich die unglaubliche Siegesserie von Evert auf Sand, die insgesamt 125 Matches in Serie gewann. Tracy Austin besiegte ihre US-amerikanische Landsfrau mit 6:4, 2:6, 7:6. Evert ließ nach dem Ende ihrer Fabelserie gleich die nächste lange Serie folgen. Bis 1981 gewann sie 65 Sandplatzmatches in Folge.

13. Mai 2018
Alexander Zverev gewinnt Titel in Madrid mit historischer Leistung

So etwas gibt es nur sehr selten. Alexander Zverev zeigte beim ATP-Masters-1000-Turnier in Madrid eine der besten Turnierleistungen in seiner

Karriere, indem er den Titel beim Sandplatzturnier gewann, ohne einen einzigen Breakpunkt gegen sich im Turnierverlauf zu haben.

Im Endspiel besiegte Zverev den Österreicher Dominic Thiem mit 6:4, 6:4. „Ich hatte nicht einen einzigen Breakball gegen mich. Das ist eine unglaubliche Statistik. Ich bin unfassbar glücklich. Ich habe sehr gut aufgeschlagen und sicher von der Grundlinie gespielt", sagte Zverev.

14. Mai
2006

Roger Federer, Rafael Nadal und das Finale, welches das Herrentennis veränderte

Roger Federer und Rafael Nadal standen sich 2006 im Finale des ATP-Masters-Series-Turniers in Rom gegenüber. Es war ein Endspiel für die Geschichtsbücher. Nadal setzte sich nach 5:06 Stunden Spielzeit mit 6:7 (0:7), 7:6 (7:5), 6:4, 2:6, 7:6 (7:5) durch.

Dabei führte Federer im fünften Satz mit 4:1 und hatte bei 6:5 zwei Matchbälle. Dieses Finale sollte das Herrentennis verändern. Einen Tag später sagten Federer und Nadal für das anstehende Masters-Series-Turnier in Hamburg wegen Erschöpfung ab.

Zum damaligen Zeitpunkt war es so, dass die meisten Endspiele bei den Masters-Series-Turnieren sowie auch einige Finals bei heutigen 250er- und 500er-Turnieren über drei Gewinnsätze gespielt wurden. Der Best-of-Five-Modus wurde in der Folge von der ATP abgeschafft. Beim Masters Cup in Schanghai 2007 wurde schließlich zum bislang letzten Mal im Endspiel eines ATP-Turniers über drei Gewinnsätze gespielt.

Aber nicht nur das: Die ATP verkleinerte das Teilnehmerfeld bei den Masters-Series-Turnieren und führte Freilose in der ersten Runde für die Top 8 der Setzliste ein.

15. Mai
1994
Boris Becker kassiert Klatsche im Rom-Finale gegen Pete Sampras

Auch in seinem vierten Finale auf Sand wurde es nichts mit dem ersten Sandplatztitel für Boris Becker. Der Deutsche präsentierte sich beim ATP-Turnier in Rom in starker Sandplatzform, fand jedoch im Endspiel seinen Meister in Pete Sampras. Der US-Amerikaner deklassierte Becker mit 6:1, 6:2, 6:2.

„Ich denke, er ist derzeit unschlagbar. Er fliegt derzeit. Er hat so gespielt, wie noch nie jemand gegen mich gespielt hat. Er hat gespielt wie der Beste der Besten", lobte Becker seinen Finalbezwinger Sampras nach der krachenden Niederlage. Becker verlor in seiner Karriere all seine sechs Endspiele auf Sand und blieb somit ohne Titelgewinn auf der roten Asche.

16. Mai
1997
Steffi Graf kassiert historische Pleite in Berlin

Als neunmalige Titelträgerin ging Steffi Graf bei ihrem Heimturnier in Berlin an den Start. Für die Deutsche war es der erste Turniereinsatz nach mehr als dreimonatiger Wettkampfpause wegen einer Verletzung. Im Viertelfinale kassierte Graf die deutlichste Pleite in ihrer Karriere. Gegen die nur 1,57 Meter große Südafrikanerin Amanda Coetzer, gegen die sie bereits zu Jahresbeginn bei den Australian Open verloren hatte, unterlag sie deutlich mit 0:6, 1:6.

„Es war klar, dass es schwer wird, aber ich dachte nicht, dass ich so schlechtes Tennis spielen würde. Ich konnte die Nervosität nicht ablegen", sagte die frustrierte Graf, die noch weit von ihrer körperlichen Bestform entfernt war. „Ich wäre enttäuschter gewesen, wenn es eine Niederlage nach hartem Kampf gewesen wäre", sagte Graf. Wenige Wochen später verlor Graf im Viertelfinale bei den French Open ein weiteres Mal gegen Coetzer.

17. Mai
1987
Steffi Graf gewinnt deutsches Finale in Berlin gegen Claudia Kohde-Kilsch

Ein deutsches Finale bei einem wichtigen Tennisturnier ist immer eine Seltenheit. Ein deutsches Endspiel bei einem deutschen Turnier ist noch seltener. Steffi Graf und Claudia Kohde-Kilsch standen sich im Finale des WTA-Turniers in Berlin gegenüber.

Drei Jahre zuvor hatte sich die erfahrenere Kohde-Kilsch bei Grafs Premiere in Berlin im Viertelfinale klar mit 6:3, 6:0 durchgesetzt. Diesmal siegte Graf mit 6:2, 6:3 und verteidigte ihren Titel in Berlin. „Wir haben beide schon besser gespielt. Es war ein ganz gutes Klubmatch", befand die „Gräfin" nach dem Turniersieg.

18. Mai
2008
Rafael Nadal gelingt Finalrevanche in Hamburg gegen Roger Federer

Ein Jahr, nachdem Roger Federer im Finale in Hamburg die 81 Matches andauernde Siegesserie von Rafael Nadal auf Sand beendet hatte, standen sich die beiden am Rothenbaum erneut im Endspiel gegenüber. Diesmal siegte Nadal mit 7:5, 6:7 (3:7), 6:3 und gewann damit auch das letzte bedeutende Sandplatzturnier, das ihm noch in seiner Sammlung fehlte.

Nadal wurde nach Marcelo Rios und Gustavo Kuerten der dritte Spieler, der die damals drei größten ATP-Turniere auf Sand, Monte Carlo, Rom und Hamburg, gewinnen konnte. Nadal lag im ersten Satz mit 1:5 zurück und ließ sich wenig später behandeln. Von seinem Trainer und Onkel Toni Nadal gab es sogar ein Zeichen zur Aufgabe. Doch der Spanier spielte weiter und holte sich den Titel.

„Das ist ein ganz besonderer Tag für mich", sagte Nadal. Federer meinte: „Wir sollten uns nächstes Jahr hier wiedersehen." Doch daraus wurde nichts. Das Turnier am Hamburger Rothenbaum verlor 2009 seinen Status als Masters-Event und ist seitdem kein Pflichtturnier mehr für die Topspieler.

19. Mai
1986
Steffi Graf gewinnt in Berlin ersten Titel in Deutschland

Einen Monat, nachdem Steffi Graf in Hilton Head ihren ersten WTA-Titel gewinnen konnte, startete die 16-jährige Deutsche zu einer langen Siegesserie, die bei ihrem Heimturnier in Berlin ihren Höhepunkt fand. Graf gewann bei den German Open das vierte Turnier in Folge und feierte ihren ersten Titelgewinn in Deutschland.

Im Endspiel des Sandplatzturniers besiegte sie die Weltranglistenerste Martina Navratilova klar mit 6:2, 6:3. Für Graf war es der erste Erfolg gegen Navratilova, die das einzige Mal in Berlin im Einzel spielte und bei der Siegerehrung in Tränen aufgelöst war. Graf hatte sogar ein wenig Mitleid mit der 13 Jahre älteren US-Amerikanerin.

Die Deutsche gewann zwischen 1986 und 1996 insgesamt neunmal die German Open in Berlin und stand zwei weitere Male im Finale. Kein Turnier gewann Graf öfter in ihrer Karriere. 2004 wurde das Stadion am Hundekehlesee in Berlin in Steffi-Graf-Stadion umbenannt, in dem ab 2021 ein WTA-Rasenturnier ausgetragen wird. Die geplante Turnierpremiere im Jahr 2020 musste aufgrund der Corona-Pandemie abgesagt werden.

20. Mai
2007
Roger Federer beendet Rafael Nadals gigantische Sandplatz-Siegesserie

Es war das Traumfinale, auf das alle hingefiebert hatten. Roger Federer traf beim ATP-Masters-Series-Turnier in Hamburg im Endspiel auf Rafael Nadal. Ein Jahr zuvor hatten die beiden Superstars nach ihrem fünfstündigen Marathonfinale in Rom anschließend ihren Start in Hamburg abgesagt und damit für enttäuschte Gesichter bei den Turnierverantwortlichen und den Zuschauern gesorgt. 2007 waren die beiden zur großen Freude am Start.

Nadal kam mit einer Siegesserie von 77 Siegen in Folge auf Sand in Hamburg an. Es kam schließlich zum Finalduell zwischen Federer und Nadal, in dem der Schweizer die unglaubliche Sandplatz-Siegesserie von Nadal mit 81 Siegen in Folge beendete. Nach dem verlorenen ersten Satz mit 2:6 fegte Federer über Nadal hinweg und entschied die Sätze 2 und 3 mit 6:2 und 6:0 für sich.

Nadal war natürlich enttäuscht über die Niederlage, war aber auch froh, dass Federer derjenige Spieler war, der seine Siegesserie stoppte. Der Sieg gegen Nadal bescherte Federer den vierten und letzten Titel in Hamburg. Der Schweizer konnte Nadal auf Sand nur noch ein weiteres Mal besiegen, im Madrid-Finale 2009.

21. Mai
2017
Alexander Zverev gewinnt als erster Deutscher den Titel in Rom

Zahlreiche deutsche Spieler haben sich beim Versuch des Titelgewinns beim ATP-Turnier in Rom die Zähne ausgebissen. Alexander Zverev schaffte als erster Deutscher den Turniersieg beim prestigeträchtigen Turnier in Italiens Hauptstadt.

Zverev besiegte im Finale Novak Djokovic mit 6:4, 6:3 und feierte gleichzeitig seinen ersten Titel bei einem Turnier der Masters-1000-Serie. „Ich werde mich immer an diesen ganz speziellen Sieg erinnern. Ich weiß selbst nicht so recht, was ich sagen soll. Es war eines der besten Matches, die ich jemals gespielt habe, und das ausgerechnet im Finale eines Masters-Turniers", sagte Zverev.

22. Mai
1994
Michael Stich führt Deutschland zum Titel beim World Team Cup

Nach 1989 holte Deutschland zum zweiten Mal den Titel beim World Team Cup in Düsseldorf, der inoffiziellen Mannschaftsweltmeisterschaft. Zum Sieggaranten für das deutsche Team um Michael Stich, Bernd Karbacher, Patrik Kühnen und Karsten Braasch avancierte Stich, der im entscheidenden Gruppenspiel den zuvor in 29 Begegnungen ungeschlagenen Weltranglistenersten Pete Sampras besiegte. Deutschland zog ins Finale ein und bezwang dort Spanien mit 2:1.

Stich schlug den Sandplatzspezialisten Sergi Bruguera mit 2:6, 6:4, 6:3. Karbacher unterlag Carlos Costa mit 2:6, 6:4, 0:6. Die Entscheidung fiel im abschließenden Doppel, das Stich an der Seite von Karbacher gegen Costa/Thomas Carbonell mit 7:5, 4:6, 6:4 gewann.

Vor Turnierbeginn hatte Stich noch gesagt: „Ich habe in Deutschland fast jeden großen Titel schon mindestens einmal gewonnen – nur der World Team Cup fehlt mir noch." Der Deutsche vergaß dabei das Rasenturnier in Halle/Westfalen. Diesen Turniersieg holte sich Stich wenige Wochen später, um seine deutsche Titelsammlung zu vervollständigen.

23. Mai
2005

Anastasia Myskina kassiert bei den French Open historische Pleite

Das gab es in der Geschichte der French Open noch nie. Die Russin Anastasia Myskina, die 2004 sensationell den Titel in Paris gewann, schied ein Jahr später ebenso sensationell in der ersten Runde aus. Es war das erste Mal, dass eine Titelverteidigerin gleich zu Beginn verlor. Myskina unterlag der Spanierin Maria Sanchez Lorenzo, Nummer 109 der Weltrangliste, mit 4:6, 6:4, 0:6.

„Ich war nicht auf der Spitze meines Spiels. Sie hat okay gespielt, aber sie hat nichts Besonderes gemacht. Es spielt keine Rolle, gegen wen ich heute gespielt hätte, ich hätte verloren", sagte Myskina hinterher.

Die Russin wurde im Fortlauf ihrer Karriere nicht vom Glück geküsst. Nicht nur eine hartnäckige Fußverletzung machte ihr immer wieder zu schaffen, sondern auch die Krebserkrankung ihrer Mutter. 2007 war die Karriere von Myskina zu Ende.

24. Mai
1998
Deutschland gewinnt den World Team Cup

Zum dritten Mal nach 1989 und 1994 gewann Deutschland den World Team Cup in Düsseldorf, die inoffizielle Mannschaftsweltmeisterschaft. Das von den Kapitänen Boris Becker und Carl-Uwe Steeb angeführte Nationalteam setzte sich im Finale gegen Tschechien mit 3:0 durch.

Tommy Haas besiegte Slava Dosedel mit 6:1, 6:4. Im Anschluss stellte Nicolas Kiefer mit einem 7:5, 6:3 gegen Petr Korda den deutschen Gesamtsieg sicher. Im abschließenden Doppel siegten Boris Becker und David Prinosil gegen Cyril Suk und Daniel Vacek mit 6:4, 4:6, 6:2.

Insgesamt gewann Deutschland fünfmal den World Team Cup und ist damit Rekordsieger bei der Mannschafts-WM, die 2012 zum letzten Mal in Düsseldorf ausgetragen wurde.

25. Mai
2004
Fabrice Santoro und Arnaud Clement spielen bei den French Open das längste Tennismatch

Ein Match über zwei Tage und 6:33 Stunden lieferten sich Fabrice Santoro und Arnaud Clement. Die beiden Franzosen spielten 2004 bei ihrem Heim-Grand-Slam-Turnier, den French Open in Paris, ein episches Duell in der ersten Runde. Das Match wurde nach 4:38 Stunden Spielzeit beim Stand von 5:5 im fünften Satz wegen Dunkelheit abgebrochen. Kurz zuvor hatte Clement bei 5:4 einen Matchball vergeben.

Am darauf folgenden Tag standen die beiden Franzosen knapp zwei Stunden auf dem Platz. Santoro wehrte bei 13:14 einen weiteren Matchball ab und ging schließlich als Sieger hervor. „Ich war dicht dran an der Niederlage, es ist ein Wunder. Ich habe versucht, bei den wichtigen Punkten entspannt zu bleiben. Und wenn das tatsächlich so aussah, habe ich einen guten Job gemacht, weil es sehr angespannt war", sagte Santoro hinterher.

Die beiden Franzosen stellten zum damaligen Zeitpunkt einen neuen Rekord für das längste Tennismatch auf. „Das interessiert mich nicht. Was bekomme ich? Eine Medaille? Es gibt morgen vielleicht ein noch längeres Match. Ich spiele nicht Tennis, um so viel Zeit wie möglich, auf dem Platz zu verbringen", war Clement nach seiner Niederlage bedient.

26. Mai 2004

Justine Henin scheitert sensationell bei den French Open

Justine Henin reiste als Titelverteidigerin und aktuelle Nummer eins zu den French Open. Die Belgierin war mit neun Turniersiegen, darunter drei Grand Slams, zwischen den beiden Paris-Turnieren die dominierende Spielerin im Damentennis. Die Vorzeichen für eine Titelverteidigung standen jedoch nicht allzu gut. Henin kam ohne Spielpraxis in Paris an und musste sechs Wochen wegen einer Viruserkrankung aussetzen. Das sollte sich dann in der zweiten Runde gegen die Italienerin Tathiana Garbin, Nummer 86 der Welt, rächen.

Henin war weit entfernt von ihrer Topform, machte über 30 unerzwungene Fehler und schlug zehn Doppelfehler. Garbin durfte sich mit dem 7:5,-6:4-Erfolg über ihren größten Karrieresieg freuen. Das Aus der Belgierin war ein Novum bei den French Open. So früh war die topgesetzte Spielerin in der 79-jährigen Geschichte des Damenturniers in Paris noch nie ausgeschieden.

„Ich bin so glücklich, dass ich gewonnen habe. Ich kann nicht glauben, dass ich gerade die Titelverteidigerin und die Nummer eins geschlagen habe", freute sich Garbin.

Henin nahm die Niederlage sportlich. „Sie hat ein tolles Match gespielt. Was soll ich sagen? Es war mein schlechter Tag, und sie hatte ihren guten Tag. Ich war nicht fähig, positiv zu bleiben oder meinem Ärger Luft zu machen. Ich fühlte mich auch etwas leer", erklärte die Belgierin die Niederlage.

27. Mai
1992
Michael Stich beendet French-Open-Karriere von Jimmy Connors

Michael Stich musste hart kämpfen, um sein Erstrundenmatch bei den French Open zu gewinnen. Der 23-jährige Deutsche bezwang als amtierender Wimbledon-Sieger den 39-jährigen US-Amerikaner Jimmy Connors mit 5:7, 6:3, 6:7 (4:7), 6:1, 6:2. Für Stich war es der erste Fünfsatzsieg auf Sand, während es für Connors das letzte Match bei den French Open war – das einzige Grand-Slam-Turnier, das er nicht gewinnen konnte.

„Ich denke, in den ersten drei Sätzen habe ich aufregendes Tennis gespielt, aber unglücklicherweise hat es nicht bis zum Ende gereicht. Ich dachte, ich lasse den vierten Satz ziehen, um Energie für den fünften Satz zu sparen. Aber meine Energie kam nicht mehr zurück. Die Jahre haben ihren Tribut gefordert", sagte Connors.

„Ich habe nicht mit der richtigen Taktik gespielt. Ich habe darauf gewartet, dass er Fehler macht", zeigte sich Stich unzufrieden mit seiner Leistung.

28. Mai
1983
Martina Navratilova verliert bei French Open einziges Saisonmatch

Martina Navratilova spielte im Jahr 1983 beinahe eine perfekte Saison. Die US-Amerikanerin gewann in jener Saison 86 Matches und verlor nur ein einziges – im Achtelfinale der French Open gegen Kathleen Horvath. Navratilova hatte zu diesem Zeitpunkt bereits 36 Spiele in Folge im Jahr 1983 gewonnen und seit Beginn der Saison 1982 126 von 129 Matches für sich entschieden.

Navratilova ging als haushohe Favoritin ins Match gegen ihre 17-jährige Landsfrau, die auf Platz 45 der Weltrangliste stand. Doch Horvath hatte es im Gefühl, dass sie an diesem Tag Sportgeschichte schreiben würde.

„Es war einer dieser perfekten Tage, die man an einer Hand abzählen kann. Ich wachte auf, fühlte mich großartig. Als ich begann, mich aufzuwärmen, fühlte ich mich perfekt, sodass ich den Ball auf eine Münze legen könnte", erinnerte sich Horvath.

Navratilova nahm die Niederlage sportlich hin. „Natürlich bin ich nicht glücklich darüber. Aber ich wusste, dass ich früher oder später verlieren würde. Das ist kein Desaster."

29. Mai
2012
Serena Williams kassiert bei French Open historische Auftaktpleite

Es war wahrscheinlich die größte Sensation, die es in der Damenkonkurrenz bei den French Open je gegeben hat. Serena Williams schied in der ersten Runde der French Open 2012 nach einem wahren Drama gegen die Französin Virginie Razzano mit 6:4, 6:7 (5:7), 3:6 aus und kassierte ihre einzige Auftaktschlappe bei einem Grand-Slam-Turnier.

Dabei sah zunächst alles nach einem Pflichtsieg von Williams aus. Die US-Amerikanerin führte im Tiebreak des zweiten Satzes bereits mit 5:1. Mit sechs Punkten in Folge sicherte sich die Französin Razzano den Satzausgleich.

Das Pariser Publikum trieb seine Landsfrau nach vorne. Razzano erspielte sich im dritten Satz eine 5:0-Führung. Williams wirkte verzweifelt und blickte immer wieder hilfesuchend in ihre Box. Doch die US-Amerikanerin kam noch auf 3:5 heran, auch weil sie von einem Strafpunkt profitierte, weil Razzano wegen ihrer Krämpfe immer wieder laut aufschrie.

Krönender Abschluss dieses 183-Minuten-Dramas war ein 23-minütiges letztes Aufschlagspiel von Razzano, das an Dramatik kaum zu überbieten war. Das Spiel ging zwölfmal über Einstand. Es gab einen weiteren Strafpunkt, fünf Breakbälle für Williams sowie sieben abgewehrte Matchbälle.

Mit dem achten Matchball fixierte Razzano ihren Sensationssieg. „Ich war da und ich wollte das Ding hier unbedingt wie eine Kämpferin zu Ende bringen. Ich wusste, trotz der Probleme, an diesem Tag gibt es keine Limits für mich", sagte die Französin nach ihrem großen Coup.

30. Mai
1995

Carsten Arriens wird bei French Open disqualifiziert

Als zweiter Spieler nach John McEnroe wurde Carsten Arriens bei einem Grand-Slam-Turnier disqualifiziert. Der Deutsche durfte in seinem Erstrundenmatch bei den French Open gegen den Neuseeländer Brett Steven nicht weiterspielen.

Nachdem Arriens den Satzausgleich kassiert hatte, warf er seinen Schläger ins Netz und bekam dafür eine Verwarnung. Direkt im Anschluss warf er seinen Schläger in Richtung Stuhl und traf dabei den Linienrichter am Knöchel.

Schiedsrichter Andreas Egli rief daraufhin den Oberschiedsrichter, der ebenfalls zum Schluss kam, dass Arriens disqualifiziert werden sollte. Arriens, der als späterer Davis-Cup-Trainer für sein ruhiges und besonnenes Gemüt bekannt war, wurde in seiner Karriere insgesamt zehnmal disqualifiziert.

31. Mai 2009
Rafael Nadal kassiert gegen Robin Söderling erste Niederlage bei den French Open

Rafael Nadal, vierfacher Titelverteidiger bei den French Open, kassierte seine erste Niederlage beim Grand-Slam-Turnier in Paris. Der Schwede Robin Söderling besiegte den Spanier mit 6:2, 7:6 (7:2), 4:6, 7:6 (7:2).

„Das ist der größte Sieg meiner Karriere", sagte Söderling und kämpfte mit den Tränen. Die Zuschauer im Stade Roland Garros waren vermehrt auf der Seite des Außenseiters aus Schweden und feuerten diesen mit lauten „Robin, Robin"-Sprechchören an.

„Ich habe sicher nicht mein bestes Tennis gespielt. Natürlich bin ich im Moment enttäuscht, aber die Saison geht weiter. Ich muss die Niederlage akzeptieren", sagte Nadal. Söderling erreichte nach dem Coup gegen den Spanier sein erstes Grand-Slam-Endspiel und verlor dort gegen Roger Federer.

Juni: Roland Garros

1. Juni
1994
Hendrik Dreekmann scheitert bei French Open nach Matchballdrama

Hendrik Dreekmann spielte sich bei den French Open aus dem Nichts in das Rampenlicht. Der 19-jährige Deutsche startete als Nummer 89 der Weltrangliste und ohne viel Selbstvertrauen in sein zweites Grand-Slam-Turnier und seine ersten French Open. Dreekmann spielte sich sensationell in das Viertelfinale vor, wo er auf den Schweden Magnus Larsson traf.

Der Teenager kam nach einer 2:0-Satzführung beim Stand von 5:4 zu seinen ersten beiden Matchbällen. Insgesamt konnte Dreekmann keinen seiner sechs Matchbälle nutzen. Nach dem Verlust des dritten Satzes brach Dreekmann völlig ein und unterlag schließlich mit 6:3, 7:6 (7:1), 6:7 (3:7), 0:6, 1:6.

„Bei 3:0 im vierten Satz war mein Gedanke, dass ich den Satz abhaken sollte, um mich auf den fünften Satz zu konzentrieren. Aber das hat nicht funktioniert. Ich wusste nicht, was ich machen sollte nach dem dritten Satz. Ich habe nur über die sechs Matchbälle, die ich hatte, nachgedacht. Und dann war der vierte Satz vorüber", sagte Dreekmann.

Nach dem bitteren Aus bei den French Open kassierte der Deutsche im Anschluss sechs Auftaktpleiten in Folge. Dreekmann versank im Mittelmaß. Ihm wurde vorgeworfen, sein Talent zu verschleudern. Die Karrierebilanz des Ostwestfalen: Platz 39 in der Weltrangliste und zwei Finalteilnahmen bei ATP-Turnieren.

2. Juni
1994

Steffi Graf kassiert herbe Halbfinalpleite bei den French Open

Bei den French Open war alles angerichtet für den nächsten Grand-Slam-Titel für Steffi Graf. Die Deutsche spielte sich souverän ins Halbfinale vor und ging dort als klare Favoritin in das Match gegen Mary Pierce. Gegen die 19-jährige Französin spielte Graf auch gegen das Pariser Publikum.

Pierce spielte eines ihrer besten Matches in ihrer Karriere und gewann klar mit 6:2, 6:2. „Es gab nur wenig, was ich tun konnte. Sie hat den Ball sehr früh genommen, sehr flach und hart gespielt. Mein Spiellevel war nicht genug, um sie zu Fehlern zu zwingen", sagte Graf über die enttäuschende Niederlage.

3. Juni
1995

Jana Novotna vergibt bei French Open Megavorsprung mit neun Matchbällen

Jana Novotna war bekannt dafür, viele sicher geglaubte Siege noch aus der Hand gegeben zu haben. In der dritten Runde der French Open verlor Novotna gegen die US-Amerikanerin Chanda Rubin, nachdem sie im dritten Satz die größtmögliche Führung, die man haben kann, verspielte und zudem neun Matchbälle vergab. Oder andersrum betrachtet: Rubin legte eine der denkwürdigsten Aufholjagden im Tennis hin.

Novotna führte im dritten Satz mit 5:0 und 40:0 bei Aufschlag Rubin, ehe sie das Flattern bekam. Die US-Amerikanerin wehrte in diesem Aufschlag nicht nur diese drei, sondern auch drei weitere Matchbälle ab.

Novotna begann zu verkrampfen. Bei 5:4 hatte Novotna wieder insgesamt drei Matchbälle, die sie ebenfalls nicht nutzte.

Rubin gewann das Match schließlich nach 2:50 Stunden mit 7:6 (8:6), 4:6, 8:6 nach einem spektakulären Matchball. „Es ist natürlich leicht, jemanden zu kritisieren und zu sagen: ‚Du hast dies und jenes gehabt.' Aber man muss auch verstehen, dass das Tennis ausmacht. Das passiert jedem und wir sind alle nur Menschen", sagte die frustrierte Novotna.

„Ich habe nicht wirklich daran gedacht, zurückzukommen oder zu gewinnen. Ich habe einfach über jeden einzelnen Punkt nachgedacht und habe meinen Kopf nicht mit zu vielen anderen Gedanken belastet", sagte Rubin nach ihrem Fabelcomeback.

4. Juni
1988
Steffi Graf gewinnt French Open mit Final-Quickie

Viel Tennis für ihr Geld bekamen die Zuschauer beim Damenfinale der French Open nicht geboten. Das Teenagerfinale zwischen der 18-jährigen Steffi Graf und der 17-jährigen Natalia Zvereva aus Russland dauerte gerade einmal 32 Minuten. Graf überrollte die völlig überforderte Zvereva mit 6:0, 6:0. Es war das kürzeste Grand-Slam-Finale, das je gespielt wurde. Zvereva machte im Finale nur 13 Punkte, elf davon bekam sie durch Fehler von Graf geschenkt.

Die einstündige Regenunterbrechung bei 3:0 im ersten Satz dauerte länger als das Match selbst. „Nach dem ersten Satz habe ich mir überlegt, was ich später am Abend essen würde", sagte die frustrierte Zvereva, die später auf der Pressekonferenz heulte. „Was soll ich machen? 0:6, 0:6 in einem Grand-Slam-Finale zu verlieren, ist die Hölle. Aber ich bin Sportlerin und versuche immer, das beste Tennis aus mir herauszukitzeln", versuchte sich Graf zu entschuldigen.

Graf war in diesem Jahr nicht zu bremsen und krönte ihren Lauf mit dem bislang einmaligen Golden Slam. Zvereva kam in ihrer Karriere dennoch zu großen Triumphen. Sie ist mit 18 Grand-Slam-Titeln eine der besten Doppelspielerinnen aller Zeiten.

5. Juni
1999
Steffi Graf gewinnt denkwürdiges French-Open-Finale gegen Martina Hingis

Es ist bis heute eines der packendsten Spiele, das es im Damentennis je gegeben hat. Das French-Open-Finale 1999 zwischen Steffi Graf und Martina Hingis hatte alles, was zu einem guten Tennisdrama gehört. Zwei völlig unterschiedliche Persönlichkeiten und Generationen standen sich gegenüber, die auf ihre Weise dem Damentennis in Sachen Stil, Strategie und Verhalten ihren Stempel aufdrückten.

Die Sympathien der Zuschauer waren dabei klar zugunsten von Graf verteilt. Der Weltranglistenersten Hingis fehlte nur noch der Sieg bei den French Open, um den Karriere-Grand-Slam zu vervollständigen. Graf stand in den Endzügen ihrer Karriere und erreichte recht überraschend das Endspiel.

Hingis drückte dem Spiel lange Zeit ihren Stempel auf und servierte bei 5:4-Führung im zweiten Satz zum Titelgewinn. Doch Graf schaffte den Ausgleich und übernahm das Kommando im Match. Die Deutsche ließ sich auch von den Spielchen von Hingis nicht aus der Ruhe bringen, als die Schweizerin bei Matchbällen von Graf von unten aufschlug.

Graf gewann schließlich mit 4:6, 7:5, 6:2 ihren sechsten Titel bei den French Open und den letzten Grand-Slam-Sieg in ihrer Karriere, den 22. „Es ist der größte, unerwartetste Triumph, den ich je gehabt habe. Es war eines der verrücktesten Matches aller Zeiten, es hatte alles", erklärte Graf.

6. Juni
1987
Steffi Graf feiert bei den French Open ihren ersten Grand-Slam-Titel

Steffi Graf schrieb bei den French Open deutsche Sportgeschichte, indem sie die erste deutsche Grand-Slam-Siegerin nach dem Zweiten Weltkrieg wurde. Im Finale traf die 17-jährige Graf auf die 13 Jahre ältere US-Amerikanerin Martina Navratilova. In einem packenden Match setzte sie sich mit 6:4, 4:6, 8:6 durch.

Navratilova servierte bei 5:4-Führung im dritten Satz zum Titelgewinn. Ihr unterliefen jedoch zwei Doppelfehler in Folge. Graf glich aus und profitierte einige Minuten später bei ihrem ersten Matchball ebenfalls von einem Doppelfehler von Navratilova. Mit Tränen in den Augen feierte sie ihren ersten Grand-Slam-Sieg.

„Ich habe nie erwartet, so früh ein Grand-Slam-Turnier zu gewinnen. Ich glaube, dass es mich immer noch nicht erreicht hat, dass ich es geschafft habe", war Graf sprachlos über ihren Triumph.

„Ich bin glücklich und traurig, dass ich das Match gewonnen habe. Ich bin traurig über ihre Doppelfehler. Wenn sie nicht die Doppelfehler gemacht hätte, denke ich nicht, dass ich gewonnen hätte", gab die frisch gebackene French-Open-Siegerin ehrlich zu.

7. Juni
2009
Roger Federer schafft bei den French Open den Karriere-Grand-Slam

Es war ein langer Weg, bis Roger Federer die French Open gewinnen konnte. Viermal in Folge scheiterte der Schweizer bei seiner Titelmission an Rafael Nadal, dreimal im Finale, einmal im Halbfinale. Bei der 2009er-Auflage schlug Federers große Stunde.

Im Finale traf er auf den Schweden Robin Söderling, der im Achtelfinale sensationell gegen Nadal gewonnen hatte. Federer ließ sich die große Chance auf seinen ersten French-Open-Titel nicht nehmen und bezwang Söderling mit 6:1, 7:6 (7:1), 6:4. Mit dem 14. Grand-Slam-Sieg schloss er zum Rekordsieger Pete Sampras auf.

Als insgesamt sechster Spieler bei den Herren nach Fred Perry, Don Budge, Roy Emerson, Rod Laver und Andre Agassi gewann er alle Grand-Slam-Turniere – den sogenannten Karriere-Grand-Slam.

„Das ist wahrscheinlich der größte Erfolg in meiner Karriere. Ich bin so stolz. Es war nicht einfach, während des Matchs mit meinen Emotionen umzugehen", freute sich Federer, der den Siegerpokal passenderweise von Andre Agassi überreicht bekam.

8. Juni
2019

Kevin Krawietz und Andreas Mies schreiben deutsche Tennisgeschichte

Darauf musste das deutsche Tennis 82 Jahre lang warten. Das Duo Kevin Krawietz und Andreas Mies gewann sensationell die French Open im Herrendoppel. Es war der erste Grand-Slam-Titel eines deutschen Doppels seit 1937, als Gottfried von Cramm und Henner Henkel sowohl bei den French Open als auch bei den US Open triumphierten. Krawietz und Mies spielten in Paris erst zum zweiten Mal gemeinsam ein Grand-Slam-Turnier.

Die Deutschen besiegten im Finale die französischen Lokalmatadoren Jeremy Chardy und Fabrice Martin mit 6:2, 7:6 (7:3) und ließen sich nach dem verwandelten Matchball gleichzeitig auf den Pariser Sandboden fallen.

„Geile Scheiße, ist das krank", kommentierte Mies den Titelcoup aus dem Nichts bei den French Open. „Ich bin absolut sprachlos, das passiert nicht oft, ich kann es nicht glauben. Unser Traum ist in Erfüllung gegangen", sagte Mies weiter. „Was für eine Reise, ich weiß nicht, was ich sagen soll. Ich habe gestern noch über eine Siegerrede nachgedacht, jetzt ist alles weg. Ich finde keine Worte", erzählte Krawietz nach dem ersten Grand-Slam-Titel.

9. Juni
1996
Michael Stich verliert Finale bei den French Open

Michael Stich stand kurz davor, der erste deutsche Herrensieger bei den French Open in der Geschichte des Profitennis zu werden. Doch Stich verpasste den Titelgewinn in Paris knapp und unterlag im Finale dem Russen Yevgeny Kafelnikov mit 6:7 (4:7), 5:7, 6:7 (4:7). Stich hatte in jedem Satz mit Break geführt, im zweiten Satz sogar 5:2 mit Doppelbreak.

„Ich habe vielleicht das Match verloren, aber die Liebe zum Sport wiedergewonnen", sagte Stich, der überlegt hatte, auf die French Open zu verzichten. Kafelnikov wurde der erste russische Grand-Slam-Sieger. „Das ist ein Traum. Ich hätte nie für möglich gehalten, dass ich im Alter von 22 ein Grand-Slam-Turnier gewinne. Für Russland bedeutet das eine Menge. Heute ist einer der glorreichsten Tage meines Lebens", sagte Kafelnikov über seinen ersten von insgesamt drei Grand-Slam-Titeln.

10. Juni
1984
Ivan Lendl fügt John McEnroe bitterste Niederlage zu

Für John McEnroe war die Finalniederlage bei den French Open 1984 die wohl bitterste in seiner Karriere, für Lendl war der Finalerfolg einer der schönsten Siege. McEnroe war auf dem besten Weg, seinen ersten Titel bei den French Open zu gewinnen. Der US-Amerikaner ging ins Endspiel mit einer makellosen 42:0-Bilanz in jenem Jahr. An Lendl hingegen haftete der Verliererstatus, da er seine ersten vier Grand-Slams-Finals allesamt verloren hatte.

Für McEnroe lief alles nach Plan. Er gewann die ersten beiden Sätze problemlos. Dann brachte sich „Big Mac" aber selbst aus dem Spiel. Er beschwerte sich lautstark über die Geräusche aus dem Kopfhörer eines Kameramanns und zog sich den Unmut der Zuschauer zu.

Lendl kam ins Spiel zurück und rang McEnroe nach 4:08 Stunden mit 3:6, 2:6, 6:4, 7:5, 7:5 nieder. „Es fühlt sich großartig an, endlich andere Fragen zu beantworten", erklärte Lendl nach seinem ersten Grand-Slam-Titel.

11. Juni
1987
17-jähriger Michael Chang wird bei French Open jüngster Grand-Slam-Sieger

17 Jahre und 110 Tage. So alt war Michael Chang, als er 1989 die French Open gewann. Chang ist damit immer noch der jüngste Grand-Slam-Sieger im Herreneinzel. 21 Stunden und 18 Minuten verbrachte der 17-jährige US-Amerikaner auf dem Platz, um seinen ersten und einzigen Grand-Slam-Titel zu gewinnen. Den meisten Tennisfans dürfte sicherlich Changs Achtelfinale gegen die damalige Nummer eins Ivan Lendl mehr in Erinnerung geblieben sein, in dem er einen 0:2-Satzrückstand aufholte und zum Ende mit Krämpfen in den Beinen Lendl mit Mondbällen und Aufschlag von unten demoralisierte.

Das Endspiel gegen Stefan Edberg war aber ebenso dramatisch. Der Schwede nutzte nur sechs seiner 26 Breakchancen und verpasste seine große Chance auf den French-Open-Titel. Chang siegte mit 6:1, 3:6, 4:6, 6:4, 6:2.

„Er kommt einfach immer wieder zurück. Ich muss ihn dafür bewundern. Aber man weiß ja, wie es mit den jungen Kerlen ist. Sie schlagen einfach. Sie müssen nicht nachdenken", sagte Edberg hinterher.

Chang war von seinem sensationellen Triumph in Paris überwältigt. „Ich bin mir nicht ganz sicher, wie ich es geschafft habe. Was immer nun auch passiert, ob gut oder schlecht, das wird das ganze Leben bei mir bleiben."

12. Juni
2014
Dustin Brown entzaubert Rafael Nadal in Halle/Westfalen

Was die Zuschauer auf dem Centre Court beim ATP-Turnier in Halle/Westfalen erlebten, war eines der denkwürdigsten Matches in der Turniergeschichte – auch wenn die Partie nur 59 Minuten dauerte. Dustin Brown fertigte Rafael Nadal, als frisch gebackener French-Open-Sieger angereist, im Achtelfinale mit 6:4, 6:1 ab.

Es war nicht mal so, dass Nadal schlecht spielte, er wurde von Brown förmlich entzaubert. Stopps, Lobs, krachende Returns, feine Volleys: Brown zeigte die ganze Bandbreite, die Rasentennis so besonders macht. „Mein größter Sieg überhaupt. Es war mein Ziel, ihn gar nicht erst richtiges Tennis spielen zu lassen. Manch einer hat sich bestimmt gedacht: Was macht der da? Aber am Ende hat es ja gepasst", strahlte Brown nach seiner Gala.

Brown sollte einen noch bedeutenderen Sieg ein Jahr später einfahren, wieder gegen Nadal. In der zweiten Runde in Wimbledon bestätigte der Deutsche seinen Rasensieg gegen den Spanier mit einem Erfolg in vier Sätzen.

13. Juni
1999

Nicolas Kiefer krönt Traumwoche in Halle/Westfalen

Für Nicolas Kiefer wurde das ATP-Turnier in Halle/Westfalen zu einer Traumwoche. Der 21-jährige Deutsche holte sich beim Rasenturnier seinen dritten Titel auf der ATP-Tour. Auf dem Weg zum Turniersieg gab Kiefer in fünf Matches nur 28 Spiele ab und wurde zum zweiten deutschen Turniersieger in der ostwestfälischen Kleinstadt nach Michael Stich im Jahr 1994.

Im Finale besiegte er den Schweden Nicklas Kulti mit 6:3, 6:2. Der blitzsaubere Auftritt in Halle/Westfalen brachte Kiefer zudem zum ersten Mal in die Top 20. „Von mir aus können wir das ganze Jahr auf Rasen spielen", witzelte Kiefer nach seiner eindrucksvollen Woche.

14. Juni
2017

Tommy Haas gewinnt in Stuttgart gegen Roger Federer sein letztes Karrierematch

Tommy Haas überraschte beim ATP-Turnier in Stuttgart mit einem Erfolg gegen Roger Federer. Der 39-jährige Deutsche, zu diesem Zeitpunkt die Nummer 302 der Welt, besiegte beim Rasenturnier den Weltranglistenzweiten mit 2:6, 7:6 (10:8), 6:4 und wehrte dabei einen Matchball ab.

„Ich bin komplett sprachlos. Gegen Roger zu spielen, ist immer etwas Besonderes. Es ist schwer, in Worte zu fassen", sagte Haas. Federer, der sein erstes Match nach knapp zweieinhalbmonatiger Auszeit spielte, kommentierte seine sensationelle Niederlage wie folgt: „Ich bin nicht so geschockt, dass ich verloren habe. Ich wusste, dass ich gegen Tommy verlieren könnte. Er war zum Schluss auch besser. Wenn ich es jemandem gönne, dann Tommy."

Für Haas war es letztendlich auch sein letzter Sieg in seiner Profikarriere. Der Deutsche verlor seine darauf folgenden sechs Matches und beendete zwei Monate später beim Turnier in Kitzbühel seine Karriere.

15. Juni
1987
Boris Becker dreht Finale im Londoner Queen's Club gegen Jimmy Connors

Boris Becker holte sich den zweiten von insgesamt vier Titeln beim ATP-Turnier im Londoner Queen's Club. Der Deutsche traf im Finale auf Altmeister Jimmy Connors und setzte sich nach hartem Kampf mit 6:7 (3:7), 6:3, 6:4 durch. Becker lag im zweiten Satz mit 1:3 zurück und musste einen Breakball zum 1:4 abwehren, ehe er auf dem Rasen ins Rollen kam und Connors die neunte Finalniederlage in Folge zufügte.

„Ich war es gewohnt, Matches nur wegen meines Aufschlags zu gewinnen. Aber nun habe ich zumindest gezeigt, dass ich auch gewinnen kann, wenn mein Aufschlag nicht so gut ist. Wenn ich jetzt nicht selbstbewusst bin, werde ich es nie sein", sagte Becker. Der Deutsche gewann in seiner Karriere alle sechs Matches gegen Connors.

16. Juni
1985
Boris Becker feiert seinen ersten ATP-Titel

Boris Becker erreichte im Alter von 17 Jahren beim Rasenturnier im Londoner Queen's Club sein erstes Finale auf der ATP-Tour. Der Deutsche bewies eindrucksvoll, dass sein Spiel gemacht war für den schnellen Rasenbelag. Becker setzte sich im Finale gegen den Südafrikaner Johan Kriek klar mit 6:2, 6:3 durch.

„Seitdem ich zehn Jahre alt bin, war es mein Traum, ein ATP-Turnier zu gewinnen. Die Woche war fantastisch. Ich habe mein bestes Tennis gespielt und viele gute Spieler bezwungen", sagte Becker, der im Queen's Club in sechs Partien nur einen Satz im Tiebreak abgeben musste.

Finalgegner Kriek lobte den Deutschen: „Wenn Becker so wie heute jeden Tag in Wimbledon spielt, kann er das Turnier gewinnen." Kriek sollte recht behalten. Drei Wochen später gewann Becker in Wimbledon.

17. Juni
2012

Tommy Haas gewinnt Finale in Halle/Westfalen gegen Roger Federer

Zum zweiten Mal nach 2009 sicherte sich Tommy Haas den Titel beim ATP-Rasenturnier in Halle/Westfalen. Im Endspiel besiegte der 34-jährige Deutsche Roger Federer mit 7:6 (7:5), 6:4.

„Wenn mir einer vorher gesagt hätte, dass ich hier den Titel gegen den wohl größten Spieler aller Zeiten hole, ich hätte es nicht für möglich gehalten", sagte Haas, der seine vorherigen neun Duelle gegen den Schweizer verloren hatte. „Das war eine der besten Wochen meiner Karriere. Aber ich denke, ich werde dies nicht wirklich schätzen, was passiert ist, bis zu diesem Abend."

18. Juni
2000
David Prinosil gelingt Wunder von Halle/Westfalen

Bei der 2000er-Ausgabe des ATP-Turniers in Halle/Westfalen gab es einige Namen, die für den Turniersieg infrage kamen: der zweifache Halle-Sieger Yevgeny Kafelnikov, Titelverteidiger Nicolas Kiefer, Wimbledon-Sieger Richard Krajicek, Patrick Rafter oder auch Tommy Haas. David Prinosil gehörte nicht dazu. Der Deutsche kam nur dank einer Wildcard ins Hauptfeld und überstrahlte am Ende alle.

Im Finale gegen Krajicek spielte der 27-Jährige das beste Match seines Lebens und gewann als dritter Deutscher nach Michael Stich und Nicolas Kiefer das Rasenturnier. Prinosil schoss Krajicek, Wimbledon-Sieger von 1996, mit 6:3, 6:2 vom Platz.

„Ich habe noch nie in meinem Leben so gut retourniert wie im Finale gegen Krajicek. Das war so was wie das Wunder von Halle." Der Titel-gewinn von Prinosil war eine Sensation. Der Deutsche hatte vor Turnierbeginn achtmal in Folge verloren und im Jahr 2000 nur ein Spiel gewonnen – ein bedeutungsloses Match im Davis Cup.

Prinosil musste aufgrund seiner damals niedrigen Ranglistenplatzierung (Platz 130) bereits wenige Stunden nach seinem Turniersieg in der Qualifikation für Wimbledon ran. Eine Wildcard wurde ihm verwehrt. Prinosil setzte seinen Erfolgslauf fort, qualifizierte sich für Wimbledon und kam bis ins Achtelfinale gegen Andre Agassi. Es war sein bestes Abschneiden bei einem Grand-Slam-Turnier.

19. Juni
1994
Michael Stich komplettiert deutsche Titelsammlung

Für Michael Stich spielte es sich zu Hause am schönsten und am erfolgreichsten. Der Deutsche komplettierte beim ATP-Turnier in Halle/Westfalen seine Titelsammlung auf deutschem Boden. Stich holte sich den Titel beim Rasenturnier, der ihm noch fehlte.

Im Finale bezwang er den Schweden Magnus Larsson mit 6:4, 4:6, 6:3. In den Jahren zuvor hatte Stich die deutschen Turniere in Stuttgart (Sandplatz und Halle), Hamburg und München sowie die ATP-WM in Frankfurt und den Grand Slam Cup in München gewonnen.

Auch in einem deutschen Team gewann Stich alle möglichen Titel: den Davis Cup, den World Team Cup und den Hopman Cup. Hinzu kommt die olympische Goldmedaille im Doppel an der Seite von Boris Becker.

20. Juni
2009
Benjamin Becker gewinnt ersten und einzigen ATP-Titel

Seinen ersten und einzigen Titel auf der ATP-Tour gewann Benjamin Becker beim Rasenturnier im niederländischen 's-Hertogenbosch. Der Deutsche besiegte im Endspiel den Lokalmatador Raemon Sluiter mit 7:5, 6:3.

„Das ist ein großartiges Gefühl, denn ich arbeite schon seit sehr langer Zeit, um endlich einmal so einen Moment zu erleben", sagte Becker, der Berühmtheit erlangte, indem er die Karriere von Andre Agassi bei den US Open 2006 beendete. Becker liebte das Spiel auf schnellen Belägen. Fünf Jahre später zog er in 's-Hertogenbosch erneut ins Finale ein und verlor dort knapp.

21. Juni
1994
Steffi Graf und ihre historische Niederlage in Wimbledon

Die Erstrundenniederlage von Steffi Graf im Jahr 1994 war wohl die größte Sensation, die es bis heute in Wimbledon gegeben hat. Die Deutsche ging als Titelverteidigerin und haushohe Favoritin in das Turnier. Fünfmal hatte die „Gräfin" bereits in London triumphiert und war bis zu diesem 21. Juni 1994 seit drei Jahren ungeschlagen in Wimbledon.

An einem dunklen, regnerischen Dienstagnachmittag mit zwei Regenunterbrechungen verlor Graf gegen die starke Rasenspielerin Lori McNeil. Die 30-jährige US-Amerikanerin entzauberte die Deutsche mit ihrem Serve-and-Volley-Spiel und attackierte immer wieder die schwächere Rückhand von Graf.

„Ich werde mich schon nicht umbringen", kommentierte Graf ihr Aus hinterher. Es war die bis heute einzige Niederlage in Wimbledon einer topgesetzten Titelverteidigerin in der Damenkonkurrenz. Graf schied in ihrer gesamten Karriere nur zwemal in der ersten Runde eines Grand-Slam-Turniers aus – das erste Mal als 15-Jährige bei den US Open 1984.

McNeil nutzte die Euphorie ihres Paukenschlags und spielte sich bis ins Halbfinale vor, wo sie schließlich der späteren Siegerin Conchita Martinez mit 8:10 im dritten Satz unterlag.

22. Juni
1981
John McEnroe und sein berühmter Ausraster in Wimbledon

John McEnroe, der noch auf seinen ersten Wimbledon-Triumph wartete, spielte sein Erstrundenmatch gegen seinen Landsmann Tom Gullikson.

Schiedsrichter Edward James beleidigte der US-Amerikaner im Laufe des Matchs als „Abschaum der Welt" und als „inkompetenten Idioten". Insgesamt bekam McEnroe zwei Punktabzüge und zerstörte zwei Schläger.

Zudem feuerte McEnroe seinen Spruch, der als geflügeltes Wort in die Tennisgeschichte eingehen sollte, in absoluter Perfektion über den erwartungsfrohen Court Number One in Wimbledon, als ein Aufschlag von ihm „aus" gegeben wurde. „You cannot be serious. That ball was on the line" (Das kann nicht dein Ernst sein. Dieser Ball war auf der Linie), schrie der US-Amerikaner.

Nach dem Match, das McEnroe 7:6 (7:5), 7:5, 6:3 gewann, bekam er die Quittung: 750 US-Dollar Strafe wegen des Wutausbruchs, weitere 750 US-Dollar wegen Schiedsrichterbeleidigung. Zudem drohte man ihm mit einer Strafe von 10.000 US-Dollar und der Disqualifikation vom Turnier, sollte sich dieses Verhalten wiederholen.

Das tat es nicht: Knappe zwei Wochen später siegte McEnroe im Finale gegen Björn Borg mit 4:6, 7:6 (7:11), 7:6 (7:4) und 6:4 und holte seinen ersten von drei Titeln in Wimbledon.

23. Juni
1987

Stefan Edberg gelingt Triple Bagel in Wimbledon

Ein sogenannter *Triple Bagel* ist eine Rarität im Tennis und kommt auch nur bei den Herren vor. Vom Triple Bagel ist die Rede, wenn ein Spieler ein Match mit 6:0, 6:0, 6:0 gewinnt. Es ist die absolute Höchststrafe im Herrentennis. Auf Grand-Slam-Ebene gab es in der Profiära bislang nur fünf Triple Bagel.

Einer davon gelang Stefan Edberg in Wimbledon. Der Schwede schickte Stefan Eriksson in der ersten Runde nach 60 Minuten mit 6:0, 6:0, 6:0 nach Hause und hatte Mitleid mit seinem Landsmann. „Es ist schön, wenn alles funktioniert, was man tut. Ich hatte Mitleid mit Stefan. Es war sein erstes Match auf Rasen. Ich dachte darüber nach, ihm ein Spiel zu geben. Aber du weißt nie, ob du jemals eine weitere Chance hast, drei Sätze zu null zu gewinnen", erklärte Edberg.

24. Juni
2010
John Isner und Nicolas Mahut spielen in Wimbledon das längste Match der Tennisgeschichte

Die Geschehnisse, die sich zwischen dem 22. und 24. Juni 2010 auf Court 18 in Wimbledon abspielten, sind legendär. John Isner und Nicolas Mahut lieferten sich in der ersten Runde ein Match, das es vorher noch nicht gegeben hat und es auch nie wieder geben wird. Die beiden spielten das skurrilste und längste Match der Tennisgeschichte. Nach 11 Stunden und fünf Minuten war die Partie zu Ende.

Isner gewann mit 6:4, 3:6, 6:7 (7:9), 7:6 (7:3), 70:68. Als ganz normales Erstrundenmatch in Wimbledon entwickelte sich die Partie zum absoluten Klassiker und brach zahlreiche Rekorde im Tennis. Alleine der fünfte Satz wäre mit einer Spielzeit von 8:11 Stunden als längstes Tennismatch durchgegangen. 112 Asse von Isner, 103 Asse von Mahut.

„Was diese beiden Spieler gezeigt haben, zählt zum Größten, was es in diesem Sport je gegeben hat. Das war pures Heldentum", versuchte John McEnroe, Worte für dieses Match zu finden. „Ich habe mir nur noch gesagt: ‚Du musst auf beiden Beinen stehen bleiben. Deinem Gegner geht's auch nicht besser'", sagte Isner über den Marathon.

Mahut, den Isners Matchball bei 70:68 „wie ein Messerstich ins Herz" traf, sagte, er sei teilweise wie „ein Betrunkener" über den Platz geirrt und war „kaum noch bei Besinnung": „Ich war nur noch aus dem Unterbewusstsein gesteuert." Besonders kurios: Isner und Mahut standen sich ein Jahr später wieder in Wimbledon gegenüber – erneut in der ersten Runde.

Die Wahrscheinlichkeit für dieses Ereignis lag vor der Auslosung bei 1:142,5. Isner setzte sich wieder gegen Mahut durch, brauchte dafür aber diesmal nur 2:03 Stunden. 2012 hätte es beinahe den dritten Teil in Wimbledon zwischen Isner und Mahut gegeben. In der zweiten Runde hätte es zum erneuten Duell der Rekordmänner kommen können. Doch Isner verhinderte einen dritten Teil, da er in der ersten Runde ausschied.

25. Juni
1973

81 Spieler boykottieren das Wimbledon-Turnier

Das Wimbledon-Turnier 1973, das an jenem Tag begann, wurde aus sportlicher Sicht zum Debakel für die Veranstalter. Während bei den Damen alles normal lief und Billie Jean King den Titel holte, wurde die Herrenkonkurrenz zur Farce. 81 Spieler sagten ihre Teilnahme ab, darunter Titelverteidiger Stan Smith. Zwölf von 16 gesetzten Spielern zogen zurück.

Was war passiert? Niki Pilic wurde kurz zuvor vom nationalen Verband sowie vom Amateur-Weltverband gesperrt, weil er sich anscheinend geweigert haben soll, im Davis Cup für Jugoslawien anzutreten und stattdessen in Montreal im Doppel um Prämien gespielt hatte. Pilics Sperre fiel in den Zeitraum von Wimbledon.

Die im September 1972 gegründete ATP rief ihre Spieler schließlich zum Boykott des Wimbledon-Turniers auf, wenn Pilic nicht spielen dürfte. Und fast alle Mitglieder der ATP, bis auf Ilie Nastase, Roger Taylor und Ray Keldie, folgten dem Aufruf. So gewann schließlich Jan Kodes, der noch kein Mitglieder der ATP war, den Wimbledon-Titel.

Zwei weitere Spieler, die ebenfalls der ATP nicht angehörten, spielten sich 1973 in den Vordergrund: Jimmy Connors und der 17-jährige Björn Borg. Aus wirtschaftlicher Sicht konnte der Boykott den Veranstaltern nicht viel anhaben. Über 300.000 Zuschauer kamen damals auf die Anlage, bis dato das zweitbeste Ergebnis.

26. Juni
2002
Pete Sampras und sein sensationeller Wimbledon-Abschied auf dem „Friedhof der Stars"

Die wohl größte Sensation in der Wimbledon-Geschichte in der Herrenkonkurrenz fand in der zweiten Runde im Jahr 2002 statt. Pete Sampras wurde als siebenfacher Wimbledon-Sieger in seinem Match gegen den Schweizer George Bastl nur auf Court 2 angesetzt. Sampras fasste dies als Majestätsbeleidigung auf.

Der „Friedhof der Stars", wie der Platz aufgrund von vielen Favoritenstürzen genannt wurde, machte seinem Namen mal wieder alle Ehre. Bastl, Nummer 145 der Welt und nur als Lucky Loser in das Hauptfeld gerutscht, spielte „Pistol Pete" in den ersten beiden Sätzen förmlich an die Wand. Der US-Amerikaner kam aber wieder zurück und vergab bei einer 4:3-Führung im fünften Satz einen Breakball. Kurz danach ging alles ganz schnell und Bastl schaffte die Riesensensation mit dem ersten Fünfsatzsieg (6:3, 6:2, 4:6, 3:6, 6:4) seiner Karriere.

Für Sampras, der sich danach als wahrer Champion verhielt, war es das letzte Match auf dem „Heiligen Rasen" in Wimbledon. „Er hat das Spiel gewonnen, nicht ich habe es verloren. Er war mental am Ende stärker als ich und das muss man anerkennen", kommentierte Sampras, der nach der Niederlage wie versteinert auf seinem Stuhl saß und sich viel Zeit nahm, um den Platz zu verlassen. Dieser 26. Juni 2002 bot zudem noch weitere faustdicke Überraschungen. Am gleichen Tag flogen die Nummern zwei und drei der Setzliste, Marat Safin und Andre Agassi, ebenfalls früh aus dem Turnier.

27. Juni
1987
Boris Becker verliert sensationell als zweimaliger Titelverteidiger in Wimbledon

Boris Becker reiste 1987 als zweifacher Wimbledon-Sieger nach London und hatte zudem den Turniersieg im benachbarten Queen's Club im Gepäck. Becker, zu diesem Zeitpunkt immer noch blutjunge 19 Jahre alt, war der Topfavorit auf den Wimbledon-Titel.

In der zweiten Runde musste der Deutsche gegen den unbekannten Australier Peter Doohan antreten, zu diesem Zeitpunkt Nummer 70 der Welt. Reine Formsache also für Becker, der Doohan beim Vorbereitungsturnier im Queen's Club in der ersten Runde noch glatt geschlagen hatte. Doch Doohan spielte das Match seines Lebens auf dem Court 2, der in den nächsten Jahren als „Friedhof der Stars" allseits bekannt wurde, und warf den Titelverteidiger mit 7:6 (7:4), 4:6, 6:2, 6:4 aus dem Turnier.

„Das ist ein unglaubliches Gefühl, Wimbledon-Sieger Boris Becker auf Rasen geschlagen zu haben. Das dauert sicher ein paar Tage, bis ich mich an diesen Gedanken gewöhnt habe. Ich ging nämlich nie mit der Idee in das Match, etwas gewinnen zu können", sagte Doohan anschließend.

Becker nahm die überraschende Niederlage recht gefasst auf. „Ich habe keinen Krieg begonnen. Niemand ist gestorben. Ich habe nur ein Tennismatch verloren, nicht mehr", sagte er.

28. Juni
1988
Patrik Kühnen besiegt in Wimbledon Jimmy Connors mit Filmriss

Den größten Erfolg in seiner Einzelkarriere feierte Patrik Kühnen beim Wimbledon-Turnier 1988, als er im Achtelfinale den zweimaligen Turniersieger Jimmy Connors besiegte und das Viertelfinale erreichte. Die Partie wurde bei Satzgleichstand und 6:6 im dritten Satz wieder aufgenommen.

„Ich kann noch jeden Punkt nachspielen und es gab einige verrückte Situationen. Es stand 1:1 in Sätzen, als es im Tiebreak des dritten Satzes plötzlich zu regnen begann. Der Schiedsrichter wurde rücklings samt Stuhl gekippt und vom Platz gerollt, als die Plane ausgezogen wurde. Da stand ich noch zum Return bereit, total skurril", erinnerte sich Kühnen.

Der 21-jährige Deutsche, die Nummer 90 der Weltrangliste, besiegte Connors in der Fortsetzung auf Court 2, dem „Friedhof der Stars", mit 5:7, 7:6 (9:7), 7:6 (7:2), 6:7 (4:7), 6:3 und hatte dabei einen Filmriss.

An den fünften Satz konnte sich Kühnen nicht mehr erinnern. „Ich war in der Zone, ganz bei mir. Deswegen habe ich auch gewonnen. Den Matchball habe ich später erst im TV wahrgenommen. Ich war so überwältigt vom Sieg. Ich saß zitternd minutenlang in der Umkleide." Kühnen verlor im Viertelfinale gegen den späteren Wimbledon-Sieger Stefan Edberg in vier Sätzen.

29. Juni
1988

Boris Becker besiegt Titelverteidiger Pat Cash in Wimbledon

Im Viertelfinale des Wimbledon-Turniers trafen sich mit Boris Becker und Pat Cash die letzten drei Titelträger des Turniers aufeinander. Becker hatte 1985 und 1986 gewonnen, Cash holte 1987 den Titel. „Ich habe es im Fernsehen gesehen. Es hat geschmerzt, als Cash gewonnen hatte", sagte Becker, der im Vorjahr in der zweiten Runde sensationell am Australier Peter Doohan gescheitert war.

„Mein Leben hat sich nach diesem Wimbledon geändert. Ich habe begriffen, dass ich ein Mensch bin, der Tennis spielt und dass ich schlagbar bin. In meinem Kopf habe ich gedacht, dass Cash derjenige ist, den ich schlagen muss, um den Titel zurückzubekommen", sagte Becker.

Der Deutsche gewann das Viertelfinale gegen den australischen Titelverteidiger mit 6:4, 6:3, 6:4. „Aber es ist noch nicht zu Ende. Dieses Match hat mir Selbstvertrauen gegeben, aber nicht die Trophäe zurück", meinte Becker nach dem Sieg. Der 20-Jährige verlor schließlich im Finale gegen Stefan Edberg.

30. Juni
1999

Boris Becker beendet in Wimbledon seine Karriere

Zwei Jahre, nachdem er beim Wimbledon-Turnier 1997 nach dem Aus im Viertelfinale gegen Pete Sampras verkündet hatte, dass dies sein letztes Grand-Slam-Match gewesen war, kehrte Boris Becker noch einmal zu seinem Lieblingsturnier zurück. Becker erreichte das Achtelfinale, nachdem er in der ersten Runde gegen den unbekannten Miles MacLagan drei Matchbälle abgewehrt hatte.

Im Achtelfinale traf der Deutsche auf Patrick Rafter. Gegen den Australier war Becker chancenlos – 3:6, 2:6, 3:6. Nach der Niederlage wurde Becker mit stehenden Ovationen aus „seinem Wohnzimmer" verabschiedet, wie er Wimbledon stets nannte.

Der 31-Jährige ging mit einer Wimbledon-Bilanz von 71:12 in Rente. „Es war eine tolle Liebesaffäre wie nirgendwo anders in der Welt", sagte Becker. Zwei Jahre später spielte der Deutsche noch ein offizielles Profimatch beim ATP-Turnier in Cincinnati an der Seite von Goran Ivanisevic im Doppel, das klar verloren ging.

Becker gewann in seiner Karriere insgesamt 49 ATP-Titel im Einzel, darunter sechs Grand-Slam-Turniere, siegte mit Deutschland 1988 und 1989 im Davis Cup, errang mit seinem Erzrivalen Michael Stich 1992 die Goldmedaille im Doppel bei den Olympischen Spielen in Barcelona und führte die Weltrangliste für insgesamt zwölf Wochen an. Mit seiner Art, Tennis zu spielen, löste Becker einen riesigen Tennisboom in Deutschland aus. „Nur wer sich selbst das Letzte an Leistung abverlangt, wird über den Durchschnitt hinauskommen", sagte der Deutsche.

Juli: Der Heilige Rasen

1. Juli
1995
Jeff Tarango wirft in Wimbledon Schiedsrichter Bestechung vor

In der Regel geht es in Wimbledon ziemlich vornehm zu. Die Spieler halten sich mit Ausrastern und Wutausbrüchen zurück. Nicht so Jeff Tarango, der beim Wimbledon-Turnier 1995 das Gesprächsthema Nummer eins war. Der US-Amerikaner disqualifizierte sich in der dritten Runde gegen den Deutschen Alexander Mronz selbst, indem er wütend den Platz verließ – ein Novum in der Grand-Slam-Geschichte.

Was war passiert? Tarango schlug bei 6:7, 1:2-Rückstand ein Ass. Doch Schiedsrichter Bruno Rebeuh ließ den Ballwechsel aufgrund eines Ausrufs des Linienrichters wiederholen. Die wütenden Proteste des US-Amerikaners halfen nicht weiter. Als es wieder weitergehen sollte, rief Tarango nach Beschwerden aus dem Publikum über Spielverzögerung ein „Haltet den Mund" den Zuschauern zu.

Rebeuh verwarnte daraufhin Tarango, der nun vollends seine Fassung verlor. Der US-Amerikaner verlangte nach dem Oberschiedsrichter, um seine Beschwerde loszulassen. Als dieser die Entscheidung nicht rückgängig machte und Tarangos Forderung nach einem Austausch des Schiedsrichters zurückwies, beschuldigte Tarango Rebeuh als „korruptesten Offiziellen im Spiel".

Tarango kassierte die zweite Verwarnung und einen Punktverlust, was gleichzeitig den Spielgewinn für Mronz bedeutete. Der US-Amerikaner packte daraufhin seine Tasche, verließ wutentbrannt den Platz und disqualifizierte sich damit selbst. Anschließend ging die Geschichte noch weiter, als Tarangos Frau Schiedsrichter Rebeuh auf dem Weg in die Katakomben zwei Ohrfeigen verpasste.

„Der Typ hat eine Lektion verdient. Er kann alles machen, was er will, weil er auf dem Stuhl sitzt. Die Spieler haben keine Chance, sich zu verteidigen", rechtfertigte Benedicte Tarango ihre Ohrfeigen auf der Pressekonferenz. Tarango wiederholte dort ebenfalls seine Bestechungsvorwürfe gegenüber Rebeuh.

Der US-Amerikaner wurde von der ITF zunächst zu einer Strafe von 63.000 US-Dollar und einem zweijährigen Ausschluss bei Grand-Slam-Turnieren verurteilt. Kurz darauf verringerte die ITF das Strafgeld auf 20.000 US-Dollar und Tarango wurde nur für das Wimbledon-Turnier 1996 ausgeschlossen. Der US-Amerikaner lernte aus diesem Vorfall und blieb bis zu seinem Karriereende 2003 ohne größere Ausraster.

2. Juli
1988
Steffi Graf gewinnt mit kaputtem Schläger zum ersten Mal in Wimbledon

In Wimbledon war Martina Navratilova die uneingeschränkte Herrscherin. Die US-Amerikanerin griff nach ihrem neunten Wimbledon-Titel, den siebten in Serie. 1988 kam es im Endspiel zur Neuauflage des Vorjahresfinals gegen Steffi Graf. Die Deutsche führte im ersten Satz mit 4:2 und interpretierte ein Zeichen ihres Vaters, der auf der Tribüne saß, falsch. Sie schlug in der Folge ihren ersten Aufschlag wie einen zweiten und spielte damit Navratilova mit ihrem Offensivtennis in die Karten.

Die US-Amerikanerin sicherte sich den ersten Satz mit 7:5 und führte auch im zweiten Satz mit 2:0, ehe Graf in ihrer letzten Hoffnung einen Schlägerwechsel durchführte. „Was ich erzähle, klingt wie ein Märchen, aber es ist wahr. Ich nahm nämlich einen kaputten Schläger. Seit Wochen schon war da ein merkwürdiges Rascheln oben im Schlägerkopf. Splitter im Hohlraum, von einem Schlag auf dem Boden wahrscheinlich. Ich wusste nicht, warum ich diesen Schläger nahm. Einfach so. Die letzte Hoffnung", schrieb Graf nach dem Finale in ihrer *Bild*-Kolumne.

Und es funktionierte tatsächlich. Graf spielte fortan wie aus einem Guss, überließ Navratilova nur noch ein einziges Spiel und gewann mit 5:7, 6:2, 6:1. „Ich habe gute Volleys getroffen. Ich habe gute Bälle getroffen, die andere Leute nicht bekommen hätten, und dann hat sie Winner geschlagen. Ich bin heute nicht dem Druck unterlegen gewesen. Ich war gegen eine bessere Spielerin unterlegen. Ich habe dennoch verdammt gut gespielt heute, aber sie hat überall Winner geschlagen", erklärte Navratilova nach der Niederlage.

„Der Sieg bedeutet mir noch mehr als der erste Erfolg bei einem Grand-Slam-Turnier im vorigen Jahr in Paris. Ich hätte nicht gedacht, dass man sich noch mehr freuen kann", strahlte Graf.

3. Juli
1993
Steffi Graf gewinnt tränenreiches Wimbledon-Finale gegen Jana Novotna

Ein tränenreiches Finale erlebten die Zuschauer im Jahr 1993, beim 100. Damenfinale in der Turniergeschichte. Jana Novotna war todtraurig, als sie den Wimbledon-Sieg verspielte und das Endspiel gegen Steffi Graf verlor. Die Deutsche siegte mit 7:6 (8;6), 1:6, 6:4. Nach dem verlorenen ersten Satz bestimmte die Tschechin das Spiel und machte zehn der nächsten zwölf Spiele. Novotna führte im dritten Satz mit Doppelbreak 4:1 und hatte bei 40:30 einen Spielball zu einer klaren 5:1-Führung.

Novotna schlug einen Doppelfehler. Ihr Spiel brach anschließend völlig auseinander. Mit drei weiteren Doppelfehlern schenkte sie Graf das Break zum 4:4. Die Deutsche nahm die Geschenke von Novotna an und holte ihren dritten Wimbledon-Titel in Folge.

„Ich war in den ersten Sekunden sehr glücklich über den Sieg. Dann sah ich sie. Ich war dort auch. Alle Spieler sind dort gewesen, ich habe mit ihr mitgefühlt. Wenn du in dieser Weise vorne liegst, mit 4:1 und Aufschlag, bist du in Stellung und musst gewinnen", sagte Graf. Die Herzogin von Kent spendete Novotna bei der Siegerehrung Trost.

„Mache dir keine Sorgen, Jana. Ich weiß, dass du es kannst", sagte die Herzogin zur Verliererin, die daraufhin in Tränen ausbrach und sich entgegen der Etikette in Wimbledon in die Arme der Herzogin fallen ließ.

„Ich habe hier zwei Doppel- und Mixedtitel gewonnen. Deshalb kenne ich die Herzogin etwas. Als sie zu mir kam und sagte: ,Jana, mache dir keine Sorgen, ich glaube, dass du es schaffen wirst. Ich weiß, dass du Wimbledon gewinnen wirst', konnte ich meine Emotionen nicht mehr zurückhalten und habe sie losgelassen", erklärte Novotna.

Die Herzogin von Kent sollte recht behalten. Novotna gewann 1998 im dritten Finalanlauf Wimbledon und nahm die Siegertrophäe von der Herzogin entgegen.

4. Juli
1997

Michael Stich spielt im Wimbledon-Halbfinale sein letztes Karrierematch

Bereits vor dem Wimbledon-Turnier hatte Michael Stich angekündigt, dass nach dem Turnier seine Karriere wegen seiner lädierten Schulter zu Ende sein würde – im Alter von 28 Jahren. Stich spielte auf dem „Heiligen Rasen", wo er 1991 im deutschen Finale gegen Boris Becker den

Titel gewonnen hatte, noch mal groß auf und erreichte als Nummer 88 der Weltrangliste das Halbfinale.

Dort scheiterte der Norddeutsche am Franzosen Cedric Pioline mit 7:6 (7:2), 2:6, 1:6, 7:5, 4:6. „Es war immer mein Wunsch, zum Ende meiner Karriere ein Match zu spielen, von dem ich sagen kann, besser wird's nicht mehr. Fünf Sätze, auf dem Centre Court – und das Match gegen Pioline war einfach so", sagte Stich kurz nach dem Ende seiner Karriere.

Im Rückblick auf sein letztes Match sagte Stich viele Jahre später gegenüber dem Sportportal *spox.com*: „Das Match gegen Pioline hätte ich nicht verlieren müssen. Irgendwie war dieses Match ein Querschnitt meiner Karriere. Sehr gut gespielt, dann ganz, ganz schlecht gespielt, dann wieder herangekämpft und gut gespielt. Im fünften Satz hatte ich gefühlt bestimmt zehn Breakbälle, aber Pioline hat an diesem Tag wahrscheinlich auch eines seiner besten Matches seiner Karriere gespielt. Die Niederlage war umso enttäuschender, weil ich wusste, dass ich im Finale gegen Pete Sampras eine sehr gute Chance gehabt hätte. Pete hat sehr ungern gegen mich gespielt."

5. Juli
1980

Björn Borg und John McEnroe spielen spektakuläres Finale in Wimbledon

Björn Borg und John McEnroe spielten im Wimbledon-Finale 1980 eines der besten Matches der Tennisgeschichte. Zwei Charaktere, wie sie nicht unterschiedlicher sein können. Auf der einen Seite der stille Schwede Borg, der das Temperament eines Eisblocks zu haben schien, auf der anderen Seite der leidenschaftliche McEnroe, der bei jeder sich bietenden Möglichkeit ausflippte. Die Rivalität der beiden wurde aufgrund der unterschiedlichen Persönlichkeiten auch „Feuer und Eis" genannt.

Borg und McEnroe lieferten sich im Endspiel einen packenden Kampf über 3:53 Stunden. Bei 5:4-Führung im vierten Satz hatte Borg bei eigenem Aufschlag bereits zwei Matchbälle. McEnroe wehrte beide ab. Es ging in einen der dramatischsten und spektakulärsten Tiebreaks der Tennisgeschichte. 22 Minuten dauerte der Tiebreak, der auch *The Battle of 18-16* genannt wird.

McEnroe wehrte fünf weitere Matchbälle ab und schaffte den Satzausgleich. Doch der US-Amerikaner konnte den „Iceborg" nicht brechen. Borg sicherte sich seinen fünften Wimbledon-Sieg in Folge. „Das war eines der besten Matches, das ich je gespielt habe und wahrscheinlich mein bestes Match in Wimbledon. Nach dem Verlust des vierten Satzes habe ich gedacht, dass ich das Match verlieren würde. Ich war erschöpft, vor allem, nachdem ich alle diese Matchbälle im vierten Satz vergeben hatte. Aber ich habe nicht aufgegeben", sagte Borg.

McEnroe, der im Folgejahr seine Revanche gegen Borg bekam und sich den Wimbledon-Sieg sicherte, war auch Jahrzehnte danach immer noch stolz, bei diesem denkwürdigen Wimbledon-Finale dabei gewesen zu sein. „Teil dieses Matchs gewesen zu sein, war vielleicht die aufregendste Sache in meiner Karriere. Die Vibrationen und die Anerkennung, die ich von Leuten durch dieses Match bekomme, sind unglaublich", sagte McEnroe.

6. Juli
2008
Roger Federer und Rafael Nadal spielen denkwürdiges Finale in Wimbledon

Das Wimbledon-Finale 2008 zwischen Rafael Nadal und Roger Federer hatte alles, was man sich von einem Tennismatch wünschen kann. Für sehr viele Experten und Fans ist dieses Endspiel das beste Match, das bislang gespielt wurde. Sogar ein umfassendes Buch wurde diesem Match gewidmet. Federer und Nadal standen sich zum dritten Mal in Folge im Wimbledon-Finale gegenüber. 2006 holte Nadal einen Satz, 2007 waren es bereits zwei. 2008 entthronte der Spanier schließlich den fünffachen Wimbledon-Sieger Federer mit 6:4, 6:4, 6:7 (5:7), 6:7 (8:10), 9:7.

Mit 4:48 Stunden Spielzeit ist es das längste Wimbledon-Finale, das bisher gespielt wurde. Dreimal musste das Match wegen Regen unterbrochen werden. Federer ließ sich von den vielen vergebenen Chancen in den ersten beiden Sätzen nicht entmutigen, glich in den Sätzen aus und wehrte dabei im Tiebreak des vierten Satzes zwei Matchbälle ab. Im fünften Satz war der Schweizer bei 5:4-Führung selbst nur zwei Punkte vom Titel entfernt.

Kurz vor Einbruch der Dunkelheit jubelte aber Nadal über seinen ersten Wimbledon-Sieg und beendete gleichzeitig die 65 Siege umfassende Rasen-Erfolgsserie von Federer. „Es ist die schlimmste Niederlage meiner Karriere – bei Weitem. Viel schlechter habe ich mich selten gefühlt", sagte Federer traurig.

„Es ist ein Traum, auf diesem Platz zu spielen, bei meinem Lieblingsturnier. Aber es zu gewinnen, habe ich mir nie ausgemalt", sagte ein strahlender Nadal. „Das ist das beste Match, das ich je gesehen habe", urteilte John McEnroe über den epochalen Showdown zwischen Federer und Nadal.

7. Juli
1985

Boris Becker gewinnt mit 17 Jahren in Wimbledon

Der 7. Juli 1985 war ein Tag, an dem deutsche und internationale Sportgeschichte geschrieben wurde. Boris Becker gewann mit 17 Jahren und 227 Tagen in Wimbledon und wurde der jüngste Wimbledon-Sieger, der erste ungesetzte Sieger auf dem „Heiligen Rasen" und der bis dato jüngste Grand-Slam-Champion. Ein neuer Sportheld war geboren.

Für die Fernsehzuschauer war es jedoch teilweise schwer, das Spiel zu verfolgen. Zu dem Zeitpunkt wurde noch mit weißen Tennisbällen gespielt, die im Fernsehen nicht so gut zu erkennen waren. Kurz danach wurden auf Wunsch der Fernsehsender gelbe Tennisbälle eingeführt, die eine bessere Leuchtkraft hatten. Das Finale zwischen Becker und Kevin Curren war somit das letzte Match in Wimbledon, das mit weißen Bällen gespielt wurde.

Die Vorentscheidung fiel im dritten Satz, als Becker ein Break von Curren sofort egalisieren und den Tiebreak für sich entscheiden konnte. Nach dem verwandelten Matchball zum 6:3, 6:7 (4:7), 7:6 (7:3), 6:4 folgten die Siegerfaust und der Jubelschrei von Becker.

„Ich bin der erste Deutsche, und ich denke, dass es Tennis in Deutschland verändern wird. Sie hatten niemals ein Idol, und nun haben sie vielleicht eines." Becker behielt recht und löste einen sagenhaften Tennisboom in Deutschland aus.

Das Leben des 17-jährigen Leimeners sollte sich fortan für immer verändern: Deutschland hatte wieder einen Sporthelden, dessen Werdegang die Menschen auch noch nach mehr als 35 Jahren nach seinem ersten Wimbledon-Sieg fasziniert.

8. Juli
1995
Steffi Graf gewinnt Finalschlacht in Wimbledon gegen Arantxa Sanchez Vicario

Zum 14. Mal in Folge standen sich Steffi Graf und Arantxa Sanchez Vicario in Wimbledon im Finale eines Turniers gegenüber. Das Endspiel entwickelte sich zu einem der hochklassigsten Endspiele in der Damenkonkurrenz in Wimbledon. Graf setzte sich mit 4:6, 6:1, 7:5 durch und gewann ihren sechsten Titel auf dem „Heiligen Rasen".

Die Entscheidung fiel bei 5:5 im dritten Satz, als Graf die Spanierin in einem spektakulären 20-minütigen Aufschlagspiel, das 13-mal über

Einstand ging, breaken konnte und anschließend sicher zum Wimbledon-Sieg ausservierte. „Das hat das beste Tennis in uns beiden produziert. Keiner von uns hat schlechte Punkte gespielt, keiner hat aufgegeben. Es gab richtig tolles Tennis", sagte Graf über eines der hochklassigsten Aufschlagspiele der Tennisgeschichte.

Während des Seitenwechsels erhielten beide Spielerinnen stehende Ovationen. „Das ist in meiner Karriere noch nie passiert. Das hat mir noch nie so viel bedeutet bei solch einem Spielstand", sagte Graf, die im Finale mit starken Rückenschmerzen zu kämpfen hatte und vor dem Match mit Nadeln behandelt wurde. „Ich hasse Nadeln. Es war keine angenehme Vorbereitung, die gemacht werden musste" sagte Graf.

9. Juli
1989

Boris Becker und Steffi Graf sorgen für den größten Tag im deutschen Tennis

Zwei deutsche Wimbledon-Sieger am gleichen Tag, innerhalb von drei Stunden. Der 9. Juli 1989 ging in die Geschichtsbücher als der größte Tag im deutschen Tennis ein. Wegen Regen konnte das Damenfinale erst am Sonntag gespielt werden. Steffi Graf und Martina Navratilova machten die Wimbledon-Siegerin im dritten Jahr in Folge unter sich aus. Graf setzte sich mit 6:2, 6:7 (1:7), 6:1 durch und verteidigte ihren Titel auf dem „Heiligen Rasen".

Direkt im Anschluss kam es ebenfalls zu einer Neuauflage des Vorjahresfinals. Boris Becker traf auf Stefan Edberg und spielte eines seiner besten Rasenmatches. Am Ende hieß es 6:0, 7:6 (7:1), 6:4 für Becker. Fünf Minuten nach dem Matchball setzte der Londoner Regen wieder ein und hätte das deutsche Wimbledon-Märchen beinahe verhindert.

„Wenn man als Spieler mittendrin ist, bekommt man die Bedeutung nicht mit, wie unglaublich dieser Tag für das deutsche Tennis war. Man schaute damals zunächst einmal auf sich. In dem Moment glaubt man, dass es nur alle paar Jahre vorkommt, dass ein Deutscher im Herreneinzel und eine Deutsche im Dameneinzel gewinnt. Das weiß man erst im Nachhinein einzuschätzen, als in jenem Moment", erklärte Becker 25 Jahre später nach dem größten Tag im deutschen Tennis.

10. Juli
1978
Martina Navratilova wird erstmals Nummer eins der Welt

Viel schöner kann man den Tennisthron nicht besteigen. Mit dem Turniersieg in Wimbledon, ihrem ersten Grand-Slam-Titel, wurde Martina Navratilova erstmals die Nummer eins in der Weltrangliste der Damen. Die gebürtige Tschechoslowakin löste ihre Finalgegnerin Chris Evert von der Spitze ab, die zuvor die Führung in der Weltrangliste insgesamt 113 Wochen in Folge innehatte.

Navratilova und Evert wechselten sich in den nächsten Jahren ständig als Nummer eins der Welt ab. Navratilova führte die Weltrangliste in ihrer Karriere insgesamt 332 Wochen an. Nur Steffi Graf kann mehr Wochen vorweisen.

11. Juli
2004
Steffi Graf wird in die Hall of Fame aufgenommen

Fünf Jahre nach ihrem Karriereende wurde Steffi Graf als zweite deutsche Spielerin nach Hilde Krahwinkel-Sperling in die *Hall of Fame*, die Ruhmeshalle des Tennissports, aufgenommen. Die Laudatio für Graf hielt ihr Ehemann Andre Agassi.

„Ich versuche, Worte zu finden, die es wert sind, die Person einzuführen, die mein Leben verändert hat – Stefanie. Ich bemerkte, dass diese Worte erst erfunden werden müssen, die groß, anschaulich und wahr genug sind, um das Herz und die Seele der Frau, die ich liebe, auszudrücken. Du hast viele Jahre deines Lebens dem Wettkampf gewidmet. Aber genau hier, wo wir stehen, in den Ohren unserer Kinder und in meinem Herzen, hast du keine Rivalen. Meine Damen und Herren, ich stelle ihnen die tollste Person, die ich je gekannt habe, vor", sagte Agassi und rührte damit seine Frau zu Tränen.

„Tennis war eine Reise, und der beste Teil dieser Reise war, dass sie zu dir führte. Ich werde für immer dankbar dafür sein", sagte Graf.

12. Juli
2003

Boris Becker wird in die Hall of Fame aufgenommen

Als dritter Deutscher nach Gottfried von Cramm und Hans Nüsslein, und ein Jahr vor Steffi Graf, wurde Boris Becker in die *Hall of Fame*, die Ruhmeshalle des Tennissports, aufgenommen. Die Einführungsrede hielt Beckers langjähriger Manager Ion Tiriac, der eine schöne Anekdote erzählte.

„Er schaute mehr wie ein Sumoringer aus als wie ein Tenniskämpfer. Und er würde nicht seine Beine bewegen. Ich habe ihm gesagt: ‚Sohn, deine Beine bewegen sich nicht.' Er sagte: ‚Ich brauche nicht meine Beine zu bewegen. Ich schlage den Ball so hart, dass der Ball nicht zurückkommt. Warum muss ich mich bewegen?' Es gab nie einen langweiligen Moment mit ihm", sagte Tiriac. „Tennis war immer mein Hobby und meine Leidenschaft. Es einen Job zu nennen in meinem späteren Leben, hätte ich mir als kleiner Junge nie vorstellen können", sagte Becker in seiner Aufnahmerede.

13. Juli
2019
Simona Halep verdirbt Serena Williams den Grand-Slam-Rekord

Serena Williams hatte in Wimbledon ihre dritte Chance, den Grand-Slam-Titelrekord von Margaret Court mit insgesamt 24 Erfolgen im Einzel einzustellen. Doch im Finale in Wimbledon wurde Williams von einer blendend spielenden Simona Halep vom Platz gefegt. Die Rumänin gewann das Endspiel nach nur 55 Minuten mit 6:2, 6:2.

„Das war das beste Match, das ich jemals gespielt habe", sagte Halep, die sich zur ersten Wimbledon-Siegerin aus Rumänien krönte. Nach ihrem Triumph wurde Halep im Nationalstadion von Bukarest von mehr als 30.000 Fans gefeiert.

14. Juli
2018
Angelique Kerber gewinnt Titel in Wimbledon

Als erste Deutsche nach Steffi Graf im Jahr 1996 holte Angelique Kerber den Titel in Wimbledon. Zwei Jahre zuvor hatte Kerber auf dem „Heiligen Rasen" im Endspiel gegen Serena Williams verloren. Nun schlug die Stunde der 30-Jährigen, die erfolgreich Revanche an Williams nahm und das Finale mit 6:3, 6:3 für sich entschied.

„Seit ich ein Kind bin, wollte ich Wimbledon gewinnen. Ich bin überglücklich. Ein Traum ist heute wahr geworden. Ich habe jede Sekunde in den letzten zwei Wochen genossen", sagte Kerber. Nach den Australian Open 2016 und den US Open 2016 war es der dritte Titelgewinn der Deutschen bei einem Grand-Slam-Turnier.

15. Juli
2018
Novak Djokovic meldet sich mit Wimbledon-Titel zurück in der Weltspitze

Für Novak Djokovic wurde das Wimbledon-Turnier 2018 zum Wendepunkt in seiner Karriere. Er ging nach einer bislang durchwachsenen Saison als Nummer 21 der Weltrangliste ins Turnier. Der Serbe strafte alle Zweifler Lügen und gewann seinen vierten Titel in Wimbledon.

Auf dem Weg ins Finale hatte Djokovic im Halbfinale Rafael Nadal nach 5:14 Stunden mit 6:4, 3:6, 7:6 (11:9), 3:6, 10:8 niedergerungen. Im Endspiel besiegte er den Südafrikaner Kevin Anderson mit 6:2, 6:2, 7:6 (7:3). „Es gibt keinen besseren Ort für ein Comeback als hier. Das ist ein heiliger Ort in der Welt des Tennis. Es war ein langer Prozess. Die letzten Jahre waren nicht einfach. Ich hatte viele Momente des Zweifels, wusste nicht, ob ich zurückkommen werde", sagte Djokovic.

Ein Jahr später verteidigte er seinen Wimbledon-Titel mit einem denkwürdigen Finalsieg gegen Roger Federer, als er zwei Matchbälle abwehren konnte.

16. Juli
2017
Roger Federer wird zum alleinigen Rekordsieger in Wimbledon

Roger Federer und Wimbledon entwickelte sich zu einer einzigartigen Liebesbeziehung. Der Schweizer siegte 2017 zum achten Mal beim prestigeträchtigsten Grand-Slam-Turnier.

Federer setzte sich im Finale gegen den Kroaten Marin Cilic mit 6:3, 6:1, 6:4 durch. „Das ist magisch. Fast schon zu viel. Ich wusste nach dem letzten Jahr überhaupt nicht, ob ich hier noch einmal ins Finale kommen kann. Aber ich habe immer daran geglaubt und immer geträumt", sagte Federer, der zum alleinigen Rekordsieger der Herren in Wimbledon avancierte.

Zwei Jahre später erreichte der Schweizer ein weiteres Mal das Finale und war ganz kurz davor, den neunten Titel zu gewinnen. Trotz zweier Matchbälle bei eigenem Aufschlag verlor Federer das denkwürdige Finale gegen Novak Djokovic.

17. Juli
1993
Deutschland gewinnt Davis-Cup-Viertelfinale auf Rasen gegen die Tschechoslowakei

Das Davis-Cup-Viertelfinale zwischen Deutschland und der Tschechoslowakei wurde zum Novum. Denn zum ersten Mal fand in Europa eine Davis-Cup-Partie auf Rasen statt. Gespielt wurde in Halle/Westfalen. Für das deutsche Team wurde es zu einer glanzvollen Premiere.

Nachdem am ersten Tag Marc-Kevin Goellner (6:4, 6:7 (5:7), 6:1, 7:6 (7:3) gegen Petr Korda und Michael Stich (6:3, 7:5, 3:6, 6:7 (4:7), 7:5) gegen Karel Novacek ihre Einzel gewonnen hatten, machte das Doppel Stich/Patrik Kühnen alles klar. Die beiden Deutschen siegten gegen Korda/Cyril Suk mit 6:7 (6:8), 6:4, 7:6 (7:3), 6:4 und führten ihr Team ins Halbfinale.

Deutschland gewann schließlich in jenem Jahr zum dritten und bislang letzten Mal den Titel im Davis Cup.

18. Juli
2004
Tommy Haas gewinnt deutsches Finale in Los Angeles gegen Nicolas Kiefer

Darauf musste Deutschland zehn Jahre warten. Ein deutsches Finale auf der ATP-Tour hatte es zuletzt 1994 gegeben. Beim ATP-Turnier in Los Angeles standen sich Tommy Haas und Nicolas Kiefer gegenüber. Haas setzte sich gegen seinen Landsmann mit 7:6 (8:6), 6:4 durch.

„Es gibt kein schöneres Gefühl im Tennis, als ein großes Turnier zu gewinnen. Ich bin nicht nur von mir selbst überrascht, sondern vor allem auch sehr, sehr glücklich", freute sich Haas, der auf dem Weg ins Endspiel auch den US-Amerikaner Andre Agassi besiegt hatte.

„Ich wollte endlich einen Turniersieg in den USA schaffen, und es hat auch nicht viel dazu gefehlt. Es war ein ganz enges Match. Zwei, drei Punkte haben entschieden. Ich hoffe, dass es nun beim nächsten Mal klappt", sagte Kiefer über die Niederlage, bei der er im ersten Satz mit Break und im Tiebreak mit 5:1 führte.

„Es war hart und sehr knapp, aber einer von uns beiden musste ja verlieren. Das Ergebnis hätte auch andersherum lauten können", sagte Haas. Die beiden Deutschen spielten insgesamt fünfmal gegeneinander. Die direkte Bilanz gewann Kiefer mit 3:2.

19. Juli
1992
Deutschland gewinnt in Frankfurt den Fed Cup

Zum ersten Mal in der Geschichte des Fed Cups wurde das Finalturnier in Deutschland ausgetragen. In Frankfurt spielten 32 Teams sieben Tage lang auf Sand um den Titel. Im Finale stand sich das deutsche Fed-Cup-Team und Spanien gegenüber. Für Deutschland war es die sechste Endspielteilnahme im Fed Cup.

Mit Steffi Graf und Anke Huber in den Einzeln qualifizierte sich das deutsche Team mit vier ungefährdeten Siegen für das Finale. Dort brachte Huber ihr Team mit einem 6:3, 6:7 (0:7), 6:1 gegen Conchita Martinez in Führung. Graf besiegte im Anschluss Arantxa Sanchez Vicario mit 6:4, 6:2 und sicherte Deutschland den zweiten Fed-Cup-Titel nach 1987. Es war bis heute der letzte Titelgewinn eines deutschen Teams in diesem prestigeträchtigen Mannschaftswettbewerb.

20. Juli
1974
Deutschland träumt vom Einzug ins Davis-Cup-Finale

Zum zweiten Mal in Folge standen sich Deutschland und die damalige Tschechoslowakei im Halbfinale im Davis Cup gegenüber. Nachdem das deutsche Team im Jahr zuvor in Prag mit 2:3 verloren hatte, fand das Halbfinale diesmal in München statt. Die deutsche Davis-Cup-Mannschaft wollte zum zweiten Mal nach 1970 den Einzug ins Finale im wichtigsten Mannschaftswettbewerb schaffen. Und die Aussichten standen gut.

Am Eröffnungstag glich Karl Meiler mit einem dramatischen Fünfsatzsieg gegen Jiri Hrebec (6:3, 1:6, 2:6, 13:11, 6:4) zum 1:1 aus. Am zweiten Tag brachte das deutsche Doppel um Jürgen Fassbender und Hans-Jürgen Pohmann mit einem brillanten Match ihr Team mit 2:1 in Führung. Fassbender/Pohmann fegten Jan Kodes und Vladimir Zednik mit 6:4, 6:0, 6:2 vom Platz. Der Einzug ins Davis-Cup-Finale war zum Greifen nah.

Doch der Traum vom Endspiel platzte wie im Vorjahr am Schlusstag. Zunächst verlor Meiler glatt in drei Sätzen gegen Kodes. Im entscheidenden Einzel unterlag Pohmann gegen Hrebec in vier Sätzen.

21. Juli
1991
Michael Stich feiert in Stuttgart ersten Titel in Deutschland

Genau zwei Wochen nach seinem Wimbledon-Sieg im Finale gegen Boris Becker stand Michael Stich zum ersten Mal im Endspiel bei einem deutschen Turnier – beim ATP-Sandplatzturnier in Stuttgart. Der 22-Jährige holte seinen ersten Titel in Deutschland sowie auf Sand, indem er das Finale gegen den argentinischen Sandplatzspezialisten Alberto Mancini mit 1:6, 7:6 (11:9), 6:4, 6:2 gewann.

Stich glänzte auf deutschem Boden und gewann alle sieben möglichen Turniere. Insgesamt erreichte er 14-mal das Finale bei einem Heimturnier. Das Turnier in Stuttgart endete jedoch mit einer Schocknachricht für Stich. Seine damalige Freundin Kirsten Müller hatte sich bei einem schweren Verkehrsunfall in Berlin einen mehrfachen Beckenbruch zugezogen. Der Deutsche reiste umgehend aus Stuttgart ab, um seiner Freundin am Krankenbett beizustehen.

22. Juli
1989
Boris Becker gelingt erfolgreiche Doppelschicht im Davis Cup gegen die USA

Eine erfolgreiche Doppelschicht gelang Boris Becker im Davis-Cup-Halbfinale in München gegen die USA. Am Tag zuvor verhinderte der 21-Jährige einen 0:2-Rückstand seines Teams.

Becker lag gegen Andre Agassi mit 0:2 in den Sätzen zurück. Der US-Amerikaner servierte bei 6:5 sogar zum Matchgewinn. Doch Becker holte sich den dritten Satz. Die Fortsetzung der Partie wurde wegen der späten Uhrzeit auf den morgigen Tag verschoben. Dort brillierte Becker und glich mit einem 6:7 (4:7), 6:7 (5:7), 7:6 (7:4), 6:3, 6:4 gegen Agassi zum 1:1 aus. Nach nur 45 Minuten Pause kehrte Becker auf den Platz zurück, um mit Eric Jelen im Doppel gegen das im Davis Cup noch ungeschlagene Weltklasse-Duo Ken Flach und Robert Seguso anzutreten.

Becker/Jelen siegten mit 3:6, 7:6 (7:5), 6:4, 7:6 (7:3) und brachten Deutschland mit 2:1 in Führung. „Das war eines der größten Matches, das ich je gesehen habe", sagte Jelen über den vorangegangenen Sieg von Becker gegen Agassi. Der US-Amerikaner gestand nach der Niederlage: „Ich habe dieses Match nicht verloren. Boris hat es gewonnen."

23. Juli
1989
Carl-Uwe Steeb bringt Deutschland mit Sieg gegen Andre Agassi ins Davis-Cup-Finale

Das deutsche Davis-Cup-Team ging als Titelverteidiger im Halbfinale in München gegen die USA mit einer 2:1-Führung in den Schlusstag. Dort sorgte Carl-Uwe Steeb für die Entscheidung, indem er den Spitzenspieler der USA, Andre Agassi, mit 3:6, 6:4, 6:4, 6:4 besiegte.

Bei 3:2-Führung im zweiten Satz hatte Agassi in Richtung seiner Box getönt: „Schaut euch das an. Ich werde ihn nun breaken." Stattdessen brachte Steeb sein Aufschlagspiel durch und fand in die Erfolgsspur.

Agassi hatte nach dem ersten Duell gegen Steeb wenige Monate vorher in Miami nach einer klaren Niederlage gesagt: „Ich kannte den Kerl nicht mal, wusste nicht, ob er Linkshänder oder Rechtshänder ist." Dabei war Steeb zu diesem Zeitpunkt dank seines Sieges gegen den Weltranglistenersten Mats Wilander im Davis-Cup-Finale 1988 längst kein unbeschriebenes Blatt mehr.

Nach seinem Sieg reagierte Steeb auf die Aussagen von Agassi. „Man macht sich nicht über seinen Gegner lustig. Die beste Antwort ist, ihn zu besiegen. Man hat gesehen, dass er ein Spieler ist, der nicht zurückkommt, wenn er hinten liegt", sagte Steeb nach dem erneuten Einzug Deutschlands ins Davis-Cup-Finale.

24. Juli
1987

Boris Becker gewinnt Davis-Cup-Schlacht in Hartford gegen John McEnroe

Es ging ums nackte Überleben in der Weltgruppe im Davis Cup, als sich im Jahr 1987 die USA und Deutschland in der Relegation gegenüberstanden. Die gesamte Partie, vor allem das zweite Einzel zwischen John McEnroe und Boris Becker, ging in die Annalen als „die Schlacht von Hartford" ein. Becker blieb im Hexenkessel von Hartford ruhig, ließ sich von den Psychospielchen von McEnroe nicht einschüchtern und rang den US-Amerikaner nach epischen 6:21 Stunden nieder – 4:6, 15:13, 8:10, 6:2, 6:2.

Schaut man auf das Ergebnis der Sätze vier und fünf, kann man sich vorstellen, dass dieses Match noch weitaus länger hätte gehen können. Wobei natürlich auch dazu gesagt werden muss, dass es 1987 noch keinen Tiebreak im Davis Cup gab.

Dieser wurde erst 1989 in diesem Wettbewerb eingeführt. Becker und McEnroe brauchten knapp fünf Stunden für drei Sätze. Die Sätze vier und fünf gingen schließlich recht zügig an Becker, der an diesem Davis-Cup-Wochenende zum deutschen Helden avancierte. Für Becker ist es „das größte Match, das ich je gespielt habe".

Freundliche Worte für McEnroe fand er aber nicht. „Ich bewundere ihn als Tennisspieler, aber er tut mir als Mensch leid. Er wird genau wissen, warum." Becker gab später zu bedenken, dass es „ein Krieg war". McEnroe war nach der Niederlage geknickt.

„Ich hatte nicht mehr viel übrig. Ich habe alles gegeben, was ich konnte. Es war schön, Teil eines großen Matchs gewesen zu sein. Ich wünschte nur, das Ergebnis wäre anders." Deutschland blieb durch den 3:2-Sieg in Hartford erstklassig und legte damit den Grundstein für den ersten Davis-Cup-Titel im Jahr 1988.

25. Juli
1982
Deutschland verliert Fed-Cup-Finale gegen die USA

Zum dritten Mal nach 1966 und 1970 stand Deutschland im Finale des Fed Cups. Das deutsche Team um Claudia Kohde-Kilsch, Bettina Bunge und Eva Pfaff hatte sich beim Finalturnier in Santa Clara (USA) mit vier 3:0-Siegen für das Endspiel qualifiziert. Dort ging es gegen die Gastgeberinnen, die mit Martina Navratilova und Chris Evert als haushohe Favoritinnen ins Finale gingen.

Das deutsche Team durfte kurz von der Sensation und dem ersten Fed-Cup-Titel träumen, als Kohde-Kilsch im Eröffnungseinzel gegen Evert den ersten Satz mit 6:2 gewinnen konnte. Die US-Amerikanerin setzte sich letztendlich mit 2:6, 6:1, 6:3 durch. Navratilova, die bei diesem Finalturnier zum ersten Mal für die USA spielte, besiegte anschließend Bunge mit 6:4, 6:4 und bescherte ihrem Team den siebten Fed-Cup-Titel in Folge.

Auch ein Jahr später erreichte das deutsche Team mit dem gleichen Trio beim Finalturnier in Zürich das Endspiel. Und auch im vierten Anlauf wurde es nichts mit dem deutschen Premierensieg im Fed Cup.

26. Juli
1999
Patrick Rafter wird kürzeste Nummer eins der Welt

So etwas hat es im Tennis noch nie gegeben. Patrick Rafter wurde zum ersten Mal die Nummer eins im ATP-Ranking und löste Andre Agassi an der Spitze ab. Der Australier hatte die Weltranglistenführung allerdings nur für eine Woche inne. Rafter wurde die Nummer eins, da bei Agassi die Punkte aus dem Turniersieg in Washington im Vorjahr aus der Wertung fielen und das Turnier in jenem Jahr erst einige Wochen später stattfand. So wurde Rafter ohne zu spielen die Nummer eins der Welt.

Und der Australier wurde eine Woche später als Weltranglistenerster wieder abgelöst, ohne dass er je ein Match als Nummer eins bestreiten konnte. Pete Sampras stürzte Rafter mit dem Finalsieg gegen Agassi in Los Angeles vom Thron.

„Ich scherzte immer mit Spielern ein wenig. Sie sagten zu mir: ‚Glückwunsch, Kumpel, du hast es auf Platz eins geschafft.' Ich sagte: ‚Ja, eine Woche.' Sie sagten: ‚Immerhin hast du es verdammt noch mal geschafft'", kommentierte Rafter, als er wenig später auf seinen Kurzeinsatz als Nummer eins der Welt angesprochen wurde.

27. Juli
2008
Nicolas Kiefer verpasst in Toronto größten Karrieretitel

Nicolas Kiefer erreichte beim Masters-Turnier in Toronto nach einer Traumwoche sein 19. Finale auf der ATP-Tour. Der Deutsche wollte unbedingt seinen Endspielfluch nach neun verlorenen Finals am Stück brechen. Allerdings stand ihm Rafael Nadal gegenüber, der 28 Matches in Folge gewonnen hatte.

Kiefer war, nachdem er am Tag zuvor im Halbfinale drei Stunden gespielt hatte, schließlich chancenlos gegen Nadal, verlor mit 3:6, 2:6 und verpasste seinen größten Karrieretitel. „Es war eine sehr erfolgreiche Woche. Ich habe gutes Tennis gespielt. Ich muss die ganze Turnierwoche sehen. Er hat unglaubliches Tennis gespielt. Das muss man anerkennen", sagte Kiefer. Für den Deutschen blieb es die letzte Finalteilnahme in seiner Karriere.

28. Juli
2019
Cedrik-Marcel Stebe verpasst Sensationstitel in Gstaad

Dieser Finaleinzug kam völlig aus dem Nichts. Cedrik-Marcel Stebe ging als Nummer 455 der Welt in das ATP-Turnier in Gstaad. Der 28-jährige Deutsche konnte beim Sandplatzturnier in der Schweiz nur aufgrund seiner geschützten Ranglistenposition nach einer langen Verletzungspause im Hauptfeld teilnehmen.

Stebe hatte im Jahresverlauf bis zu diesem Turnier nur zwei Matches bei einem kleinen Turnier gewinnen können. In Gstaad platzte der Knoten für den Deutschen, der sensationell in sein erstes ATP-Endspiel vorstieß und der in der Weltrangliste am niedrigsten platzierte Finalist seit zehn Jahren wurde. Der Traum vom Sensationstitel platzte jedoch.

Stebe war im Finale gegen den Spanier Albert Ramos-Vinolas beim 3:6, 2:6 chancenlos, nachdem er am Vortag wegen vieler Regenunterbrechungen sein Viertelfinale und Halbfinale nacheinander bestreiten musste. „Die Bedingungen heute waren schwer. Es war eine unglaubliche Woche für mich in Gstaad. Ich habe sehr gutes Tennis gespielt. Natürlich war es nicht einfach, gestern zwei Matches gespielt zu haben. Ich habe heute alles gegeben, aber es war nicht genug. So ist Tennis", sagte Stebe.

29. Juli 2014
Sabine Lisicki schlägt schnellsten Aufschlag im Damentennis

Sabine Lisicki schlug sich beim WTA-Turnier in Stanford in die Geschichtsbücher, indem sie den schnellsten je gemessenen Aufschlag im Damentennis servierte. Lisicki schlug im Match gegen Ana Ivanovic mit 131 Meilen pro Stunde, das sind ca. 211 km/h, auf und machte mit ihrem krachenden Aufschlag den Punkt zu einer 6:5-Führung.

Die Deutsche verlor das Match mit 6:7 (2:7), 1:6, freute sich aber über den Weltrekord, der auch einen Eintrag ins *Guinness-Buch der Rekorde* fand. Inoffiziell hielt Lisicki den Rekord für den schnellsten je gemessenen Aufschlag im Damentennis bereits seit ein paar Jahren. Die Deutsche schlug 2009 beim Commonwealth Cup auf Bali mit 210 km/h auf. Doch der Rekord wurde aufgrund eines technischen Fehlers nicht anerkannt.

Mittlerweile wurde Lisickis Aufschlagrekord allerdings zweimal verbessert.

30. Juli 2017
Florian Mayer verliert Finale am Hamburger Rothenbaum

Die Sehnsucht nach einem deutschen Titelträger am Hamburger Rothenbaum ist riesengroß. Seitdem Michael Stich im Jahr 1993 das Traditionsturnier gewonnen hatte, wartet das deutsche Publikum auf einen einheimischen Turniersieger. Florian Mayer schaffte als zweiter Deutscher nach Tommy Haas im Jahr 2012 den Einzug ins Finale, in dem es zu einem besonderen Duell kam.

Der 33-Jährige traf auf seinen Namensvetter Leonardo Mayer aus Argentinien. Der Deutsche Mayer unterlag dem drei Jahre jüngeren argentinischen Mayer mit 4:6, 6:4, 3:6. „Ich kann mir nicht viel vorwerfen, ich bin immer drangeblieben. Ich bin stolz auf meine Leistung. Das Finale hier zu erreichen, war schon unglaublich", kommentierte der Bayreuther seine Niederlage.

Kurios: Der Argentinier rückte nach der Niederlage im Qualifikationsfinale erst als Lucky Loser ins Hauptfeld und gewann seinen zweiten Titel auf der ATP-Tour. Seinen ersten hatte er drei Jahre zuvor ebenfalls in Hamburg geholt.

31. Juli
1988
Steffi Graf verteidigt Titel am Hamburger Rothenbaum

Bis zum Jahr 2002 fand ein WTA-Turnier am Hamburger Rothenbaum statt. Steffi Graf drückte dem Sandplatzturnier ihren Stempel deutlich auf. Im Jahr 1988 verteidigte die Deutsche ihren Titel. Wie schon im Vorjahr blieb Graf auf dem Weg zum Titel ohne Satzverlust. Im Endspiel besiegte die 19-Jährige die Bulgarin Katerina Maleeva mit 6:4, 6:2 und stelle ihre Jahresbilanz auf 50:2. Graf holte zwischen 1987 und 1992 sechsmal den Titel in Hamburg. 1993 und 1994 verlor sie im Finale.

August: Goldige Momente

1. August
1992
Boris Becker scheitert bei den
Olympischen Spielen in Barcelona

Boris Becker trat 1992 in Barcelona das einzige Mal bei Olympischen Spielen an. In der Einzelkonkurrenz lief es nicht wie gewünscht für den Deutschen, der nach einem Fünfsatzsieg in der ersten Runde gegen den Norweger Christian Ruud sowie einem Viersatzsieg in der zweiten Runde gegen den Marokkaner Younes El Aynaoui im Achtelfinale scheiterte.

Becker unterlag dem Franzosen Fabrice Santoro mit 1:6, 6:3, 1:6, 3:6. Nach der Niederlage kritisierte Becker das Format bei den Olympischen Spielen, insbesondere, dass jedes Match über drei Gewinnsätze gespielt wird. „Wir haben bereits fünf große Turniere, bei denen über drei Gewinnsätze gespielt wird. Wir brauchen kein sechstes. Ich finde, es sollte ein Teamwettbewerb sein, vielleicht bei dem Männer und Frauen Einzel spielen und dann ein Mixed", sagte Becker.

Der Deutsche war in Barcelona noch in der Doppelkonkurrenz vertreten mit Michael Stich. Sechs Tage nach seinem Aus im Einzel gewann er im Doppel die Goldmedaille.

2. August
1987

Deutschland gewinnt nach unglaublicher Aufholjagd erstmals den Fed Cup

Darauf hatte das deutsche Fed-Cup-Team lange hingearbeitet. Viermal zog Deutschland in einem Endspiel den Kürzeren. Beim Finalturnier in Vancouver erreichte die Mannschaft von Kapitän Klaus Hofsäss zum fünften Mal das Finale im Mannschaftswettbewerb. Zum deutschen Team gehörten Steffi Graf, Claudia Kohde-Kilsch und Ersatzspielerin Silke Meier.

Finalgegner von Deutschland waren die USA. Kohde-Kilsch verlor das Eröffnungseinzel gegen Pam Shriver mit 0:6, 6:7. Graf besiegte anschließend Chris Evert mit 6:2, 6:1. Die Entscheidung fiel im Doppel, das sich zu einem Krimi entwickelte. Graf und Kohde-Kilsch hatten zunächst keinerlei Chance gegen Evert und Shriver.

Das deutsche Doppel lag aussichtslos mit 1:6, 0:4 zurück. Keiner der über 7.600 Zuschauer im Hollyburn Country Club in Vancouver setzte nur noch einen Pfifferling auf das deutsche Team. Der Traum vom ersten Fed-Cup-Sieg war in ganz weite Ferne gerückt und fast nur noch eine Illusion. Doch Graf und Kohde-Kilsch erwachten aus ihrem persönlichen Alptraum, spielten mit dem Rücken zur Wand frei auf und gewannen Spiel um Spiel.

Plötzlich stand es 5:4 für die Deutschen, die sich wenig später mit 7:5 den Satzausgleich sicherten. Nach einem spannenden dritten Satz hieß es tatsächlich: Spiel, Satz, Sieg und erster Fed-Cup-Titel für Deutschland! „Ich habe damals wie in Trance gespielt und bis zum Schluss überhaupt nichts mehr mitbekommen", sagte Kohde-Kilsch im Rückblick auf das Match.

„Es ist eines der wenigen Matches, das ich nie vergessen habe. Die Details davon habe ich immer noch in Erinnerung. Es war einfach großartig", erinnerte sich Kohde-Kilsch, die nach zwei verlorenen Finals endlich die Siegertrophäe beim Fed Cup in Empfang nehmen konnte.

3. August
1999
Steffi Graf spielt in Carlsbad ihr letztes Karrierematch

Vier Wochen nach ihrer Niederlage im Wimbledon-Finale ging Steffi Graf beim WTA-Turnier in Carlsbad im US-Bundesstaat Kalifornien an den Start. In ihrem Erstrundenmatch traf die Deutsche auf die US-Amerikanerin Amy Frazier. Beim Stand von 6:4, 5:7, 1:2 und Einstand brach Graf das Match ab, obwohl sie gerade mit einer Slice-Rückhand gepunktet hatte.

Der Grund: eine Verletzung am linken Oberschenkel. „Es war sehr schmerzhaft. Ich konnte keine weitere Bewegung mehr machen", sagte Graf. Es sollte das letzte Karrierematch der Deutschen gewesen sein.

Zehn Tage später gab Graf auf einer Pressekonferenz in Heidelberg im Alter von 30 Jahren ihr Karriereende bekannt. „Ich bin über den Zeitpunkt der Entscheidung selbst überrascht, weil ich gedacht habe, ich spiele bis Ende des Jahres. Nach Wimbledon hatte ich keine einfachen Wochen. Erstmals hatte ich die Freude und den Spaß am Tennis verloren. Das war ein ganz komisches Gefühl, das ich nicht kannte. Es gibt nichts mehr zu erreichen. Es ist eine Erleichterung", erklärte Graf, die in ihrer Karriere 22 Grand-Slam-Titel gewann und 377 Wochen die Weltrangliste anführte.

4. August
2012
Serena Williams schafft mit Finalgala bei Olympia Double Career Golden Slam

Die Lieblingsspeise von Serena Williams? Maria Sharapova. Kam es zum Match gegen die Russin, lief Williams stets zur Hochform auf. Besonders übel wurde es für Sharapova im olympischen Finale 2012 in Wimbledon, als Williams mit einer Galaleistung beinahe mit einem *Double Bagel* die Goldmedaille errang. 6:0, 6:1 hieß es am Ende für die US-Amerikanerin.

Das Historische dabei: Williams wurde die erste Spielerin, die alle Grand-Slam-Turniere im Einzel und Doppel sowie Gold bei Olympia im Einzel und Doppel gewann. Der Begriff *Double Career Golden Slam* war geboren – möglicherweise eine Leistung für die Ewigkeit. „Das ist so irre. Ich habe etwas geschafft, das noch keiner geschafft hat – dadada", freute sich die 30-Jährige.

So gut wie bei den Olympischen Spielen 2012 hat Williams selten gespielt. In sechs Matches gab sie nur 17 Spiele ab. Keine Spielerin hat eine Goldmedaille annähernd so beeindruckend gewonnen wie die US-Amerikanerin.

Auf dem Weg zum Olympiasieg fertigte sie neben Sharapova noch drei weitere ehemalige Weltranglistenerste ab, Jelena Jankovic (6:3, 6:1), Caroline Wozniacki (6:0, 6:3) und Victoria Azarenka (6:1, 6:2). Ihr zwei weiteren Opfer: Vera Zvonareva (6:0, 6:1) und Urszula Radwanska (6:2, 6:3).

Und auch im Doppel war Williams nicht zu bremsen. Mit ihrer Schwester Venus gewann sie ebenfalls ohne Satzverlust nach 2000 und 2008 zum dritten Mal die Goldmedaille.

5. August 2012

Andy Murray gewinnt Olympia-Gold in Wimbledon

Wenn man sich das Ergebnis des Herrenfinales bei den Olympischen Spielen 2012 in London anguckt, reibt man sich verwundert die Augen. Hat hier wirklich der siebenfache Wimbledon-Sieger Roger Federer gegen den teils so nervenschwachen Andy Murray gespielt, gegen den er vier Wochen zuvor das Finale in Wimbledon gewonnen hatte? Murray spielte bei Olympia in London das vielleicht beste Tennis seines Lebens und zeigte eine eindrucksvolle Finalleistung.

Der Schotte hätte wohl auch mit verbundenen Augen spielen können und hätte die Bälle trotzdem getroffen. Der Centre Court in Wimbledon, wo es traditionell ruhig und gesittet zugeht, glich bei Olympia einem Tollhaus, als Murray sich mit drei Assen in Folge zur Goldmedaille servierte – 6:2, 6:1, 6:4. Es mag komisch klingen, aber vielleicht wäre das Finale in die komplett andere Richtung gekippt, wenn Federer im ersten Spiel des Matches einen seiner zwei Breakbälle genutzt hätte.

Nachdem Murray bei 2:0-Führung im zweiten Satz insgesamt sechs Breakbälle abwehren konnte, war Federer mental geschlagen. Im dritten Satz, der vom Ergebnis eigentlich der knappste war, gab Murray bei seinem Aufschlag nur einen Punkt ab. Mit dem Olympiasieg legte der Schotte sein Verliererimage ab und stieg zum Nationalhelden auf.

„Unglaublich! Ich habe ein paar schwere Niederlagen kassiert in meiner Karriere. Das war der beste Weg, nach Wimbledon zurückzukommen", sagte Murray.

6. August
1995
Michael Stich gewinnt Titel in Los Angeles

Michael Stich gewann nach vier Jahren seinen ersten Titel außerhalb von Europa. Der Deutsche sicherte sich den Turniersieg in Los Angeles und trat in die Fußstapfen von Boris Becker, der im Jahr zuvor das Turnier gewonnen hatte. Stich besiegte im Endspiel den Schweden Thomas Enqvist mit 6:7 (7:9), 7:6 (7:4), 6:2.

„Ich habe endlich die Nerven bis zum Matchball bewahrt und ohne Unterbrechung um jeden Ball gekämpft", sagte Stich nach seinem 17. Titelgewinn auf der ATP-Tour. „Es war so knapp. Es ist ein gutes Gefühl, wieder einmal ein Turnier zu gewinnen, auch wenn es mir erst nach dem Finale bewusst geworden ist, dass mein letzter Erfolg schon eine Weile her ist", sagte Stich, der mehr als ein Jahr auf einen Titel warten musste.

7. August
1992
Boris Becker, Michael Stich triumphieren als olympische Zweckgemeinschaft

Bei den Olympischen Spielen in Barcelona wurde aus den großen Rivalen Boris Becker und Michael Stich für eine Woche eine olympische Zweckgemeinschaft – mit durchschlagendem Erfolg.

Becker und Stich waren sich ganz und gar nicht grün und sprachen nur das Nötigste miteinander. Niki Pilic hatte die Idee, dass die beiden bei Olympia dennoch gemeinsam Doppel spielen sollten und gab den Vermittler. „Gesprochen haben beide nicht miteinander. Das musste ich erledigen. Ich bin zwischen den Zimmern hin- und hergependelt und musste viel lügen", äußerte sich Pilic später.

Die Tatsache, dass das olympische Tennisturnier in Barcelona auf Sand ausgetragen wurde, erschwerte zudem die Goldmission. Als sich die beiden jedoch im Einzel früh verabschiedeten, galt die volle Konzentration dem Doppelwettbewerb. Becker und Stich wurden eine Einheit, rangen im Viertelfinale in einem Fünfsatzkrimi vor fanatischen Fans das spanische Weltklasseduo Sergio Casal und Emilio Sanchez nieder.

Wenige Stunden später folgte im Halbfinale der nächste Fünfsatzsieg, gegen die Argentinier Javier Frana und Christian Miniussi. Im Endspiel warteten die an vier gesetzten Südafrikaner Wayne Ferreira/Piet Norval, die durch den Finaleinzug die erste südafrikanische Olympiamedaille seit 1960 sicher hatten. Becker und Stich ließen sich nicht von der Goldmission abhalten und fielen sich nach dem verwandelten Matchball überglücklich in die Arme.

Dennoch hatte der Olympiasieg ein trauriges Ende. Becker wollte die Goldmedaille unbedingt ausgelassen feiern, doch Stich reiste ab. „Ich glaube, seine Freundin hat auf ihn gewartet. Ich versuchte noch, ihn umzustimmen, aber er blieb stur: ‚Nee, ich habe keine Lust.' Und das, nachdem wir uns 14 Tage lang gemeinsam herumgequält hatten, bei bis zu 50° C im Schatten!", schilderte Becker später in seiner Autobiografie.

Stich bereute seine Aktion später, wie er immer wieder im Rückblick auf Olympia betont.

8. August
1992

Marc Rosset bejubelt Olympia-Gold in Barcelona

Beim olympischen Tennisturnier in Barcelona schlug die große Stunde der Spieler aus der zweiten Reihe. Im Finale standen sich der Spanier Jordi Arrese und der Schweizer Marc Rosset gegenüber. Rosset hatte sich seinen Platz im Finale redlich verdient, denn in Barcelona wurde noch jedes Match über drei Gewinnsätze gespielt – und das auf Sand.

Er besiegte in der zweiten Runde die Nummer neun der Setzliste, Wayne Ferreira, dann den amtierenden French-Open-Sieger und damaligen Weltranglistenersten, Jim Courier, sowie den Sandplatzwühler Emilio Sanchez und im Halbfinale Goran Ivanisevic.

Für Rosset wurde das Finale zu einer ultimativen Belastungsprobe. Im Glutofen von Barcelona spielte der Schweizer nicht nur gegen den Katalanen Arrese, sondern auch gegen das gesamte Publikum. Fünf Stunden und drei Minuten bekämpften sich die beiden, es ist das längste Match in der Olympiahistorie. Rosset konnte sich auf seinen starken Aufschlag verlassen und servierte insgesamt 33 Asse, vier davon in Folge beim Stand von 6:6 im fünften Satz.

Mit einem 7:6 (7:2), 6:4, 3:6, 4:6, 8:6 krönte sich der Schweizer zum Olympiasieger und machte sich damit unsterblich. Rosset ist als Nummer 44 der Welt der am niedrigsten platzierteste Goldmedaillengewinner im Tennis. Übrigens: Als Rosset sein größter Karrieretriumph gelang, feierte sein Landsmann Roger Federer seinen 11. Geburtstag.

9. August
2015
Angelique Kerber gewinnt Titel in Stanford

Angelique Kerber erreichte beim WTA-Turnier in Stanford im US-Bundesstaat Kalifornien ihr viertes Finale in der laufenden Saison. Nachdem die Deutsche im Vorjahr im Endspiel gegen Serena Williams unterlegen war, gelang ihr nun der Titelgewinn. Kerber setzte sich im Endspiel gegen die Tschechin Karolina Pliskova mit 6:3, 5:7, 6:4 durch und gewann auch ihr viertes Finale in jenem Jahr.

„Es ist unglaublich. Dieser Sieg bedeutet mir viel", sagte Kerber, die im Finale von Muskelproblemen im rechten Oberschenkel geplagt wurde.

10. August
1986
Boris Becker verliert Finale in Stratton Mountain

Für Boris Becker war das ATP-Turnier in Stratton Mountain im US-Bundesstaat Vermont das erste Turnier nach seinem Wimbledon-Sieg. Der 18-jährige Deutsche erreichte nach einem emotionalen Halbfinalsieg gegen John McEnroe, bei dem er drei Matchbälle abwehren konnte, das Finale. Dort kam es zur Revanche gegen Ivan Lendl, gegen den Becker fünf Wochen zuvor im Wimbledon-Finale gewonnen hatte.

Der Deutsche unterlag Lendl mit 4:6, 6:7. „Als ich heute Morgen aus dem Bett kam, habe ich gesagt, dass ich noch im Turnier bin. Ich dachte, das Match gestern gegen McEnroe wäre das Finale", sagte Becker, der etwas gezeichnet war vom Halbfinalmatch am Tag zuvor. Lendl nahm den Turniersieg gelassen hin.

„Ein anderer Tag, ein anderes Match, ein anderer Bodenbelag. In Wimbledon auf Rasen zerbricht Becker den Ball. Hier zerbricht er den Ball und er kommt zurück."

11. August 2003
Kim Clijsters wird erstmals Nummer eins der Welt

Das hatte es im Damentennis zuvor noch nicht gegeben. Kim Clijsters stieg zur Nummer eins in der Weltrangliste auf, ohne vorher ein Grand-Slam-Turnier gewonnen zu haben. Mit dem Turniersieg in Los Angeles, bei dem sie im Finale Lindsay Davenport besiegte, löste Clijsters Serena Williams als Nummer eins ab.

„Es ist ein Gefühl, das ich nicht beschreiben kann. Ich hatte all diese Schmetterlinge in meinem Bauch und Gänsehaut. Niemand wird mir das wegnehmen können, was auch immer im Rest meiner Karriere passiert", sagte Clijsters.

Den Grand-Slam-Titel holte die Belgierin im weiteren Verlauf ihrer Karriere nach und gewann insgesamt vier Titel bei den „Major"-Turnieren. Im Februar 2011 schrieb Clijsters erneut Geschichte, indem sie die erste und bislang einzige Mutter an der Spitze der Weltrangliste wurde. Insgesamt verbrachte die Belgierin 20 Wochen als Nummer eins im Damentennis.

12. August 2016

Rafael Nadal gewinnt nach Einzel-Gold auch Doppel-Gold bei den Olympischen Spielen

Rafael Nadal und die Olympischen Spiele – das ist eine goldige Angelegenheit. Acht Jahre, nachdem er bei Olympia 2008 in Peking die Goldmedaille im Einzel gewonnen hatte, holte sich der Spanier bei den Olympischen Spielen in Rio de Janeiro auch die Goldmedaille im Doppel. Für Nadal war das olympische Tennisturnier der erste Einsatz nach einer mehr als zweimonatigen Spielpause wegen einer Verletzung am Handgelenk.

Während er im Einzel eine erneute Medaille knapp verpasste, nachdem er das Halbfinale und das Spiel um die Bronzemedaille in drei Sätzen verlor, schlug im Doppel an der Seite von Marc Lopez seine große Stunde. Nadal und Lopez sicherten sich mit dem 6:2, 3:6, 6:4 im Finale gegen das rumänische Doppel Florin Mergea und Horia Tecau die Goldmedaille.

„Das ist ein unvergesslicher Moment. Dass ich das mit einem meiner besten Freunde erleben darf, ist unglaublich. Olympia ist für mich ein ganz spezielles Event", sagte Nadal, der Tränen der Freude weinte. Der Spanier wurde nach dem Chilenen Nicolas Massu der zweite Spieler bei den Herren, der bei Olympia sowohl die Goldmedaille im Einzel als auch im Doppel errang.

13. August 2016

Angelique Kerber verliert Olympiafinale in Rio de Janeiro gegen Monica Puig

Angelique Kerber spielte sich beim olympischen Tennisturnier in Rio de Janeiro ohne Satzverlust ins Finale vor und traf im Endspiel als große Favoritin auf Monica Puig aus Puerto Rico. Der Traum von der ersten deutschen Goldmedaille im Tennis seit Boris Becker und Michael Stich 1992 in Barcelona platzte jedoch jäh.

Kerber unterlag Puig mit 4:6, 6:4, 1:6 und musste sich mit der Silbermedaille begnügen. „Es ist nicht die Medaille, die ich wollte, aber es ist Silber. Ich bin traurig, aber auch stolz. Ich habe mein Herz auf dem Platz gelassen. Aber Monica hat das Spiel ihres Lebens gemacht", sagte Kerber.

Puig schrieb mit der Goldmedaille Sportgeschichte. Es war die erste Goldmedaille für Puerto Rico bei Olympischen Spielen, dazu überhaupt die erste Medaille für eine Puerto Ricanerin.

14. August 1996

Andre Agassi wird wegen Schiedsrichterbeleidigung disqualifiziert

Ausraster von Andre Agassi kamen eher selten vor. Der US-Amerikaner gehört allerdings auch zu der Liste von Spielern, die disqualifiziert wurden. Im August 1996, wenige Tage nach einem seiner größten Triumphe, dem Gewinn der Goldmedaille bei Olympia in Atlanta, wurde Agassi in seinem Auftaktmatch beim ATP-Turnier in Indianapolis disqualifiziert. Was war passiert?

Agassi hatte gegen Daniel Nestor den ersten Satz mit 6:1 gewonnen. Als er im zweiten Satz nach einem sehr langen Aufschlagspiel mit 2:3 in Rückstand geriet, schlug er einen Ball aus Frust in die Zuschauerränge und bekam deswegen von Schiedsrichter Dana Loconto eine Verwarnung. Agassi diskutierte daraufhin mit Loconto und ließ mehrmals ein „F ... dich, Dana" über seine Lippen kommen.

Oberschiedsrichter Mark Darby kam schließlich auf den Platz. „Wenn du das gesagt hast, was Dana gerade erzählt hat, dann ist das Match zu

Ende", sagte Darby in Richtung Agassi, der sich keiner Schuld bewusst war: „Ich habe kein Wort gesagt." Darby glaubte dem US-Amerikaner allerdings nicht und instruierte den Schiedsrichter, Agassi sofort zu disqualifizieren.

Das Publikum quittierte das abrupte Matchende mit Buhrufen und warf Wasserflaschen auf den Platz. Agassi gab auf der Pressekonferenz zu, die nicht jugendfreien Worte gesagt zu haben, betonte aber auch, dass er nur einen Strafpunkt verdient gehabt hätte und wütete gegen Oberschiedsrichter Darby.

15. August
1995
Monica Seles gibt Comeback nach Messerattentat

837 Tage, nachdem Monica Seles Opfer eines Messerattentats beim WTA-Turnier in Hamburg wurde, kehrte die US-Amerikanerin offiziell auf dem Platz zurück. Seles nahm am WTA-Turnier in Toronto teil. Wenige Wochen zuvor hatte sie bereits einen Schaukampf gegen Martina Navratilova bestritten. Seles siegte bei ihrem Comebackmatch in Toronto gegen ihre Landsfrau Kimberly Po mit 6:0, 6:3 und war dabei zu Tränen gerührt, als die Fans sie frenetisch feierten.

„Einfach nur zu spielen. Das ist das Einzige, wonach ich gefragt habe. Es ist so schön, wieder zu spielen. Es ist so einfach. Für eine lange Zeit war alles so dunkel. Nun sehe ich die Sonne", sagte Seles. Die US-Amerikanerin stürmte in Toronto weiter bis zum Titel und gab in fünf Partien nur 14 Spiele ab.

Seles konnte an ihre Glanzzeiten mit acht Grand-Slam-Titeln vor dem Messerattentat nicht mehr ganz anknüpfen. Sie spielte sich in ihrer „zweiten Karriere" in vier Grand-Slam-Finals vor, von denen sie eins gewann. Bei den French Open 2003 spielte Seles schließlich ihr letztes Karrierematch.

16. August 2008

Roger Federer und Stan Wawrinka gewinnen Gold im Doppel bei den Olympischen Spielen in Peking

Das olympische Tennisturnier in Peking verlief für Roger Federer zunächst genauso traurig wie in Sydney und Athen. Der Schweizer verlor im Einzel im Viertelfinale überraschend gegen James Blake. Im Doppel holte sich Federer an der Seite von Stan Wawrinka dann doch die so ersehnte Goldmedaille. Bei Federer und Wawrinka spürte man im Turnierverlauf die Energie und den unbedingten Willen nach einer Medaille.

Nachdem die Schweizer im Halbfinale die favorisierten Bryan-Zwillinge aus den USA besiegt hatten, holten sich Federer und Wawrinka mit einem 6:3, 6:4, 6:7 (4:7), 6:3 gegen die schwedische Paarung Simon Aspelin und Thomas Johansson die Goldmedaille.

„Olympia-Gold zu holen, ist fast schwerer für mich als ein Grand-Slam-Titel. Es war ein unglaublicher Moment. Es ist wie ein fantastischer Traum, der wahr wurde. Jedes Mal, wenn ich Stan sehe, können wir es kaum glauben. Das ist besonders für die Schweiz. Unser Land kann nicht so viele Medaillen bei Olympia holen. Die Goldmedaille ist für unser Land", sagte Federer.

17. August 1987

Steffi Graf wird erstmals Nummer eins der Welt

Es war nur eine Frage der Zeit, bis Steffi Graf die Nummer eins der Welt im Damentennis wurde. Dank ihres Turniersieges in Los Angeles, wo sie im Finale mit 6:3, 6:4 gegen Chris Evert siegte, übernahm die 18-Jährige als erste Deutsche, sowohl männlich als auch weiblich, die Führung in der Weltrangliste und stieß Martina Navratilova vom Tennisthron.

In den vergangenen 52 Wochen hatte Graf 81 ihrer 84 Matches gewonnen und dabei zwölf Turniersiege erringen können. Die Deutsche blieb 186 Wochen in Folge die Nummer eins der Welt und führte die Weltrangliste insgesamt 377 Wochen an – Rekord bei Damen und Herren.

18. August
2008
Rafael Nadal wird erstmals Nummer eins der Welt

Nach drei Jahren ununterbrochen auf Platz zwei in der Weltrangliste, insgesamt waren es 1.119 Tage, kam endlich der große Moment für Rafael Nadal. Dank des Gewinns der Goldmedaille bei den Olympischen Spielen 2008 in Peking löste der Spanier Roger Federer als Nummer eins der Welt ab.

Damals hatte es beim olympischen Tennisturnier noch Weltranglistenpunkte gegeben. In der Zeitspanne von zwölf Monaten hatte Nadal neben Olympia-Gold zwei Grand-Slam-Turniere sowie fünf weitere Turniere gewonnen. „Ich hatte dreieinhalb gute Jahre – 2005, 2006, 2007 und 2008. Ich habe jedes Jahr viele Punkte gewonnen, aber es gab mit Roger Federer einen Spieler, der mehr gewonnen hat als ich. Ich habe mich gefragt, ob ich jemals Nummer eins werden würde. Es war sehr wichtig für mich, das zu erreichen. Ich habe es verdient, nachdem ich viele Wochen lang auf einem hohen Niveau gespielt habe. Es hat mir sehr viel bedeutet", sagte Nadal rückblickend zum Erreichen der Nummer eins.

Insgesamt führte der Spanier die Weltrangliste für 209 Wochen an.

19. August
1990
Boris Becker gewinnt Titel in Indianapolis

Von 1988 bis 2009 fand das ATP-Turnier in Indianapolis statt. Boris Becker drückte dem Hartplatzturnier im US-Bundesstaat Indiana seinen

Stempel auf und erreichte bei seinen insgesamt sechs Teilnahmen viermal das Finale.

Nachdem er 1988 das Premierenturnier in Indianapolis gewonnen hatte, kehrte er zwei Jahre später zurück. Der Deutsche verteidigte seinen Titel mit Verspätung. Im Endspiel setzte er sich gegen den Schweden Peter Lundgren mit 6:3, 6:4 durch.

20. August 2013

Julian Reister schafft bei der US-Open-Qualifikation gegen Tim Pütz einen Golden Set

Julian Reister gewann das deutsche Duell gegen Tim Pütz in der ersten Qualifikationsrunde der US Open mit 6:7 (7:3), 6:4, 6:0. Aus internationaler Sicht wäre dieses Ergebnis nicht mal eine Randnotiz gewesen. Doch das Duell zwischen den beiden Deutschen hatte eine historische Bedeutung. Denn Reister schaffte etwas, was im Profitennis eine echte Rarität ist.

Dem Reinbeker gelang im dritten Satz ein *Golden Set*. Er gewann alle 24 Punkte gegen Pütz. Es war laut Aufzeichnungen auf Profiebene der zweite Golden Set in der Geschichte des Herrentennis. „Ich bin völlig gegen die Wand gelaufen im dritten Satz. Ich habe völlig verkrampft, wollte aber nicht aufgeben. Ich habe dadurch viel Ruhm erlangt, den ich mir so nicht gewünscht habe. Julian hat im wahrsten Sinne des Wortes fehlerfrei gespielt und dadurch viel Ruhm erlangt", sagte Pütz, der es mit Humor nahm.

Im Anschluss meldete er sich auf Twitter® an und nannte sich selbstironisch „GoldenSetTim". „An den Golden Set werde ich gelegentlich erinnert, aber aufgezogen werde ich damit nicht mehr. Es ist für mich nichts, wofür ich mich irgendwie schämen müsste", sagte Pütz rückblickend.

21. August
2004
Nicolas Kiefer und Rainer Schüttler verlieren Olympiafinale nach vier Matchbällen

Olympia schreibt immer wieder die schönsten Geschichten, aber auch die traurigsten. Das hängt immer ganz vom Blickwinkel ab, aus dem man es betrachtet. Nicolas Kiefer und Rainer Schüttler stießen bei den Olympischen Spielen 2004 in Athen ziemlich überraschend ins Finale vor und trafen dort auf die Chilenen Fernando Gonzalez und Nicolas Massu.

Das Doppelfinale begann erst um 22:55 Uhr Ortszeit, da Gonzalez einige Stunden zuvor schon auf dem Platz stand und sich im Match um die Bronzemedaille gegen Taylor Dent nach 3:30 Stunden Spielzeit mit 16:14 im dritten Satz durchsetzte. Wer nun dachte, dass Gonzalez platt war, sah sich getäuscht. Die Bronzemedaille trieb den Chilenen umso mehr an. Kiefer und Schüttler lagen schnell mit 2:6, 2:4 zurück, wurden dann aber mehr und mehr ihrer kleinen Favoritenrolle gerecht.

Das Drama begann dann im Tiebreak des vierten Satzes, als Kiefer und Schüttler bei 6:2-Führung vier Matchbälle in Folge nicht nutzen konnten. Beim vierten Matchball hatte Schüttler einen eher einfachen Volley nicht ins Feld bringen können. Und auch im fünften Satz führten die Deutschen zunächst mit 3:1.

Die spielerische Überlegenheit von Kiefer/Schüttler machten Gonzalez/Massu mit unbändigem Willen und dem Traum vor Augen, als erste Sportler eine Goldmedaille für Chile zu holen, wieder wett. Und tatsächlich: Um 2:39 Uhr Ortszeit krönten sich Gonzalez und Massu zu Olympiasiegern und schrieben chilenische Sportgeschichte. Aus Sicht der Deutschen hieß es am Ende 2:6, 6:4, 6:3, 6:7 (7:9), 4:6.

„Das ist so brutal. So eine Chance bekommt man nur einmal im Leben. So eine furchtbare Niederlage werde ich in meinem ganzen Leben nie wieder erleben", erklärte Kiefer und weinte bittere Tränen. „Vor dem Turnier hätte ich mich sehr über Silber gefreut. Jetzt bin ich enttäuscht", sagte Schüttler.

22. August 2004

Nicolas Massu krönt sich in Athen zum doppelten Olympiasieger

15 Stunden, nachdem Nicolas Massu bei den Olympischen Spielen in Athen die Goldmedaille im dramatischen Doppelfinale gegen die Deutschen Nicolas Kiefer und Rainer Schüttler gewonnen hatte, trat der Chilene zu seinem zweiten Match um Gold an. Massu ging nach der turbulenten Nacht in Athen erst um 06:30 Uhr zu Bett.

Sein Finalgegner, der US-Amerikaner Mardy Fish, galt nach der Nachtschicht von Massu als der klare Favorit im Finale. Doch der Wille versetzt bekanntlich Berge. Wie schon im Doppelfinale ging es über fünf Sätze, wieder stand Massu am Ende mit der Goldmedaille da – 6:3, 3:6, 2:6, 6:3, 6:4.

„Ich weiß nicht, wie ich das gemacht habe. Das sind die beiden besten Tage meines Lebens. Ich kann es nicht glauben. Nachdem ich den dritten Satz verloren hatte, glaubte ich, dass ich das Match verlieren würde, weil ich mich nicht bewegen konnte. Aber ich habe ein zweites Leben bekommen. Das ist einfach zu viel, zwei Goldmedaillen in zwei Tagen. Das ist unglaublich für mein Land", sagte Massu, der in dieser olympischen Woche elf Matches spielte und dabei insgesamt 24 Stunden und 43 Minuten auf dem Platz stand.

Diese beiden Goldmedaillen sind bis heute die einzigen in der chilenischen Olympiageschichte. Die Ereignisse in Athen haben das Leben von Massu verändert. Das Erstaunliche dabei: Bei den Grand Slams erreichte er im Einzel nur einmal das Achtelfinale. Wäre Olympia in Athen nicht gewesen, dann wäre der Name Nicolas Massu den meisten Sportfans und auch einigen Tennisfans sicherlich kein Begriff mehr.

23. August
1977
Björn Borg wird erstmals Nummer eins der Welt

Genau vier Jahre, nachdem die Weltrangliste bei den Herren eingeführt und Ilie Nastase zur ersten Nummer eins der Welt wurde, übernahm Björn Borg erstmals die Führung in der Weltrangliste. Der Schwede hatte zu diesem Zeitpunkt bereits vier Grand-Slam-Turniere gewonnen.

Auf die Besteigung des Tennisthrons musste er aber lange warten. Borg löste den US-Amerikaner Jimmy Connors von der Weltranglistenspitze ab, ohne in den Wochen zuvor gespielt zu haben. Der 21-Jährige wurde bereits nach einer Woche als Nummer eins im Herrentennis von Connors wieder abgelöst. Der Schwede übernahm in seiner Karriere die Führung fünf weitere Male und kann insgesamt 109 Wochen als Weltranglistenerster vorweisen.

24. August
1986
Steffi Graf gewinnt Titel in Mahwah

Nachdem Steffi Graf im April 1986 ihren ersten Titel auf der WTA-Tour gewonnen hatte, stürmte die Deutsche von Erfolg zu Erfolg. Als Vorbereitung auf die US Open ging die 17-Jährige beim WTA-Turnier in Mahwah im US-Bundesstaat New Jersey an den Start.

Nachdem Graf im Vorjahr bereits das Finale erreicht hatte, klappte es nun mit dem Titel. Im Endspiel besiegte sie die US-Amerikanerin Molly van Nostrand mit 7:5, 6:1. Graf holte in Mahwah in den Jahren 1988 und 1989 zwei weitere Titel.

25. August
1985

Boris Becker gewinnt in Cincinnati ersten Titel auf Hartplatz

Wenige Wochen, nachdem Boris Becker mit dem Wimbledon-Titel die Tenniswelt auf den Kopf gestellt hatte, gewann der 17-jährige Deutsche seinen ersten Titel auf Hartplatz. Becker siegte als erster und bislang einziger Deutscher beim ATP-Turnier in Cincinnati.

Im Finale setzte sich der Teenager gegen den zweifachen Cincinnati-Titelverteidiger Mats Wilander aus Schweden klar mit 6:4, 6:2 durch. „Im Moment versuche ich nur, mein Spiel zu verbessern. Ich bin kein besserer Spieler, aber ich bin selbstbewusster. Das bedeutet viel für einen Tennisspieler. Es passiert ein bisschen zu schnell für mich. Ich wollte bereit sein, wenn ich 19 oder 20 bin", sagte Becker über die turbulenten Wochen nach seinem Wimbledon-Sieg.

Nach dem Titel in Cincinnati sollten noch 15 weitere Titel auf Hartplatz folgen für Becker.

26. August
2001

Tommy Haas schlägt Pete Sampras im Finale in Long Island

Von 1990 bis 2004 fand ein ATP-Turnier in Long Island im US-Bundesstaat New York statt. Tommy Haas spielte sich 2001 ins Finale vor und traf auf den damaligen Rekord-Grand-Slam-Sieger Pete Sampras. Der Deutsche setzte sich im Endspiel mit 6:3, 3:6, 6:2 durch und feierte seinen dritten Titel auf der ATP-Tour.

„Der Sieg gegen Pete Sampras ist ein sehr spezieller Sieg für mich, weil es der erste Erfolg über ihn auf dem Hartplatz ist. In dieser Form sollte ich bei den US Open mindestens die dritte Runde erreichen. Ich bin momentan schwer zu besiegen", sagte Haas selbstbewusst.

Zudem enthüllte Haas nach dem Turniersieg, dass Boris Becker ihn für das Doppel bei den US Open angefragt hatte. „Boris hat angefragt, ob ich mit ihm bei den US Open Doppel spiele, aber ich habe nach zwei Tagen Bedenkzeit abgesagt. Bei einem Doppel Becker/Haas hätte sich alles nur um Becker gedreht, aber ich will mich in Zukunft noch mehr auf mich selbst konzentrieren", sagte Haas.

Becker hatte wenige Tage zuvor zwei Jahre nach seinem Rücktritt als Profi ein Kurzcomeback im Doppel beim ATP-Turnier in Cincinnati an der Seite von Goran Ivanisevic gegeben.

27. August
1983
Barbie Bramblett gelingt die größte Aufholjagd aller Zeiten

Eine bessere Aufholjagd im Damentennis ist nicht möglich als die von Barbie Bramblett. Die 18-jährige US-Amerikanerin lag in der zweiten Qualifikationsrunde bei den US Open 1983 gegen ihre Landsfrau Ann Hulbert mit 0:6, 0:5, 0:40 zurück – und gewann dennoch.

„Natürlich habe ich gedacht, dass das Match zu Ende sei, es war so peinlich. Ich habe damit angefangen, die Bälle auszuschwingen. Mein Spiel wurde wie durch ein Wunder besser. Es war buchstäblich ein Wunder. Jeder Ball, den ich geschlagen habe, rutschte auf die Linie. Ich konnte nicht glauben, was passierte", blickte Bramblett auf dieses denkwürdige Match zurück.

Die US-Amerikanerin wehrte im zweiten Satz sage und schreibe 18 Matchbälle ab. „Als ich Ann am Netz traf, sagte ich nur: ‚Gutes Match.' Nicht gerade sehr kreativ, nehme ich an. Als ich vom Platz ging, habe ich Brad Gilbert bei einem Nebenplatz gesehen. Ich rief: ‚Hey, Brad, weißt du, was ich gerade getan habe?' Ich hatte es immer noch nicht begriffen. Er sagte: ‚Wow! Das ist unglaublich!'

Eine Weile später sah ich Martina Navratilova im Aufzug und sie sagte: „Hey, du hast nicht wirklich das getan, was ich heute gehört habe, hast du?' Ich sagte ‚Ja', und sie war verblüfft." Doch es soll nicht das einzige Fabel-Comeback von Bramblett gewesen sein. Im Jahr 1984 soll die US-Amerikanerin in der Qualifikation für ein kleines Turnier in Nashville gegen ihre Landsfrau Kathy Holton mit 1:6, 0:5 zurückgelegen, insgesamt 20 Matchbälle abgewehrt und dennoch den Sieg davongetragen haben. Allerdings gibt es keine offizielle Bestätigung von diesem Comeback.

28. August
1991

Jimmy Connors gelingt bei US Open Mega-Aufholjagd gegen Patrick McEnroe

Das US-Open-Turnier 1991 stand ganz im Zeichen von Jimmy Connors. Alles begann mit seinem Erstrundenauftritt fünf Tage vor seinem 39. Geburtstag unter dem Flutlicht des Louis Armstrong Stadiums gegen Landsmann Patrick McEnroe – dem jüngeren Bruder seines Erzrivalen John McEnroe.

Connors war beim Stand von 4:6, 6:7 (4:7), 0:3 und 0:40 schon so gut wie ausgeschieden bei seinem Lieblingsturnier. Doch dann begann die große Jimmy-Connors-Show, die elf Tage lang die gesamte Sportwelt in Erstaunen versetzte und die Medien zu Lobliedern veranlasste. Connors hielt sich im Spiel, verkürzte auf 1:3, schaffte das Break zum 2:3 und wehrte nochmals zwei Breakbälle zum 2:4 ab.

Der US-Amerikaner holte sich tatsächlich Satz 3 mit 6:4 und kämpfte McEnroe in den Sätzen 4 und 5 mit 6:2, 6:4 nieder. Um 01:35 Uhr nachts in New York war nach 4:18 Stunden Spielzeit die zweite Runde erreicht.

„Das Publikum hat für mich gewonnen", sagte Connors nach der Flutlichtschlacht mit McEnroe. Es war das erste von sechs unglaublichen Connors-Kapiteln bei den US Open bis ins Halbfinale.

29. August 1970
Deutsches Davis-Cup-Team steht zum ersten Mal im Finale

Es war ein harter Weg, bis das deutsche Davis-Cup-Team zum ersten Mal das Finale beim prestigeträchtigsten Mannschaftswettbewerb im Tennis erreichte. Nach sechs Siegen in Serie war es schließlich so weit: Deutschland stand zum ersten Mal im Endspiel des Davis Cups. In Cleveland traf das Team auf die klar favorisierten US-Amerikaner, die zuvor zweimal in Folge den Wettbewerb gewonnen hatten.

Nach dem ersten Tag war der Traum vom Premierentitel in ganz weite Ferne gerückt. Wilhelm Bungert unterlag im Auftakteinzel Arthur Ashe mit 2:6, 8:10, 2:6. Auch Christian Kuhnke blieb anschließend ohne Satzgewinn und verlor gegen Cliff Richey mit 3:6, 4:6, 2:6. Ein Tag später war die Finalniederlage besiegelt, als Bungert und Kuhnke im Doppel gegen das Weltklasse-Duo Bob Lutz und Stan Smith mit 3:6, 5:7, 4:6 verloren haben.

Auch die beiden unbedeutenden Einzel am Schlusstag gingen verloren, sodass das deutsche Team mit einer 0:5-Niederlage nach Hause reiste. Im letzten Einzel verlor Kuhnke im wohl spannendsten Schlusseinzel ohne große Bedeutung gegen Ashe mit 8:6, 12:10, 7:9, 11:13 und 4:6. Es dauerte bis zum Jahr 1985, ehe Deutschland das nächste Mal das Finale im Davis Cup erreichte.

30. August
1989
Boris Becker wehrt im Zweitrundenmatch Matchbälle ab und wird später US-Open-Sieger

Auf dem Weg zum Grand-Slam-Titel muss man manchmal auch das nötige Quäntchen Glück haben. Boris Becker hatte dieses Glück bei den US Open 1989, als er in der zweiten Runde gegen Derrick Rostagno kurz vor dem Aus stand.

Im Tiebreak des vierten Satzes hatte der Deutsche zwei Matchbälle gegen sich. Mit der Unterstützung der Netzkante wehrte Becker den zweiten Matchball ab, schlug Rostagno nach 4:27 Stunden Spielzeit mit 1:6, 6:7 (1:7), 6:3, 7:6 (8:6), 6:3 – und gewann später seinen einzigen US-Open-Titel.

„Wenn du solch einen Schlag bei einem Matchball gegen dich machst, ist das besonders süß. Ich würde ein bisschen übertreiben, wenn ich sage, dass ich fühlte, dass ich das Match nicht verlieren werde. Ich war fast fertig. Die einzige Sache, die ich gut gemacht habe, war mein sehr guter Spirit auf dem Platz", sagte Becker über den Zittersieg.

31. August
1999
Patrick Rafter verliert bei den US Open als erster Titelverteidiger in der ersten Runde

Patrick Rafter trat als zweifacher US-Open-Sieger und Titelverteidiger 1999 an und strebte seinen dritten Titel nacheinander in New York an. Doch es sollte ganz anders kommen für den Australier.

Mit dem Franzosen Cedric Pioline hatte Rafter sicherlich ein sehr schweres Erstrundenlos gezogen. Aber der Serve-and-Volley-Spezialist gehörte wieder zum großen Favoritenkreis und Pioline sollte dabei nicht im Wege stehen. Alles verlief zunächst nach Plan und Rafter holte sich die ersten beiden Sätze. Dann ließ der sonst so gefürchtete Aufschlag des Australiers nach, der mit starken Schulterschmerzen zu kämpfen hatte.

Trotzdem war Rafter im vierten Satz drauf und dran, das Match zu gewinnen. Pioline schaffte den Satzausgleich und Rafter gab nach dem Break im fünften Satz schließlich beim Spielstand von 6:4, 6:4, 3:6, 5:7, 0:1 auf. „Für mich ist es sehr hart, mich selbst herauszunehmen auf solch einer Bühne. Nach dem vierten Satz saß ich da und wusste, dass ich eigentlich den Platz hätte verlassen müssen. Aber ich habe es nicht getan", gab Rafter an, der wegen einer Sehnenentzündung in seiner rechten Schulter nicht mehr weiterspielen konnte.

Damit schied zum ersten Mal in der Geschichte der US Open ein Titelverteidiger bereits in der ersten Runde aus. Bei den Frauen hatte es das zu diesem Zeitpunkt noch nicht gegeben. Viel schlimmer für Rafter war aber, dass er mit lauten Buhrufen der Zuschauer, die ihn in den zwei Jahren zuvor noch so gefeiert hatten, den Platz verlassen musste.

„Es ist sehr traurig. Was kann ich tun? Es ist enttäuschend, ausgebuht zu werden. Das schmerzt. Kein Zweifel darüber", erklärte ein enttäuschter Rafter danach.

September: New York, New York

1. September 1994

Bernd Karbacher beendet bei den US Open die Karriere von Ivan Lendl

Für Bernd Karbacher waren die US Open 1994 ein besonderes Turnier. In der zweiten Runde traf der 26-jährige Deutsche auf Ivan Lendl, den dreimaligen Turnierchampion. Karbacher gewann das Match, nachdem Lendl beim Stand von 6:4, 7:6 (7:5), 1:0 für den Deutschen wegen Rückenschmerzen aufgeben musste.

Der 34-jährige US-Amerikaner hatte im zweiten Satz sogar mit 5:0 geführt. Lendl kündigte danach an, dass er, wenn er nicht ohne Schmerzen spielen könne, gar nicht mehr auf den Platz kommen würde. Und genau das tat er auch. Wegen anhaltender Rückenschmerzen war das Match gegen Karbacher sein letztes in seiner Karriere.

Für Karbacher ging die Reise bei den US Open weiter bis ins Viertelfinale, wo er dem US-Amerikaner Todd Martin unterlag – neben den French Open 1996 sein bestes Ergebnis bei einem Grand-Slam-Turnier.

2. September
1991
Jimmy Connors sorgt bei den US Open an seinem
39. Geburtstag für eine sensationelle Show

Die 1991er-Ausgabe der US Open wird immer verbunden sein mit dem Sensationslauf von Jimmy Connors. Der 39-jährige US-Amerikaner war in der ersten Runde schon so gut wie ausgeschieden und spielte sich dann sensationell bis ins Halbfinale vor.

Das emotionalste und verrückteste Match lieferte Connors im Achtelfinale gegen Landsmann Aaron Krickstein – an seinem 39. Geburtstag. In einem 4:41 Stunden andauernden Kampf rang Connors den 15 Jahre jüngeren Krickstein nieder. Connors zog die Zuschauer in seinen Bann. Er jubelte ausgelassen, schimpfte wie ein Rohrspatz und legte sich mit dem Schiedsrichter an.

„Ich bin 39 Jahre alt und reiße mir hier den Hintern auf und du machst so etwas. Verschwinde aus dem Stuhl!", fauchte Connors den Schiedsrichter im Tiebreak des zweiten Satzes nach einer knappen Entscheidung an. Im fünften Satz lag Connors mit 2:5 zurück. Seinen Zorn bekam erneut der Schiedsrichter zu spüren. „Du bist eine Missgeburt. Wir spielen hier seit 3:50 Stunden. Was machst du eigentlich hier?", giftete Connors und kassierte dafür nicht mal eine Verwarnung. Connors kämpfte sich zurück ins Match, das im Tiebreak entschieden wurde. „Dafür sind alle gekommen. Das ist, was alle wollen", schrie Showman Connors vor dem Tiebreak in das Fernsehmikrofon.

Der Altstar gewann den Tiebreak und machte sich damit selbst das schönste Geburtstagsgeschenk – 3:6, 7:6 (10:8), 1:6, 6:3, 7:6 (7:4) hieß es am Ende. Connors und das Publikum tobten vor Ekstase. „So ein Match mit 7:6 im fünften Satz zu gewinnen, dafür lebe ich!", sagte der euphorisierte Connors. Die 20.000 Zuschauer im Louis Armstrong Stadium stimmten „Happy Birthday" für den 39-Jährigen an, der damit das

17. Viertelfinale bei seinen letzten 18 US-Open-Teilnahmen erreichte: ein überragender Rekord. Die Connors-Show endete dann schließlich im Halbfinale.

3. September 2006

Benjamin Becker beendet bei den US Open die Karriere von Andre Agassi

Benjamin Becker erfuhr weltweite Berühmtheit, indem er die Karriere von Andre Agassi beendete. Der 36-jährige US-Amerikaner hatte vorher angekündigt, dass die US Open sein letztes Turnier sein werden.

Nachdem Agassi in den ersten beiden Runden in fünf Sätzen gewonnen hatte, rechneten alle mit einem schnellen Sieg in der dritten Runde gegen den deutschen Nobody namens Becker. Doch es kam anders. Der Deutsche, damals die Nummer 112 der Welt, spielte eines seiner besten Matches und besiegte Agassi mit 7:5, 6:7 (4:7), 6:4, 7:5. „Es war auch für mich ein schwerer, ein emotionaler Moment. Ich habe mich gefreut und war traurig zugleich", sagte Becker.

„Die Anzeigentafel sagt, dass ich heute verloren habe, aber was die Anzeigentafel nicht sagt, ist das, was ich gefunden habe. In den letzten 21 Jahren habe ich Loyalität gefunden. Ich habe Inspiration gefunden. Ihr habt mir den Willen gegeben, um manchmal in meinen schwächsten Momenten Erfolg zu haben. Und ich habe Großzügigkeit gefunden. Ihr habt mir eure Schultern gegeben, um darauf zu stehen, um nach meinen Träumen zu greifen. Träume, die ich nie ohne euch erreicht hätte. In den letzten 21 Jahren habe ich euch gefunden. Ich werde euch und die Erinnerung an euch für den Rest meines Lebens behalten. Vielen Dank", sagte Agassi nach seinem letzten Match in seiner Ansprache an das Publikum.

Andy Roddick, der im Falle eines Sieges von Agassi im Achtelfinale gegen seinen Landsmann gespielt hätte, sagte mit etwas Erleichterung, dass er nicht die Karriere von Agassi beenden musste: „Man will nicht der Kerl sein, der Bambi erschießt."

4. September
1977
Fan wird bei US-Open-Match von John McEnroe durch eine Pistolenkugel verletzt

Im Drittrundenmatch zwischen den US-Amerikanern John McEnroe und Eddie Dibbs bei den US Open 1977 kam es zum wohl bizarrsten Zwischenfall der Turniergeschichte.

Mit Beginn der Partie wurde der 33-jährige Zuschauer James Reilly von einer umherfliegenden Pistolenkugel auf den Straßen des New Yorker Stadtteil Queens im Oberschenkel getroffen. Blut strömte aus seinem Bein. Ein Schuss wurde allerdings von keinem der 6.943 Zuschauer im Stadion gehört.. „Es ist jemand auf der Tribüne von einer Pistolenkugel getroffen worden", verkündete der Stuhlschiedsrichter.

Dibbs sagte umgehend, dass er den Platz verlassen werde. „Ich gehe nicht als Zielscheibe nach draußen", sagte der 18-jährige John McEnroe über den Vorfall. Nach sechs Minuten Unterbrechung wurde das Match trotz großer Proteste fortgesetzt, auch weil die Offiziellen die beiden Spieler anlogen, um einen Spielabbruch zu vermeiden. Sie versicherten, dass der Zuschauer keine Schusswunde, sondern einen Schock erlitt.

Bis heute wurde nicht aufgeklärt, wer den Schuss abgegeben hat. McEnroe gewann das Match gegen Dibbs mit 6:2, 4:6, 6:4. Beim damaligen US-Open-Turnier wurde nur im Finale über drei Gewinnsätze gespielt. Es war das letzte Mal, dass die US Open im West Side Tennis Club in Forest Hills stattfanden.

5. September
1996
Pete Sampras kotzt bei den US Open auf den Platz und gewinnt

„Das Corretja-Match wurde in den Köpfen aller eingraviert als mein definierender Moment – mein Kämpfermoment." Das schrieb Pete Sampras in seiner Biografie *A Champion's Mind* über das Viertelfinale bei den US Open 1996 gegen Alex Corretja.

Sampras stand gegen den Spanier wegen totaler Erschöpfung kurz vor dem Knockout. Die unterschiedlichen Spielstile der beiden führten zu einem hochklassigen und kuriosen Match. Sampras machte im ersten Satz 22 Aufschlagpunkte am Stück. Corretja spielte eines der besten Matches seiner Karriere. Doch der Spanier konnte im fünften Satz keinen wirklichen Nutzen aus der Erschöpfung von Sampras ziehen. Es gab den ultimativen Showdown: Tiebreak im fünften Satz.

Sampras wankte, konnte sich kaum auf den Beinen halten und musste sich letztendlich kurz vor der Bande hinter der Grundlinie übergeben. „Heilige Scheiße, ich werde mich übergeben. Ich muss kotzen - vor der ganzen, verdammten Welt", schilderte der US-Amerikaner diese Situation in seinen Memoiren. Sampras wehrte bei 6:7 einen Matchball ab und profitierte vom Nervenflattern des Spaniers. Corretja besiegelte den Sieg von Sampras mit einem Doppelfehler.

Während Corretja nach der Niederlage seinen Kopf minutenlang im Handtuch vergrub, wurde Sampras sofort in die Katakomben geführt und medizinisch versorgt. „Ich war zerschrammt, abgenutzt und erschöpft. Aber ich war immer noch fähig, einen Fuß vor den anderen zu setzen. Ich war noch fähig, zu kämpfen", erklärte Sampras den Sieg. Einige Tage später gewann der US-Amerikaner den Titel bei den US Open.

6. September 1986

Steffi Graf verliert bei den US Open dramatisches Halbfinale gegen Martina Navratilova

Insgesamt 18-mal duellierten sich Steffi Graf und Martina Navratilova (Bilanz 9:9). Fünfmal kreuzten sich ihre Schläger bei den US Open. Ein denkwürdiges und hochklassiges Match lieferten sich die beiden Ausnahmespielerinnen im Halbfinale 1986. Das Match ging wegen Regen über zwei Tage.

Bei 4:1-Führung für Navratilova im ersten Satz wurde die Partie unterbrochen und auf den nächsten Tag verschoben. Nach dem schnellen Satzgewinn mit 6:1 entwickelte sich ein hochklassiges und dramatisches Match. Die 17-jährige Graf sicherte sich den zweiten Satz im Tiebreak. Bei 5:4-Führung im dritten Satz hatte Graf zweimal einen Matchball. Es ging schließlich im dritten Satz erneut in den Tiebreak.

Graf und Navratilova boten Dramatik pur. Die Deutsche wehrte zwei Matchbälle ab, ehe sie bei 8:7 ihren dritten Matchball bekam. Mit ihrer ganzen Routine wehrte Navratilova den Ansturm von Graf ab und sicherte sich mit 6:1, 6:7 (3:7), 7:6 (10:8) den Einzug ins Finale. „Beim letzten Mal, als ich drei Matchbälle abgewehrt und dann gewonnen habe, war ich zehn Jahre alt, glaube ich. Man kann nicht mehr gefordert werden. Ich hoffe, dass Steffi nicht noch besser wird, sonst werde ich aufhören müssen", sagte Navratilova hinterher.

7. September
1997

Martina Hingis gewinnt bei den US Open jüngstes Grand-Slam-Finale gegen Venus Williams

Mit der 16-jährigen Martina Hingis aus der Schweiz und der 17-jährigen US-Amerikanerin Venus Williams, Nummer 66 der Weltrangliste, kam es bei den US Open zum jüngsten Grand-Slam-Finale in der Geschichte des Profitennis.

Mit einem klaren 6:0, 6:4 setzte sich Hingis gegen Williams durch, die zum ersten Mal in New York spielte, durch und gewann ihren ersten und einzigen US-Open-Titel. „Es war ziemlich chaotisch wie zum Ende bei einem Boxkampf", sagte Hingis, die zu diesem Zeitpunkt die Nummer eins der Welt war.

„Sie wird besser und besser. Es gab immer Leute, die über Venus geredet haben, aber sie hat nie die Ergebnisse erzielt. Zum ersten Mal hat sie gezeigt, wie gut sie spielen kann. Ich konnte nicht wissen, dass sie so gut spielen kann", sagte Hingis über ihre Finalgegnerin, die insgesamt sieben Grand-Slam-Titel gewinnen sollte – zwei mehr als Hingis.

8. September
2002

Pete Sampras spielt bei den US Open sein letztes Turnier und gewinnt den Titel

Das US-Open-Finale 2002 wurde, was zu dem Zeitpunkt noch keiner wissen konnte, das letzte Spiel von Pete Sampras. Es hätte für den US-Amerikaner wohl keinen besseren Abschluss der Karriere geben können, als mit einem Grand-Slam-Titel abzutreten. Der Finalgegner von Sampras war sein Landsmann und ewiger Rivale, Andre Agassi. Beide hatten sich schon 1990 beim ersten Grand-Slam-Erfolg von Sampras im Finale der US Open gegenübergestanden.

Zwölf Jahre später schloss sich dann der Kreis. Sampras und Agassi waren mittlerweile über 30 Jahre alt und duellierten sich in einem der ältesten Grand-Slam-Finals. Sampras setzte sich mit 6:3, 6:4, 5:7, 6:4 durch und gewann seinen 14. und letzten Titel bei einem Grand-Slam-Turnier.

„Einen Rivalen wie Andre zu besiegen, wäre ein Bilderbuchende. Es wäre schön, jetzt aufzuhören", sagte Sampras und ließ seine Ankündigung wahr werden. Er spielte anschließend kein Match mehr und gab 50 Wochen später bei den US Open in New York sein Karriereende bekannt.

9. September
1995
Steffi Graf gewinnt emotionales US-Open-Finale gegen Monica Seles

Auf dieses Spiel hatte die Tenniswelt gewartet. Im US-Open-Finale standen sich Steffi Graf und Monica Seles gegenüber. Es war ein Endspiel mit einer ganz besonderen und traurigen Vorgeschichte. Seles wurde am 30. April 1993 in Hamburg von einem irren Steffi-Graf-Fan niedergestochen. Die körperlichen Wunden verheilten schnell, doch die seelischen blieben. Erst im August 1995 gab Seles ihr Comeback und siegte in Toronto gleich bei ihrem ersten Turnierauftritt.

Kurze Zeit später schaffte sie den Einzug in das Finale der US Open, wo sie auf Graf traf. Ein Duell, das die Erinnerung an das Messerattentat wieder in ihr Gedächtnis brachte. Auch Graf plagten persönliche Probleme zu der Zeit. Ihr Vater Peter wurde ein paar Wochen zuvor wegen des Verdachts auf Steuerhinterziehung in Untersuchungshaft genommen.

Graf gewann das Endspiel gegen Seles trotz eines 0:6 im zweiten Satz mit 7:6 (8:6), 0:6, 6:3. „Es ist ein Traum, es scheint surreal. Ich glaube, dass ich jetzt jedes Grand-Slam-Turnier viermal gewonnen habe. Das ist wirklich erstaunlich", freute sich Graf über ihren vierten Titel bei den US Open.

Auch Seles war stolz auf ihr tolles Comeback. „Ich habe die richtige Entscheidung getroffen. Ich tue jetzt das, was ich liebe, nämlich Tennis spielen. Mein Leben geht wieder vorwärts", sagte Seles.

10. September
1988

Steffi Graf schafft historischen Grand Slam

Das Tennisjahr 1988 gehörte ganz eindeutig Steffi Graf. Die Deutsche ging mit den Grand-Slam-Siegen bei den Australian Open, French Open und Wimbledon in die US Open und hatte die große Chance, den Grand Slam – den Sieg bei allen vier Grand-Slam-Turnieren in einem Kalenderjahr – zu erreichen.

Graf spielte sich souverän ins Endspiel vor und vollendete mit dem Finalsieg gegen Gabriela Sabatini (6:3, 3:6, 6:1) den Traum aus vier Teilen. Die 19-Jährige schaffte nach Maureen Connolly (1953) und Margaret Court (1970) als dritte Spielerin den Grand Slam.

„Ich bin sehr glücklich. All das Gerede über den Grand Slam ist jetzt vorbei. Das ist eine schöne Erleichterung. Jetzt habe ich es geschafft, es ist kein weiterer Druck mehr auf mir. Es gibt nichts anderes, was ich noch tun muss", freute sich Graf über den bislang letzten Grand Slam im Tennis.

Aber es gab noch etwas zu tun für die Deutsche. Drei Wochen nach dem Erfolg gewann Graf auch noch die Goldmedaille bei den Olympischen Spielen in Seoul und schuf den Begriff *Golden Slam*. Eine Leistung, die im Tennis wohl einmalig bleiben wird.

11. September 1994
Michael Stich verliert US-Open-Finale gegen Andre Agassi

Michael Stich erreichte nach seinem Wimbledon-Sieg im Jahr 1991 zum zweiten Mal das Finale bei einem Grand-Slam-Turnier. Dort traf der Deutsche auf Andre Agassi, der ungesetzt in das Turnier gegangen war. Der Spielstil des US-Amerikaners lag Stich überhaupt nicht.

Er verlor das Finale mit 1:6, 6:7 (5:7), 5:7. „Ich stehe immer noch unter Schock. Es ist ziemlich unglaublich, was ich geschafft habe. Ich kann es nicht glauben. Es waren zwei unglaubliche Wochen für mich", sagte Agassi über seinen ersten US-Open-Titel. Stich konnte in seinen sechs Karrierematches gegen Agassi nie gewinnen.

12. September 2009
Serena Williams verliert Halbfinale bei den US Open nach Ausraster und Punktstrafe

Serena Williams ist für ihr feuriges Temperament auf dem Platz bekannt. Im Halbfinale der US Open 2009 gegen Kim Clijsters übertrieb es aber die US-Amerikanerin, die nach einem angeblichen Fußfehler die Beherrschung verlor.

Beim Stand von 4:6, 5:6, 15:30 wurde Williams' zweiter Aufschlag als Fußfehler gegeben. Es hieß damit 15:40 und Matchball Clijsters. Williams stürmte daraufhin auf die Linienrichterin zu und beschimpfte diese: „Ich schwöre bei Gott, ich werde diesen Ball nehmen und ihn dir in deinen verdammten Hals stecken, hast du mich verstanden?" Die Linienrichterin meldete den Vorfall der Schiedsrichterin, auch der Oberschiedsrichter gesellte sich dazu.

Williams, die bereits zuvor eine Verwarnung wegen Schlägerbrechens bekommen hatte, kassierte die zweite Verwarnung, was in einem Strafpunkt resultierte – gleichbedeutend mit dem Matchgewinn für Clijsters. Die Belgierin nahm völlig verdutzt die Glückwünsche von Williams entgegen.

Bis zum unrühmlichen Ende war es ein gutes Spiel von beiden mit einer bärenstarken Clijsters. „Es ging alles so schnell. Ich war selbst geschockt. So hätte das nicht enden dürfen", sagte Clijsters, die das Turnier nur dank einer Wildcard bestreiten konnte und ein Match später die erste Wildcard-Siegerin in der Grand-Slam-Geschichte wurde.

„Du denkst, du hast schon alles im Tennis gesehen – und dann passiert so was. Ich weiß, was ich sage: Dafür gibt es keine Entschuldigung, da gibt es keine zwei Meinungen", sagte Kommentator John McEnroe, der selbst kein Kind von Traurigkeit auf dem Platz war. Einige Experten forderten eine Sperre für Williams, die aber ausblieb. Die US-Amerikanerin kam mit einer saftigen Geldstrafe von 82.500 US-Dollar davon.

13. September 2010

Rafael Nadal schafft bei den US Open den Karriere-Grand-Slam

Die US Open 2010 standen ganz im Zeichen von Rafael Nadal. Der Spanier zeigte sich in Überform und spazierte ohne Satzverlust ins Endspiel. Nadal hatte die große Chance, als siebter Spieler im Herrentennis den Karriere-Grand-Slam, den Titelgewinn bei allen vier Grand-Slam-Turnieren, zu schaffen und in den Tennis-Olymp aufzusteigen.

Finalgegner Novak Djokovic wollte seinerseits ebenfalls zum ersten Mal die US Open gewinnen. Im Endspiel war Nadal der dominierende Mann, der sich auch durch eine zweistündige Regenpause und den Satzausgleich nicht aus der Ruhe bringen ließ. Nadal sicherte sich nach 3:42 Stunden Spielzeit mit 6:4, 5:7, 6:4, 6:2 den US-Open-Titel und das letzte noch fehlende Puzzlestück zum Karriere-Grand-Slam.

„Das ist mehr, als ich mir erträumt habe", freute sich Nadal und sagte zu Djokovic: „Gratuliere, du hast ein super Turnier gespielt, und ich glaube, du wirst das Turnier hier bald gewinnen." Ein Jahr später war es dann so weit mit dem Titelcoup von Djokovic in New York – im Finale gegen Nadal.

14. September 2009

Juan Martin del Potro entthront Roger Federer bei den US Open

Roger Federer ging als klarer Favorit in das Finale bei den US Open. Der Schweizer hatte fünfmal in Folge den Titel beim Grand-Slam-Turnier in New York gewonnen. Sein Endspielgegner war der Argentinier Juan Martin del Potro, der zum ersten Mal um einen Grand-Slam-Titel spielte.

Federer wurde zunächst seiner Favoritenrolle gerecht und servierte zu einer 2:0-Satzführung. Letztendlich triumphierte del Potro und siegte mit 3:6, 7:6 (7:5), 4:6, 7:6 (7:4), 6:2 und weinte Freudentränen. „Seit ich jung bin, habe ich davon geträumt, diese Trophäe mitzunehmen. Ich habe meinen Traum erreicht. Es ist ein unglaublicher Moment. Es war ein fantastisches Match mit fantastischen Leuten. Alles ist perfekt", sagte del Potro.

„Ich hatte ein tolles Turnier, aber er war der Beste", sagte Federer nach seiner ersten Niederlage bei den US Open nach sechs Jahren.

15. September 1986

Lori McNeil und Zina Garrison spielen in Tampa historisches Finale

Beim WTA-Turnier in Tampa im US-Bundesstaat Florida kam es zu einem historischen Finale. Mit den US-Amerikanerinnen Lori McNeil und Zina Garrison trafen erstmals zwei dunkelhäutige Spielerinnen in einem Endspiel aufeinander.

McNeil siegte mit 2:6, 7:5, 6:2 und gewann ihren ersten Titel auf der WTA-Tour. „Ich denke nicht, dass es so eine große Sache war. Es war emotional, weil Zina und ich Freundinnen sind. Wir sind wie Schwestern. Es war schade, das Zina verlieren musste. Aber ich bin natürlich auch glücklich, dass ich gewonnen habe", sagte McNeil.

16. September 2012

Deutsches Davis-Cup-Team gewinnt Abstiegsspiel gegen Australien

Das deutsche Davis-Cup-Team traf in Hamburg im Duell um den Verbleib in der Weltgruppe auf Australien. Nach den ersten beiden Tagen stand es 2:1 für die Australier, die auch als Favorit in die Partie gegangen waren.

Am Schlusstag drehten die Deutschen die Partie am Hamburger Rothenbaum und sicherten den Klassenerhalt. Zunächst siegte Florian Mayer gegen Bernard Tomic klar mit 6:4, 6:2, 6:3. Im Anschluss spielte Cedrik-Marcel Stebe, die Nummer 127 der Weltrangliste, eines seiner besten Matches und fegte den ehemaligen Weltranglistenersten Lleyton Hewitt nach 2:4-Rückstand im ersten Satz mit 6:4, 6:1, 6:4 vom Platz.

„Das ist der größte Erfolg meiner Karriere. Zu Beginn war ich etwas nervös. Es war eine unglaubliche Atmosphäre. Ich bin über Hewitt hinweggerauscht", sagte Stebe.

17. September 2017
Deutsches Davis-Cup-Team gewinnt Relegationsspiel in Portugal

Zum dritten Mal in Folge musste das deutsche Davis-Cup-Team im Relegationsduell um den Verbleib in der Weltgruppe spielen. In einem Auswärtsspiel traf die Mannschaft auf Portugal.

Nach den ersten beiden Tagen dank des Einzelsiegs von Cedrik-Marcel Stebe und des Doppelsiegs von Tim Pütz und Jan-Lennard Struff führte das Team in Lissabon mit 2:1. Struff besiegte am Schlusstag Joao Sousa nach Abwehr eines Matchballs mit 6:0, 6:7 (3:7), 3:6, 7:6 (8:6), 6:4 und sicherte seinem Team den Klassenverbleib.

„Das war einer meiner größten Siege. Jeder hat hier seinen Teil zum Erfolg beigetragen. Jeder hat seine Aufgabe gut gemeistert. Ich glaube, dass wir heute ordentlich feiern werden", sagte Struff. „Ein Abstieg wäre für uns fatal gewesen", sagte Davis-Cup-Kapitän Michael Kohlmann nach dem wichtigen Sieg.

18. September 2016

Deutsches Davis-Cup-Team gewinnt Relegationsspiel gegen Polen

Das deutsche Davis-Cup-Team musste zum Relegationsduell gegen Polen antreten, um in der Weltgruppe zu bleiben. Die Mannschaft von Kapitän Michael Kohlmann ging als klarer Favorit in das Match in Berlin.

Nachdem am ersten Tag Jan-Lennard Struff Deutschland mit einem Fünfsatzsieg in Führung gebracht hatte und Florian Mayer auf 2:0 stellte, verlor das deutsche Doppel um Daniel Brands und Daniel Masur trotz einer 2:0-Satzführung. Die Entscheidung fiel schließlich am Schlusstag.

Mayer unterlag Kamil Majchrzak mit 2:6, 6:4, 2:6, 3:6 und verkündete anschließend das Ende seiner Davis-Cup-Karriere. Struff stellte im entscheidenden Einzel gegen Hubert Hurkacz mit einem 7:6 (7:4), 6:4, 6:1 den deutschen Klassenerhalt sicher. „Wir haben alles gegeben, und am Ende hat es geklappt. Ich habe als Kind immer davon geträumt, in so einer Situation gefeiert zu werden. Das ist Wahnsinn", sagte Matchwinner Struff.

19. September 1999

Nicolas Kiefer feiert Titel in Taschkent

Nicolas Kiefer spielte 1999 das beste Jahr seiner Karriere. Im usbekischen Taschkent, wo eines der ungewöhnlichsten ATP-Turniere stattfand, holte sich der Deutsche seinen dritten Saisontitel.

Kiefer besiegte im Endspiel den Schweizer Georg Bastl mit 6:4, 6:2. „Ich habe mir vor dem Finale gesagt: ‚Los, strenge dich an', und immer, wenn ich das tue, dann gewinne ich auch", sagte Kiefer nach seinem vierten

ATP-Titel. Wenige Wochen später stieß Kiefer erstmals in die Top Ten in der Weltrangliste vor und qualifizierte sich für das Saisonfinale der acht besten Spieler des Jahres – das in jenem Jahr zum vierten und letzten Mal in seiner Heimatstadt Hannover gespielt wurde.

20. September 1973
Billie Jean King gewinnt „Battle of Sexes" gegen Bobby Riggs

Im Astrodome in Houston im US-Bundesstaat Texas fand eines der ungewöhnlichsten und aufsehenerregendsten Matches der Tennisgeschichte statt. Die 29-jährige US-Amerikanerin Billie Jean King, amtierende Wimbledon-Siegerin, traf im Geschlechterkampf auf ihren 55-jährigen Landsmann Bobby Riggs, Wimbledon-Sieger von 1939. Das Duell ging als *Battle of Sexes* in die Annalen ein.

30.492 Zuschauer kamen, um das Spektakel zu sehen – damals eine Rekordkulisse für ein Tennismatch. Nach 2:04 Stunden war das Match beendet. Die 26 Jahre jüngere King siegte mit 6:4, 6:3, 6:3. „Sie war zu gut. Ich konnte nicht das Beste aus meinem Spiel holen. Es war zu schnell zu Ende", gestand Riggs hinterher, der zuvor mit markigen Worten dafür gesorgt hatte, dass der Schaukampf ein internationales Ereignis wurde. 2017 wurde der Geschlechterkampf mit prominenten Schauspielern verfilmt.

Bis heute halten sich hartnäckig Gerüchte, dass Riggs das Duell mit Absicht verlor, um Spielschulden zu begleichen. Vier Monate zuvor, am 15. Mai 1973, siegte er in Ramon im US-Bundesstaat Kalifornien gegen die damals 30-jährige Grand-Slam-Rekordhalterin Margaret Court klar mit 6:2, 6:1. Da das Match am Muttertag stattfand, wurde es in der Presse als „Muttertagsmassaker" bezeichnet.

21. September 2003

Deutschland steigt aus der Davis-Cup-Weltgruppe ab

Das deutsche Davis-Cup-Team spielte in Sundern gegen Weißrussland um den Verbleib in der Weltgruppe. In einigen Relegationspartien in den Jahren zuvor konnte die deutsche Mannschaft stets den Abstieg vermeiden.

Im Eröffnungseinzel verlor Davis-Cup-Debütant Tomas Behrend nach einer 2:0-Satzführung und zwei Matchbällen gegen Max Mirnyi. Nachdem Rainer Schüttler ausgeglichen und an der Seite von Nicolas Kiefer das Doppel verloren hatte, lag es am Schlusstag an Schüttler, das deutsche Team im Rennen zu behalten. Doch die damalige deutsche Nummer eins konnte ihrer Favoritenrolle nicht gerecht werden und unterlag Mirnyi mit 3:6, 5:7, 3:6.

Der erste deutsche Abstieg aus der Davis-Cup-Weltgruppe nach 20 Jahren war damit besiegelt. „Oh, ist das bitter. Ich habe schlecht gespielt, das weiß ich auch. Aber müde war ich nicht. Vielleicht habe ich zu viel gewollt", sagte Schüttler.

„Eine Katastrophe ist das nicht. Auch die Tenniswelt geht von dieser Niederlage nicht unter", kommentierte Georg von Waldenfels, der Präsident des Deutschen Tennis Bundes, den Abstieg. Zwei Jahre später stieg das deutsche Davis-Cup-Team wieder auf und gehört seitdem ununterbrochen der Weltgruppe an.

22. September 1991
Deutschland scheitert im Davis-Cup-Halbfinale

Mit Boris Becker und Michael Stich im Team erreichte die deutsche Davis-Cup-Mannschaft das Halbfinale. Dort ging es gegen die USA in Kansas City um den Einzug ins Finale, allerdings ohne Becker. Nach dem ersten Tag durch die Niederlagen von Stich und Carl-Uwe Steeb stand das deutsche Team mit dem Rücken zur Wand.

Im Doppel siegte Stich an der Seite von Eric Jelen glatt in drei Sätzen. Am Schlusstag gelang Stich gegen den damaligen Weltranglistenzweiten Jim Courier ein klarer Sieg in drei Sätzen. Die Entscheidung fiel im Schlusseinzel zwischen Steeb und Andre Agassi.

Der US-Amerikaner nahm Revanche für die bittere Niederlage im Davis Cup vier Jahre zuvor und zerstörte mit einem 6:2, 6:2, 6:3 die deutschen Finalträume. „Eine bessere Mannschaft hat gewonnen", resümierte Deutschlands Kapitän Niki Pilic.

23. September 2007
Deutschland verpasst Einzug in das Davis-Cup-Finale

Erstmals seit 1995 hatte das deutsche Davis-Cup-Team die Chance auf den Einzug ins Finale. Wie schon zwölf Jahre zuvor traf die Mannschaft in einem Auswärtsspiel in Moskau auf Russland. Die Entscheidung fiel wie schon 1995 im Schlusseinzel.

Am ersten Tag hatte Tommy Haas zu Beginn klar gegen Igor Andreev verloren. Philipp Kohlschreiber glich mit einem überraschenden Fünfsatzsieg gegen Nikolay Davydenko zum 1:1 aus. Philipp Petzschner und Alexander Waske brachten Deutschland mit einem Viersatzsieg im Doppel in Führung. Waske verletzte sich dabei so schwer, dass er mehrere Monate nicht mehr spielen konnte. Am Schlusstag musste Petzschner im Einzel für den an einer Magen-Darm-Grippe erkrankten Haas einspringen und unterlag Mikhail Youzhny mit 4:6, 4:6, 6:3, 3:6. Im entscheidenden Einzel trafen Kohlschreiber und Andreev aufeinander. Der Deutsche verlor mit 3:6, 6:3, 0:6, 3:6.

„Unser Traum ist abrupt zu Ende gegangen. Dennoch haben wir als Mannschaft einiges geleistet, und für das deutsche Tennis insgesamt war es sicher ein gutes Davis-Cup-Jahr", sagte Teamkapitän Patrik Kühnen.

24. September 1995

Das Matchballdrama um Michael Stich im Davis-Cup-Halbfinale

Das deutsche Davis-Cup-Team musste im Halbfinale in Russland antreten. Es wurde ein hochdramatisches Wochenende in Moskau mit einem bitteren Ausgang für die deutsche Mannschaft.

Am ersten Tag brachten Boris Becker und Michael Stich die deutsche Mannschaft mit 2:0 in Führung. Im darauf folgenden Doppel standen Becker und Stich bei einer 4:2-Führung im fünften Satz kurz vor dem Einzug ins Finale und verloren das Match trotzdem. Am Schlusstag zog Becker von seinem Einzel verletzungsbedingt zurück. Nachdem Ersatzmann Bernd Karbacher chancenlos war, traf Stich im entscheidenden Einzel in einem Match der Gegensätze auf Andrei Chesnokov.

Auf der einen Seite Stich, der trotz des langsamen Sandplatzes mit Serve-and-Volley bedingungslos agierte und attackierte. Auf der anderen Seite Chesnokov, der mit Engelsgeduld reagierte und konterte. Es ging schließlich in den fünften Satz, der an Dramatik kaum zu überbieten war. Stich breakte zum 7:6 und vergab in seinem anschließenden Aufschlagspiel sage und schreibe neun Matchbälle – zwei davon mit Doppelfehler. Es kam, wie es kommen musste.

Chesnokov glich mit seinem ersten Breakball aus und gewann nach 4:18 Stunden Spielzeit mit 6:4, 1:6, 1:6, 6:3, 14:12 – ausgerechnet durch einen Doppelfehler von Stich. Der Deutsche war am Boden zerstört, vergrub seinen Kopf minutenlang im Handtuch und weinte bittere Tränen. Becker versuchte, seinen Landsmann zu trösten und massierte ihm den Rücken.

„Da gibt es nichts dran zu ändern: Ich habe versagt. Das war nicht die schlimmste, aber die schmerzhafteste Niederlage meiner Karriere. Als Menschen und Tennisspieler wird dieses Match mich immer prägen. Ich wusste nicht, wie brutal Sport sein kann", sagte Stich hinterher. Damit war auch der große Traum vom Jahrhundertfinale gegen die USA geplatzt.

Der Einzug ins Finale hätte dem Deutschen Tennis Bund ein Gipfeltreffen mit Becker und Stich gegen Pete Sampras, Andre Agassi und Jim Courier beschert. Ein Spektakel, auf das die Tenniswelt sich riesig gefreut und dem Deutschen Tennis Bund Millioneneinnahmen beschert hätte.

25. September 2016

Alexander Zverev feiert in St. Petersburg ersten ATP-Titel

Nach zwei verlorenen Finals stand Alexander Zverev in St. Petersburg erneut im Endspiel eines ATP-Turniers. Dort traf der 19-jährige Deutsche auf den frisch gebackenen US-Open-Sieger Stan Wawrinka. Zverev holte sich mit 6:2, 3:6, 7:5 gegen den Schweizer seinen Premierentitel auf der ATP-Tour.

„Ich weiß gar nicht, was gerade passiert ist. Ich hätte keinen besseren Ort für meinen ersten Turniersieg wählen können", sagte Zverev, dessen Eltern aus Russland kommen. Im dritten Satz hatte der Teenager mit 0:3 zurückgelegen. „Ich habe nie aufgegeben", sagte Zverev, der die Finalserie von Wawrinka mit elf gewonnenen Endspielen in Folge beendete.

26. September 2004
Deutsches Davis-Cup-Team verliert Relegationsspiel in der Slowakei

Ein Jahr nach dem bitteren Abstieg aus der Davis-Cup-Weltgruppe hatte das deutsche Team die Chance auf den Wiederaufstieg. In der Relegationspartie traf die Mannschaft in Bratislava auf die Slowakei. Vor dem Schlusstag stand es 2:1 für das deutsche Team.

Mit dem Aufstieg wurde es allerdings nichts, da Tommy Haas und Florian Mayer einen schwachen Tag erwischten. Zunächst verlor Haas gegen Dominik Hrbaty mit 3:6, 3:6, 5:7. Im entscheidenden Einzel war Mayer gegen Karol Kucera mit 4:6, 0:6, 2:6 chancenlos.

„Das war eine schlimme Erfahrung. Ich hatte starke Armschmerzen, aber das darf natürlich keine Entschuldigung sein", sagte Mayer. Spitzenspieler Haas meinte nach der Niederlage: „Nichts hat geklappt. Hrbaty hat gespielt wie von einem anderen Stern. Er hatte immer eine Antwort parat. Ich weiß nicht, wer ihn heute hätte schlagen können. Ich wollte nichts mehr als zurück in die Weltgruppe. Es ist so wahnsinnig frustrierend." Ein Jahr später klappte es schließlich mit dem Aufstieg in die Davis-Cup-Weltgruppe.

27. September
1987
Steffi Graf holt ersten Titel in Hamburg

Nach neun Jahren Pause fand wieder ein WTA-Turnier am Hamburger Rothenbaum statt. 1982 und 1983 wurde das Turnier im Hamburger Stadtteil Hittfeld ausgetragen. Star der Veranstaltung war die 18-jährige Steffi Graf, die in keinem ihrer fünf Matches mehr als sechs Spiele abgab.

Graf setzte sich im Finale gegen ihre Landsfrau Isabel Cueto mit 6:2, 6:2 durch. Die Deutsche nahm achtmal in Folge beim Sandplatzturnier in Hamburg teil und konnte von 1987 bis 1992 sechsmal den Titel gewinnen. 1993 und 1994 verlor sie das Finale am Rothenbaum jeweils gegen Arantxa Sanchez Vicario.

28. September
2000
Tommy Haas verliert Match um die Goldmedaille bei den Olympischen Spielen in Sydney

Tommy Haas wollte wegen einer Rückenverletzung gar nicht erst antreten bei den Olympischen Spielen 2000 in Sydney. Dennoch entschied sich der Deutsche zur Teilnahme und stand nach Siegen gegen Wayne Ferreira, Alex Corretja, Max Mirnyi und Roger Federer im Finale des olympischen Tennisturniers.

Im Match um die Goldmedaille wartete der Russe Yevgeny Kafelnikov. Es entwickelte sich ein Duell auf Augenhöhe, das Kafelnikov nach 3:35 Stunden mit 7:6 (7:4), 3:6, 6:2, 4:6, 6:3 für sich entschied.

„Ich bin nur hierhergekommen, um an Olympia teilzunehmen. Die Goldmedaille zu gewinnen, ist jenseits meiner Erwartungen", sagte Kafelnikov. „Als ich bei 5:3 zum Sieg servierte, sagte ich zu mir: ‚Du bist den ganzen Weg gegangen, um das Finale bei Olympia zu spielen. Wenn du das Match verlierst, wirst du es dein gesamtes Leben bedauern'", gestand der Russe.

29. September 1988

Steffi Graf zieht bei den Olympischen Spielen in Seoul ins Finale ein

Steffi Graf war bei den Olympischen Spielen in Seoul auf einer Mission. Die 19-jährige Deutsche konnte mit dem Gewinn der Goldmedaille den *Golden Slam* schaffen – der Sieg bei allen vier Grand-Slam-Turnieren sowie bei Olympia innerhalb eines Kalenderjahres. Mit dem Einzug ins Halbfinale hatte Graf bereits die Bronzemedaille sicher.

In der Vorschlussrunde traf die Deutsche auf die US-Amerikanerin Zina Garrison, die sie mit 6:2, 6:0 vom Platz fegte. Nach dem Einzug ins Finale war der Golden Slam zum Greifen nah. Doch Graf spielte das mögliche Erreichen dieser Einmaligkeit im Tennissport herunter. „Ich habe den Grand Slam gewonnen. Nun versuche ich das Beste, um die Goldmedaille zu gewinnen. Das eine hat mit dem anderen nichts zu tun", sagte Graf.

30. September 1988

Miloslav Mecir gewinnt Gold bei den Olympischen Spielen in Seoul

Miloslav Mecir bleibt vor allem in Erinnerung durch seine elegante Spielweise. Seine Art, Tennis zu spielen, wirkte mühelos, als bedeute diese keine Kraftanstrengung. Daher bekam er auch den Spitznamen „die Katze" verpasst. Mecir war einer der erfolgreichsten Spieler ohne Grand-Slam-Titel.

Bei den Olympischen Spielen 1988 in Seoul schlug die große Stunde des Slowaken, indem er sich zum Olympiasieger krönte. Mecir besiegte im Finale Tim Mayotte mit 3:6, 6:2, 6;4, 6:2. „Es ist ein sehr gutes Gefühl. Ich habe in so vielen Turnieren gespielt. Es ist schön, wenn du von Leuten angefeuert wirst, nicht nur weil ich ein guter Spieler bin, sondern auch weil ich für sie spiele", sagte Mecir.

Bereits im Alter von 26 Jahren beendete „die Katze" aufgrund von anhaltenden Rückenproblemen seine Karriere. Doch durch das Olympia-Gold ist Mecir ein großer Teil der Tennisgeschichte geblieben.

Oktober: Porsche-Problem und Heirat

1. Oktober
1988
Steffi Graf vervollständigt den Golden Slam

Es waren 33 Siege bis zur sportlichen Unsterblichkeit. Steffi Graf schrieb Tennisgeschichte, indem sie etwas vollbrachte, was im Tennis bislang einmalig ist und wahrscheinlich auch bleiben wird. Die damals 19-jährige Deutsche gewann 1988 alle vier Grand-Slam-Turniere sowie die olympische Goldmedaille. Für diese einzigartige Leistung hatten sich die Journalisten und Grafs Vermarktungsagentur „Advantage" bereits im Voraus eine passende Bezeichnung überlegt: *Golden Slam*.

Die Mission Golden Slam schien beim olympischen Tennisturnier in Seoul im Viertelfinale beinahe zu platzen. Gegen Larissa Savchenko aus der Sowjetunion lief es gar nicht rund bei Graf. Plötzlich fand sie sich im dritten Satz mit einem 1:3-Rückstand wieder. Mit unbändigem Willen befreite sie sich aus der bedrohlichen Situation und gewann den Entscheidungssatz mit 6:3. Vier Tage später stand Graf im Endspiel um die Goldmedaille gegen die Argentinierin Gabriela Sabatini. Die Deutsche siegte mit 6:3, 6:3, der Golden Slam und ein Rendezvous mit der Tennisgeschichte war perfekt.

„Ich bin sehr begeistert. Das ist etwas, was nicht viele Leute nach mir erreichen werden. Es ist fantastisch", freute sich „Fräulein Vorhand". Ob diese Leistung von Graf einzigartig bleiben wird, wird wie immer die Zeit zeigen. Sicher ist, dass es nur alle vier Jahre die Chance auf den Golden Slam gibt.

2. Oktober
1977
Siegesserien von Guillermo Vilas enden nach Protestniederlage gegen Ilie Nastase

Guillermo Vilas ging mit einer 46 Matches umfassenden Siegesserie in das Finale beim ATP-Turnier in Aix-en-Provence in Frankreich. Zudem war er 53 Matches in Folge auf Sand unbesiegt.

Im Endspiel traf Vilas auf den Rumänen Ilie Nastase. Die beiden Siegesserien von Vilas rissen, nachdem das Finale in einem Eklat endete. Der Argentinier verlor die ersten beiden Sätze in der Partie über drei Gewinnsätze mit 1:6, 5:7 und verließ danach aus Protest den Platz, da er den Schläger von Nastase, der eine Art Spaghettibesaitung hatte, als illegal empfand. Tatsächlich war die Besaitung vom Internationalen Tennisverband verboten worden.

Allerdings trat das Verbot erst einen Tag später in Kraft, sodass letztendlich der Aufgabesieg für Nastase zu Buche stand. „Ich bin komplett verwirrt und demotiviert von der Flugbahn dieser Bälle. Nastase, dazu noch der Schläger. Das ist zu viel", sagte Vilas hinterher. Der Argentinier startete nach der Niederlage die nächste Siegesserie und gewann 29 Matches in Folge.

3. Oktober
1993
Michael Stich gewinnt Titel in Basel

Nachdem Boris Becker im Jahr zuvor den Titel beim ATP-Turnier in Basel gewonnen hatte, blieb der Turniersieg in deutscher Hand. Michael Stich krönte sich beim Hallenturnier in der Schweiz zum Sieger.

Im Endspiel besiegte der Deutsche den Schweden Stefan Edberg mit 6:4, 6:7 (5:7), 6:3, 6:2. „Manchmal hatte ich wirklich ziemliches Glück. Ich bin natürlich zufrieden mit dem Ergebnis, aber nicht so ganz mit meinem Spiel", kommentierte Stich seinen Turniersieg. Es war sein 16. Sieg im 17. Halleneinzel in jenem Jahr. Im Anschluss an den Turniersieg ehrte Stich die Ballkinder in Basel mit einer Medaille. Unter ihnen war Roger Federer.

4. Oktober
1985
Michael Westphal wird in Frankfurt zum Davis-Cup-Helden

Eines der verrücktesten Davis-Cup-Matches fand 1985 im Halbfinale zwischen Deutschland und der ehemaligen Tschechoslowakei statt. Michael Westphal traf in der Frankfurter Festhalle auf Tomas Smid und spielte das Match seines Lebens. Während der Partie blieb Westphal zweimal mit dem Fuß am grünen Teppichböden hängen und riss dabei eine ganze Bahn heraus.

Der Deutsche kämpfte bis zum Umfallen und gewann nach 5:29 Stunden Spielzeit nach einem 0:2-Satzrückstand mit 6:8, 1:6, 7:5, 11:9, 17:15. Mit 85 Spielen ist es das Einzel mit den meisten Spielen aller Zeiten in der Weltgruppe im Davis Cup. Es bedeutete zudem die 2:0-Führung für Deutschland im Halbfinale gegen die Tschechoslowakei. Deutschland gewann schließlich die Partie mit 5:0 und zog zum zweiten Mal in das Finale im Davis Cup ein.

So heldenhaft der Auftritt von Westphal gegen Smid war, so tragisch verlief dagegen sein weiteres Leben. Kaum einer ahnte, dass in seinem Körper der HI-Virus schlummerte. Im Alter von 16 Jahren soll er sich mit der Immunkrankheit bei einer drogenabhängigen Mitschülerin angesteckt haben. In der Nacht zum 20. Juni 1991 starb Westphal schließlich in der Hamburger Universitätsklinik im Alter von nur 26 Jahren an Aids.

Erst zehn Jahre später deckte seine damalige Freundin Jessica Stockmann seine HIV-Infektion auf. „Ich habe versprochen, zehn Jahre zu schweigen und gegen Aids zu kämpfen", bekannte seine damalige Lebensgefährtin, die nach dem Tod von Westphal gemeinsam mit Michael Stich die Michael-Stich-Stiftung ins Leben rief, um sich für HIV-infizierte Kinder einzusetzen und so auch auf das Schicksal von Westphal aufmerksam zu machen.

5. Oktober
1981
Olympisches Komitee beschließt Rückkehr von Tennis ins olympische Programm

Darauf musste der Tennissport lange warten. Das Internationale Olympische Komitee beschloss bei einem Treffen in der baden-württembergischen Kurstadt Baden-Baden, dass Tennis bei den Olympischen Spielen 1988 in Seoul in das olympische Programm zurückkehren wird. Bis 1924 gehörte Tennis bei den ersten sieben Olympischen Spielen zum Programm.

1968 und 1984 wurde es als Demonstrationswettbewerb gespielt, ehe es 1988 in Seoul zurückkehrte. Deutschland gewann bis 2016 zwölf olympische Medaillen im Tennis: dreimal Gold, sechsmal Silber und dreimal Bronze. Dorothea Köring und Heinrich Schomburgk gewannen 1912 im Mixed Gold für Deutschland ebenso Steffi Graf 1988 im Damen-Einzel sowie Boris Becker und Michael Stich 1992 im Herren-Doppel.

Silber gewannen Otto Froitzheim (1904), Dorothea Köring (1912), Graf (1992), Tommy Haas (2000) und Angelique Kerber (2016) im Einzel sowie das Duo Nicolas Kiefer/Rainer Schüttler (2004) im Doppel. Bronze errangen Oscar Kreuzer (1912) im Einzel sowie das Duo Graf/Claudia Kohde-Kilsch (1988) und Marc-Kevin Goellner/David Prinosil (1996) im Doppel.

6. Oktober
1996
Anke Huber verteidigt Titel in Leipzig

Titelverteidigerin Anke Huber erreichte beim WTA-Turnier in Leipzig das Finale, nachdem das mit Spannung erwartete deutsche Halbfinale gegen Steffi Graf geplatzt war. Graf konnte zu der Partie nicht antreten, sodass Huber kampflos ins Endspiel einzog.

Dort siegte die 21-Jährige gegen die Kroatin Iva Majoli mit 5:7, 6:3, 6:1 und gewann ihren neunten Titel auf der WTA-Tour, den vierten in Deutschland. Im Jahr zuvor hatte Huber das Turnier in Leipzig mit einem kampflosen Sieg gegen die Bulgarin Magdalena Maleeva gewonnen.

7. Oktober
1990
Boris Becker gewinnt Titel in Sydney

Zum zweiten Mal nach 1986 gewann Boris Becker das ATP-Turnier in Sydney. Der Deutsche revanchierte sich beim Hallenturnier in Australien bei Stefan Edberg für die Niederlage im Wimbledon-Finale drei Monate zuvor und besiegte den Schweden mit 7:6 (7:4), 6:4, 6:4.

„Ich habe an Wimbledon vorher gedacht, aber nicht während des Matchs. Aber ich werde es nicht komplett vergessen, solange ich eine Chance bekomme, ihn in Wimbledon zu schlagen", sagte Becker. Der Deutsche erreichte vier Jahre später bei der letzten Ausgabe des Hallenturniers in Sydney noch einmal das Finale und verlor gegen den Niederländer Richard Krajicek.

8. Oktober
2000
Nicolas Kiefer feiert in Hongkong seinen letzten Karrieretitel

Nicolas Kiefer holte sich beim ATP-Turnier in Hongkong seinen sechsten Titel auf der ATP-Tour. Der 23-jährige Deutsche besiegte im Endspiel des Hartplatzturniers den Australier Mark Philippoussis mit 7:6 (7:4), 2:6, 6:2.

„Ich habe sehr gut begonnen, im letzten Satz aber einiges Glück gehabt. Mein Handgelenk hat teilweise stark geschmerzt. Aber ich habe mich durchgebissen", sagte Kiefer, der fünf seiner sechs ATP-Titel auf Hartplatz gewann.

Im Anschluss begann die Leidenszeit für Kiefer. Stand seine Finalbilanz auf der ATP-Tour nach Hongkong noch bei 6:3, verlor der Deutsche in den nächsten acht Jahren insgesamt zehn Endspiele in Folge.

9. Oktober
1989
Chris Evert gewinnt ihr letztes Karrierematch und holt den Fed-Cup-Titel mit den USA

Nur ganz wenige Spieler und Spielerinnen können von sich behaupten, dass sie ihr letztes Karrierematch gewonnen haben. Chris Evert ist eine von ihnen. Das Finalturnier beim Fed Cup in Tokio war der letzte Auftritt der US-Amerikanerin.

Die USA erreichte das Endspiel, in dem Evert ihr Team mit einem 6:3, 6:2 gegen Conchita Martinez in Führung brachte. Die USA gewannen schließlich auch den Titel. „Ich kam hierhin und dachte, dass es mein letztes Turnier für das Jahr ist, vielleicht sogar für immer. Was kann es für ein besseres Ende geben, als in einem großen Team für mein Land zu spielen? Wenn es das gewesen sein sollte, verlasse ich die Bühne auf der allerhöchsten Ebene", sagte Evert, die danach tatsächlich kein Profimatch mehr bestritt.

Die US-Amerikanerin ging als erfolgreichste Spielerin im Fed Cup in die Annalen ein. Sie gewann acht Titel mit den USA.

10. Oktober 2012
Roger Federer spielt nach Morddrohung in Schanghai

Nachdem Roger Federer eine Morddrohung auf einer seiner Fanseiten erhalten hatte, ging er beim ATP-Masters-1000-Turnier in Schanghai an den Start.

Dort siegte er in seinem Auftaktmatch gegen den Taiwanesen Yen-Hsun Lu mit 6:3, 7:5. „Ich habe mich gut gefühlt. Es gab vielleicht einen kurzen Gedanken daran. Ich habe einen der Bodyguards außerhalb des Platzes gesehen", sagte Federer. Vor Turnierbeginn hatte Schweizer den Vorfall mit der Morddrohung heruntergespielt.

„Ich bin etwas enttäuscht, dass etwas mehr öffentlich wurde und in die Medien kam. Es war sehr klein auf einer Webseite, nichts Klares und Konkretes. Es war für mich überraschend, solch eine große Nachricht daraus zu machen. Ich fühle mich hier sehr sicher. Du musst dir bewusst sein, was um dich herum passiert, aber das ist überall der Fall mit dem Ruhm", sagte Federer.

11. Oktober
2010
Caroline Wozniacki wird erstmals Nummer eins der Welt

Mit 20 Jahren und drei Monaten übernahm Caroline Wozniacki zum ersten Mal die Führung in der Weltrangliste und löste Serena Williams als Nummer eins der Welt ab. Die Dänin spielte die Woche zuvor das WTA-Turnier in Peking in der Gewissheit, dass sie neue Weltranglistenerste werden würde, wenn sie mindestens das Viertelfinale erreichen würde. Wozniacki machte es noch besser und gewann in der chinesischen Hauptstadt ihren zwölften WTA-Titel, den sechsten Titel der Saison.

„Ich bin sehr stolz, dass ich mich nun die Nummer eins der Welt nennen kann. Es ist ein unglaubliches Gefühl und etwas, wofür ich immer gearbeitet habe", sagte Wozniacki. Die Dänin schloss die Jahre 2010 und 2011 als Weltranglistenerste ab, ohne ein Grand-Slam-Turnier gewonnen zu haben.

2018 gewann Wozniacki bei den Australian Open ihren ersten Grand-Slam-Titel und wurde dadurch erneut die Nummer eins der Welt. Insgesamt führte Wozniacki die Weltrangliste 71 Wochen lang an. Nach den Australian Open 2020 beendete sie ihre Karriere.

12. Oktober
2003
Rainer Schüttler schafft Titel-Double

Für Rainer Schüttler war 2003 ein Traumjahr. Zu Jahresbeginn erreichte er sensationell das Finale bei den Australian Open und stieß im weiteren Verlauf der Saison erstmals in die Top Ten in der Weltrangliste vor. Im Oktober hatte der Deutsche einen Traumlauf.

Nachdem er das Freiluft-Hartplatzturnier in Tokio gewonnen hatte, reiste Schüttler direkt weiter zum Hallenturnier auf Teppich nach Lyon. Und auch in Frankreich schaffte Schüttler den Einzug ins Finale. Dort besiegte er den Franzosen Arnaud Clement mit 7:5, 6:3 und feierte seinen vierten Titel auf der ATP-Tour.

Es sollte der letzte Turniersieg des Deutschen auf der ATP-Tour gewesen sein. „Solange ich gewinne, vergesse ich einfach, dass ich müde bin und gebe weiter alles", sagte Schüttler nach dem Titelgewinn. Beim Turnier in Lyon schaffte er zudem die Qualifikation für die ATP-WM, das Saisonfinale der acht besten Spieler des Jahres.

„Es ist ein gutes Gefühl, dass ich kein Spiel mehr gewinnen muss und trotzdem dabei bin. Ich hätte nicht im Traum daran gedacht, dass ich eines Tages selbst am Finale der acht Besten teilnehmen würde", sagte Schüttler. Einen Monat später bei der ATP-WM in Houston erreichte der Deutsche das Halbfinale.

13. Oktober 1996

Boris Becker gewinnt Titel in Wien

Boris Becker kämpfte im Herbst 1996 um die Teilnahme an der ATP-Weltmeisterschaft in Hannover, dem Saisonfinale der acht besten Spieler des Jahres. Nach Aufgabe in der dritten Runde in Wimbledon wegen einer Verletzung am Handgelenk drei Monate zuvor schien die Teilnahme außer Reichweite zu geraten.

In Wien gewann Becker im Achtelfinale das deutsche Duell gegen Michael Stich mit 3:6, 6:3, 6:4 und spielte sich anschließend ins Finale. Dort besiegte er den Niederländer Jan Siemerink mit 6:4, 6:7 (7:9), 6:2, 6:3 und gewann seinen 47. ATP-Titel. „Anfang der Woche hätte ich diesen Durchmarsch nie erwartet", sagte Becker und gab die Marschroute für die nächsten Wochen vor.

„Wenn ich in Stuttgart und Paris-Bercy zwei einigermaßen gute Wochen spiele, müsste es eigentlich mit der WM klappen." Becker gab das Achtelfinale gegen Stich als Schlüssel zum Turniersieg an. „In dem Match habe ich meine Angst verloren und meinen Instinkt wiedergefunden, mit dem bin ich am gefährlichsten und am besten."

14. Oktober 2001
Tommy Haas krönt unglaubliche Woche in Wien

Ein Jahr, nachdem Tommy Haas das Finale in Wien gegen den Briten Tim Henman verloren hatte, holte der Deutsche den Triumph beim Hallenturnier in Österreich nach.

Haas wehrte im Halbfinale zwei Matchbälle ab und besiegte dann im Finale den Argentinier Guillermo Canas mit 6:2, 7:6 (8:6), 6:4 und gewann seinen vierten ATP-Titel. „Das war eine unglaubliche Woche für mich. Ich bin einfach gut drauf", sagte Haas, dem eine Woche später in Stuttgart der nächste Turniersieg gelingen sollte. Zwölf Jahre später gelang Haas in Wien sein 15. und letzter Titel auf der ATP-Tour.

15. Oktober 2001
Jennifer Capriati wird erstmals Nummer eins der Welt

Im Alter von 13 Jahren stieß Jennifer Capriati bei ihrem ersten Profiturnier gleich bis ins Finale vor und wurde bereits als „achtes Weltwunder" gefeiert. Im Alter von 25 Jahren wurde die US-Amerikanerin nach einem der größten Comebacks der Tennisgeschichte erstmals die Nummer eins der Welt.

Der Einzug ins Halbfinale beim WTA-Turnier in Zürich in der Woche zuvor reichte Capriati, um Martina Hingis als Weltranglistenerste abzulösen. „Es fühlt sich toll an. Ich habe es noch nicht wirklich begriffen. Ich denke, ich muss es erst auf Papier sehen. Natürlich ist es der Traum von jedem Kind, die Nummer eins zu sein. Ich denke, ich kann es mehr wertschätzen, da ich älter bin", sagte Capriati.

Die US-Amerikanerin feierte große Erfolge im Teenageralter, darunter den Olympiasieg 1992 in Barcelona mit 16 Jahren, ehe sie mit 18 Jahren rebellierte. Capriati wurde beim Ladendiebstahl erwischt und wegen Marihuanabesitzes inhaftiert. Es folgte ein Fabel-Comeback mit insgesamt drei Grand-Slam-Titeln.

„Ich war solch eine Frühstarterin, ein frühes Wunderkind, aber ich fühle mich eher als eine Spätzünderin", fasste Capriati ihre Karriere zusammen. Die US-Amerikanerin hatte die Führung in der Weltrangliste insgesamt 17 Wochen inne.

16. Oktober 1994

Anke Huber gewinnt in Filderstadt zum zweiten Mal

Anke Huber und Filderstadt war eine ganz besondere Liebesbeziehung. Die Deutsche spielte im Alter von 15 Jahren erstmals beim Hallenturnier in Baden-Württemberg und erreichte dreimal das Finale.

Nachdem sie 1991 sensationell den Titel im Finale gegen Martina Navratilova gewonnen hatte, siegte Huber drei Jahre später erneut in Filderstadt. Auf dem Weg zum Turniersieg besiegte sie erneut Navratilova, diesmal im Viertelfinale. Im Endspiel schlug Huber die Französin Mary Pierce mit 6:4, 6:2 und sicherte sich ihren zweiten Porsche, den es beim Turnier in Filderstadt für die Turniersiegerin gab.

Nach ihrer Karriere blieb Huber dem Turnier treu und wurde Sportliche Leiterin des Turniers, das mittlerweile im benachbarten Stuttgart ausgetragen wird.

17. Oktober
1982
Jimmy Connors lässt in Sydney Schiedsrichter ersetzen

Jimmy Connors war für seine aufbrausende Art auf dem Platz bekannt. Der US-Amerikaner legte sich gerne mit Gegnern und Offiziellen an. Beim ATP-Turnier in Sydney traf Connors im Halbfinale auf seinen Landsmann Gene Mayer.

Connors rief im zweiten Satz nach einigen Zwischenfällen mit dem Schiedsrichter Peter Duncan den Oberschiedsrichter Bill Gilmour. Connors drohte, nicht mehr weiterzuspielen und sagte dem Oberschiedsrichter: „Einer von muss gehen." Kurz darauf gab es einen weiteren Zwischenfall, als Schiedsrichter Duncan einen Schlag von Mayer zunächst gut gab, dann als Aus gab, um ihn letztendlich doch gut zu geben.

Oberschiedsrichter Gilmour kam zurück auf den Platz und ordnete einen Wiederholungspunkt ein. Connors drohte erneut, nicht weiterzuspielen, bis Schiedsrichter Duncan nicht ersetzt wird. Zwei Aufschlagspiele später wurde der Schiedsrichter tatsächlich durch einen neuen ersetzt. Genützt hat es Connors nicht. Er verlor das Match gegen Mayer mit 6:3, 2:6, 3:6.

18. Oktober 1982

Steffi Graf verliert bei Profidebüt in Filderstadt gegen Tracy Austin

Im Alter von 13 Jahren und vier Monaten gab Steffi Graf ihr Debüt auf der WTA-Tour. Die gebürtige Brühlerin bekam für das WTA-Turnier in Filderstadt eine Wildcard und traf in der ersten Runde auf die 19-jährige US-Amerikanerin Tracy Austin, zum damaligen Zeitpunkt die Nummer vier der Welt.

Graf schlug sich achtbar im ersten Satz und verlor das Match mit 4:6, 0:6. Austin zeigte sich hinterher wenig begeistert von Graf und ließ sich zu einer geschichtsträchtigen Aussage hinreißen. „In den USA gibt es Hunderte junger Mädchen von der Spielstärke von Graf."

Eine Analyse, mit der Austin völlig daneben liegen sollte. Denn Graf legte eine Weltkarriere hin. Mehr als 30 Jahre später relativierte Austin ihren Spruch. „Ich habe es nicht in einer negativen Art gemeint. Ich wurde gefragt, ob sie die Beste der Welt werden würde. Das konnte man damals genauso wenig sagen wie heute. Da spielen so viele Faktoren eine Rolle."

19. Oktober 1986

Boris Becker feiert doppelten Turniersieg in Sydney

Für Boris Becker wurde das ATP-Turnier in Sydney zum Festtag und der Auftakt zu einer unglaublichen dreiwöchigen Traumreise über die Kontinente. Der 18-jährige Deutsche gewann das Hallenturnier in Australien im Einzel und im Doppel.

In der Einzelkonkurrenz setzte sich Becker im Finale gegen Ivan Lendl mit 3:6, 7:6 (7:2), 6:2, 6:0 durch und gewann zum dritten Mal gegen Lendl im Kalenderjahr. Der Wendepunkt im Match war, als er Lendl zu Beginn des zweiten Satzes breaken konnte, sagte Becker nach dem Finalsieg.

Auch im Doppel war der Deutsche siegreich. An der Seite des Australiers John Fitzgerald siegte er gegen das australische Weltklasseduo Peter McNamara und Paul McNamee mit 6:4, 7:6. Für Becker war es das erste Mal, dass er ein Turnier im Einzel und Doppel gewinnen konnte. In seiner Karriere gelang ihm das insgesamt fünfmal.

20. Oktober
1991
Anke Huber gewinnt in Filderstadt und hat ein Porsche-Problem

Anke Huber spielte sich auf die große Tennisbühne, indem sie den Titel beim WTA-Turnier in Filderstadt holte. Die Deutsche schlug in einem dramatischen Finale nach mehr als drei Stunden Spielzeit Martina Navratilova mit 2:6, 6:2, 7:6 (7:4).

„Ich habe von diesem Erfolg geträumt, aber ich habe nicht daran gedacht, dass es passieren wird. Ich kann es nicht fassen", sagte Huber, die sich nach dem Sieg zwischen 70.000 US-Dollar Preisgeld für den Turniersieg oder einem nigelnagelneuen Porsche entscheiden musste.

Huber nahm den Porsche, obwohl sie zu diesem Zeitpunkt erst 16 Jahre alt war. Es war der Beginn der Liebesbeziehung zwischen Huber und dem Turnier in Filderstadt. Drei Jahre später gewann sie das Turnier ein weiteres Mal und durfte einen weiteren Porsche ihr Eigen nennen.

Huber ist dem Turnier, das mittlerweile in Stuttgart ausgetragen wird, eng verbunden geblieben. 2002 übernahm sie das Amt als Sportliche Leiterin.

21. Oktober 2001
Tommy Haas feiert in Stuttgart seinen größten Karrieretitel

15 ATP-Turniere hat Tommy Haas in seiner Karriere gewonnen. Seinen größten Titel holte der Deutsche in seiner Heimat. Haas gewann die letzte Ausgabe des Masters-Turnier in Stuttgart und feierte seinen ersten Titel in Deutschland.

Im Finale des Hallenturniers besiegte Haas den Weißrussen Max Mirnyi nach nur 92 Minuten glatt mit 6:2, 6:2, 6:2 und kehrte mit dem Turniersieg in die Top Ten der Weltrangliste zurück. „Kein Zweifel, das ist der schönste Sieg, weil ich es endlich in Deutschland geschafft habe. Unglaublich, Wahnsinn", sagte Haas über seinen größten Triumph.

Das Masters-Turnier in Stuttgart gehörte von 1990 bis 2001 zu den neun größten Turnieren nach den Grand Slams. 1995 wurde das Turnier in Essen ausgetragen. Zwei Monate nach dem Sieg von Haas wurde bekannt, dass das Turnier trotz des laufenden Vertrags mit Stuttgart bis 2003 nach Madrid wechseln wird.

22. Oktober 2001
Steffi Graf heiratet Andre Agassi

Zwei Jahre, nachdem Steffi Graf und Andre Agassi ein Paar wurden, heirateten die beiden Tennisikonen in einer kleinen und privaten Zeremonie in Las Vegas. „Wir sind so gesegnet, verheiratet zu sein und dieses Lebenskapitel zu beginnen. Die Vertraulichkeit und Intimität unserer Zeremonie war wunderschön und spiegelt all unsere Werte wider", sagten Graf und Agassi in einem gemeinsamen Statement nach der Heirat. Vier

Tage nach der Heirat wurden die beiden erstmals Eltern, als Sohn Jaden Gil geboren wurde. Am 3. Oktober 2003 kam Tochter Jaz Elle zur Welt. Graf und Agassi leben bis heute ein zurückgezogenes Leben in Las Vegas.

23. Oktober 1994
Michael Stich verliert Finale in Wien gegen Andre Agassi

Nachdem Michael Stich 1991 das ATP-Turnier in Wien gewinnen konnte, stand er drei Jahre später beim Hallenturnier in Österreich erneut im Finale. Sein Gegner war der US-Amerikaner Andre Agassi, gegen den er einen Monat zuvor im Finale der US Open verloren hatte. Und auch im Finale in Wien ging Stich als Verlierer vom Platz und unterlag Agassi mit 6:7 (4:7), 6:4, 2:6, 3:6.

„Stich ist ein sehr schwerer Gegner in der Halle. Er hat zu Beginn so gut serviert. Ich hatte etwas Glück, dass ich in den ersten Satz zurückkommen konnte", sagte Agassi. Der US-Amerikaner war der Angstgegner des Deutschen. Während Stich gegen Pete Sampras eine positive Bilanz von 5:4 hatte, verlor er gegen Agassi alle sechs Duelle.

24. Oktober 2010
Florian Mayer verliert Stockholm-Finale gegen Roger Federer

Bei seiner ersten Teilnahme beim ATP-Turnier in Stockholm erreichte Florian Mayer das Finale, sein drittes auf der ATP-Tour. Und auch im dritten Versuch klappte es nicht mit dem Premierentitel auf der ATP-Tour für den Deutschen. Mayer unterlag Roger Federer mit 4:6, 3:6, führte dabei im ersten Satz mit 4:3 und einem Break.

„Das war eine tolle Woche für mich und eine Ehre, vor solch einem Publikum zu spielen. Ich habe es wirklich genossen", sagte Mayer, der alle acht Duelle gegen Federer verlor. Mayer erreichte in seiner Karriere sechs Finals auf der ATP-Tour, von denen er zwei gewann – 2011 in Bukarest und 2016 in Halle.

25. Oktober 1992

Steffi Graf schafft Sechserpack in Brighton

Zwischen 1978 und 1995 wurde ein WTA-Turnier in Brighton ausgetragen. Steffi Graf drückte dem Hallenturnier in Großbritannien fett ihren Stempel auf. Die Deutsche gewann in Brighton sechsmal – 1986 und von 1988 bis 1992.

Für ihren letzten Titel musste Graf Schwerstarbeit verrichten. Im Finale gegen die Tschechin Jana Novotna siegte Graf mit 4:6, 6:4, 7:6 (7:3) und war nur zwei Punkte von der Finalniederlage entfernt. Die Deutsche hatte in den Wochen zuvor Novotna zweimal knapp in drei Sätzen bezwungen. „Jana muss sehr deprimiert sein. Sie hat gut in den Matches gespielt und war kurz vor dem Gewinnen, aber jedes Mal kam ich zurück und habe viele gute Schläge fabriziert", sagte Graf nach dem Turniersieg in Brighton.

26. Oktober 1986

Boris Becker gewinnt Titel in Tokio

Nach seinem doppelten Turniersieg in Sydney mit dem Triumph im Einzel und Doppel gönnte sich Boris Becker keine Pause und reiste direkt weiter zum ATP-Turnier in Tokio.

Der 18-jährige Deutsche konservierte seine starke Form und holte sich auch beim Hallenturnier in Japan den Titel. Becker setzte sich im Finale gegen den Schweden Stefan Edberg mit 7:6 (7:5), 6:1 durch. Für Becker war es das zweite Mal in seiner Karriere nach Queen's und Wimbledon im Jahr 1985, dass er zwei Turniere in Folge gewinnen konnte. Es sollte allerdings nicht das Ende gewesen sein bei Beckers Reise über die Kontinente der Welt.

27. Oktober 1996
Boris Becker gewinnt spektakuläres Finale in Stuttgart gegen Pete Sampras

Im Herbst 1996 ging es für Boris Becker darum, sich noch für das Saisonfinale der besten acht Spieler des Jahres zu qualifizieren. Der Deutsche spielte sich bei seinem Heimturnier in Stuttgart zum zweiten Mal nach 1990 ins Finale vor. Dort traf Becker auf den Weltranglistenersten Pete Sampras, der zuvor 21 Matches in Folge gewonnen hatte.

Becker und Sampras spielten ein spektakuläres Finale, das der Deutsche mit 3:6, 6:3, 3:6, 6:3, 6:4 für sich entscheiden konnte. Es war Beckers 25. Turniersieg auf Teppich und der 29. in der Halle. „Es gibt nur einen König in Deutschland und sein Name ist Boris. Becker ist der beste Hallenspieler, gegen den ich je gespielt habe", zollte Sampras seinem Gegner Respekt.

„Ich bin etwas perplex. Ich hätte nicht erwartet, dass ich ihn schlagen kann. Meine Muskeln begannen zu schmerzen im fünften Satz, aber ich habe auf die Zähne gebissen und mich reingehängt", sagte Becker. Die beiden trafen wenige Wochen später bei der ATP-Weltmeisterschaft in Hannover gleich zweimal aufeinander und schafften es dabei, noch spektakuläreres Tennis zu spielen als in Stuttgart.

28. Oktober
1990
Boris Becker fegt Stefan Edberg im Stockholm-Finale vom Platz

Der Titelgewinn von Boris Becker beim ATP-Turnier in Stockholm war einer der beeindruckendsten in seiner Karriere. Der 22-jährige Deutsche gab auf dem Weg zum Turniersieg keinen Satz ab und bezwang auf dem Weg ins Finale Goran Ivanisevic und Pete Sampras.

Im Finale fegte Becker den schwedischen Lokalmatador Stefan Edberg mit 6:4, 6:0, 6:3 vom Platz. „Alles, was ich angefasst habe, war Gold. Das war vielleicht das beste Match meiner Karriere. Das passiert nicht so oft im Leben, aber heute ist es passiert. Ihn in Schweden zu schlagen, ist sehr besonders", stellte Becker nach der Machtdemonstration und seinem zweiten von insgesamt vier Titeln in Stockholm fest.

Gegen keinen Gegner spielte der Deutsche häufiger als gegen Edberg. Von 35 Matches konnte Becker 25 gewinnen. In Finalspielen lautete seine Bilanz 11:5.

29. Oktober
2006
Roger Federer feiert ersten Heimtitel in Basel

Im siebten Anlauf klappte es. Nachdem Roger Federer in den Jahren 2000 und 2001 bei seinem Heimturnier in Basel das Finale verloren hatte, gewann er endlich seinen ersten Titel beim Heimspiel.

Dabei schienen die Hoffnungen auf den Turniersieg wieder zu platzen, als Federer im Halbfinale gegen den Thailänder Paradorn Srichaphan im Tiebreak des dritten Satzes mit 3:5 zurücklag. Der Schweizer gewann dieses Match dennoch und besiegte dann im Finale den Chilenen Fernando Gonzalez mit 6:3, 6:2, 7:6 (7:3). „Das ist in der Tat großartig. Es ist ein Traum, endlich mein Heimturnier zu gewinnen", sagte Federer, der in seiner Jugend als Balljunge beim ATP-Turnier in Basel arbeitete.

„Verschiedene Länder, verschiedene Titel. Sie alle haben eine unterschiedliche Bedeutung. In Basel zu gewinnen, bei meinem Heimturnier, ist einer dieser Momente, die ich nie vergessen werde", sagte Federer über seinen Premierentitel in Basel. Es sollte der Startschuss für eine unglaubliche Serie des Schweizers werden. Federer gewann den Titel in Basel zehnmal und stand insgesamt 15-mal im Finale.

30. Oktober
1994
Das historische Triple von Boris Becker in Stockholm

Das ATP-Turnier in Stockholm und Boris Becker – das war eine innige Liebesbeziehung. Der Deutsche konnte das Hallenturnier in Schweden viermal gewinnen. Er ist damit gemeinsam mit John McEnroe Rekordsieger in Stockholm. Die 1994er-Auflage des Turniers war dabei ganz besonders für Becker. Auf dem Weg zum Titelgewinn schlug er die drei besten Spieler der Weltrangliste.

Im Viertelfinale siegte er gegen die Nummer drei der Welt, seinen Landsmann Michael Stich, im Halbfinale gegen den Weltranglistenersten Pete Sampras. Im Endspiel traf Becker auf den Weltranglistenzweiten Goran Ivanisevic. Der Deutsche siegte mit 4:6, 6:4, 6:3, 7:6 (7:4).

„Es muss irgendwas in der Luft sein in Stockholm, das mich hier so toll spielen lässt. Ich kann mich nicht daran erinnern, wann ich zuletzt drei Tage in Folge so gut gegen die besten Spieler der Welt gespielt habe", sagte Becker über seinen Traumlauf zum Titel.

31. Oktober
1993
Michael Stich gewinnt Titel in Stockholm

Michael Stich gewann beim ATP-Turnier in Stockholm bereits seinen fünften Titel des Jahres. Der Deutsche besiegte im Finale des Hallenturniers in Schweden den Kroaten Goran Ivanisevic mit 4:6, 7:6 (8:6), 7:6 (7:3), 6:2. „Das war eine tolle Woche. Ich fühle mich richtig gut", sagte Stich, der sich mit dem Turniersieg in Stockholm auf Platz drei in der Weltrangliste verbesserte – seine bis dato beste Platzierung.

Es sollte aber noch besser kommen für Stich. In den kommenden Herbstwochen wurde der Deutsche nicht nur ATP-Weltmeister, sondern gewann auch den Davis Cup.

November: Weltmeister

1. November
1987
Steffi Graf gewinnt Titel in Zürich

Von 1984 bis 2008 fand ein prestigeträchtiges WTA-Turnier in Zürich statt. Steffi Graf drückte dem Hallenturnier in der Schweiz fett ihren Stempel auf. Sechsmal nahm die Deutsche in Zürich teil, sechsmal gewann sie den Titel.

Ihren zweiten Turniersieg holte sie 1987, indem sie die Tschechoslowakin Hanna Mandlikova mit 6:2, 6:2 besiegte. Für die 18-jährige Graf war es in jenem Jahr bereits der zehnte Titelgewinn. Viel aufregender als der Weg zum Turniersieg in Zürich war für Graf ihr erster Helikopterflug während der Turnierwoche, der für sie ein „Super-Erlebnis" war.

Fünf Jahre später nahm die Deutsche das letzte Mal in Zürich teil und gewann dort im Finale gegen Martina Navratilova ihren sechsten Titel.

2. November
1986
Boris Becker schafft historisches Kontinent-Triple mit Titel in Paris

Nachdem Boris Becker die ATP-Turniere in Sydney und Tokio gewonnen hatte, reiste er weiter zum Hallenturnier in Paris. Der 18-jährige Deutsche schaffte auch in der französischen Hauptstadt den Turniersieg und gewann bei seiner Reise über die Kontinente 15 Matches in Folge.

Im Finale setzte er sich gegen den Spanier Sergio Casal mit 6:4, 6:3, 7:6 durch. Becker holte damit innerhalb von zwei Wochen drei Titel auf drei Kontinenten – ein Novum im Profitennis. „Unter diesen Umständen mit all den vielen Flugstunden, den verschiedenen Kontinenten, Städten und Bodenbelägen hätte ich nicht gedacht, dass ich das schaffen kann", sagte Becker.

3. November
1975

Chris Evert wird erste Nummer eins im Damentennis

Zwei Jahre, nachdem im Herrentennis die Computerweltrangliste eingeführt wurde, zogen die Damen nach. Chris Evert wurde laut Berechnungen die erste Nummer eins im Damentennis. Die US-Amerikanerin hatte zu diesem Zeitpunkt bereits vier Grand-Slam-Turniere gewonnen.

Evert machte die beidhändige Rückhand bei den Damen salonfähig. Sie bekam zunächst den Namen „Eisprinzessin" verpasst, später wurde sie die „Eiserne Jungfrau" genannt, da sie auf dem Platz mit versteinerter Miene kaum Gefühlsregungen zeigte und mit unerschütterlicher, stoischer Ruhe ihr Spiel machte und die Gegnerin zu Verzweiflung trieb.

„Chris Evert hat nie einen Wutanfall bekommen, über ihre Gegnerinnen gemeckert oder Offizielle beschuldigt. Eine Fehlentscheidung hat sie nur eisern erstarren lassen. Chris hat sich wie eine Erwachsene verhalten, die volle Verantwortung für ihr Auftreten und ihr Verhalten übernommen hat", sagte die Kulturhistorikerin Camille Paglia.

Mit einer Siegquote von 90 Prozent ist Evert die prozentual erfolgreichste Einzelspielerin bei Damen und Herren. Evert führte insgesamt 260 Wochen die Weltrangliste an.

4. November
1984

John McEnroe hat in Stockholm seinen größten Ausraster

Bei John McEnroe lagen Genie und Wahnsinn ganz dicht beieinander. Der US-Amerikaner trug Dr. Jekyll und Mr. Hyde in sich und lebte seine Emotionen auf dem Tennisplatz bis aufs Äußerste aus. Legendär ist sein Spruch „You cannot be serious", der bis heute nicht nur Tennisfans ein Begriff ist. McEnroe flippte in jedem Spiel regelrecht aus, wenn er sich ungerecht behandelt fühlte oder sauer auf sich oder seine Gegner war.

Seinen größten Ausraster hatte er beim ATP-Turnier in Stockholm. Im Halbfinale gegen den Schweden Anders Jarryd war McEnroe mit dem Ausruf des Linienrichters nicht einverstanden und beschwerte sich beim Schiedsrichter. „Beantworte meine Frage. Die Frage, Dummkopf." Der US-Amerikaner bekam daraufhin die zweite Verwarnung im Match, was in einer Punktstrafe resultierte.

Nachdem McEnroe sein Aufschlagspiel verloren hatte, ließ er seinen Frust mit dem Schläger am Stuhl und ein paar Pappbechern aus. Es folgte die dritte Verwarnung und damit eine Spielstrafe. Zu diesem Zeitpunkt stand es 1:6, 4:4 aus Sicht von McEnroe, der das Match trotzdem mit 1:6, 7:6, 6:2 gewann.

„Ich bin derzeit mental erschöpft. Das ist einer der Gründe, warum ich die Beherrschung verloren habe", sagte McEnroe. Der US-Amerikaner gewann einen Tag später auch das Finale in Stockholm. Mit vier Titeln ist er neben Boris Becker Rekordsieger in der schwedischen Hauptstadt.

5. November 2017
Julia Görges gewinnt Titel bei B-WM in Zhuhai

Nach der WTA-Weltmeisterschaft in Singapur fand direkt im Anschluss die B-WM im chinesischen Zhuhai statt. Dort trafen die Spielerinnen zwischen Platz 9 und 20 in der Weltrangliste aufeinander. Julia Görges sicherte sich dabei den Turniersieg ohne Satzverlust.

Die 29-jährige Deutsche besiegte im Finale die US-Amerikanerin Coco Vandeweghe mit 7:5, 6:1. Für Görges war es der vierte und gleichzeitig größte WTA-Titel in ihrer Karriere. „Ich kann es noch gar nicht recht fassen. Ich möchte meinem Team von Herzen danken. Dank euch stehe ich hier und schaue auf ein Jahr mit zwei Turniersiegen zurück. Ich freue mich auf das nächste Jahr", sagte Görges, die beim Turnier von Steffi Graf geehrt wurde. Ein Jahr später nahm Görges erneut an der B-WM in Zhuhai teil und scheiterte im Halbfinale.

6. November 1988
Boris Becker zaubert sich mit Knöchelverletzung zum Stockholm-Titel

Boris Becker startete 1988 zum ersten Mal beim ATP-Turnier in Stockholm und gewann seinen ersten von insgesamt vier Titeln in der schwedischen Hauptstadt. Nachdem der 20-jährige Deutsche mühevoll ins Hallenturnier gestartet war, überrollte er danach die Konkurrenz.

Im Endspiel besiegte Becker den Schweden Peter Lundgren klar mit 6:4, 6:1, 6:1. Die Finalleistung war umso beeindruckender, da sich Becker am Tag zuvor im Halbfinale eine Verletzung am Knöchel zugezogen hatte. Der Turnierarzt in Stockholm kam später zur Diagnose, dass nichts kaputt sei.

Anders sah es Beckers Leibarzt Dr. Hans-Wilhelm Müller-Wohlfahrt, der ein angerissenes Außenband und einen Haarriss in der Kapsel diagnostizierte und Becker einen Gips für zehn Tage anlegte. Becker gewann den Titel in Stockholm zudem in den Jahren 1990, 1991 und 1994.

7. November 2016

Andy Murray wird erstmals Nummer eins der Welt

Andy Murray stand stets im Schatten von Roger Federer, Rafael Nadal und Novak Djokovic. Der Schotte biss sich bei großen Turnieren häufig die Zähne an seinen drei großen Rivalen aus. Im Herbst 2016 spielte Murray das Tennis seines Lebens und schaffte mit einer gigantischen Siegesserie den Sprung an die Weltranglistenspitze.

Murray ging in das ATP-Masters-1000-Turnier in Paris-Bercy mit drei Turniersiegen in Serie. Nachdem Djokovic im Viertelfinale gescheitert war, stand fest, dass Murray das Finale erreichen müsste, um erstmals die Nummer eins zu werden. Der Schotte schaffte den Sprung auf unspektakuläre Weise, da sein Halbfinalgegner Milos Raonic nicht antreten konnte. Murray gewann schließlich das Turnier in Paris-Bercy und schloss wenige Wochen später dank seines Titelgewinns bei der ATP-WM im Finale gegen Djokovic als Nummer eins der Welt ab. Der Brite führte insgesamt 41 Wochen die Weltrangliste an.

„Ich bin sehr stolz, als erster Brite die Nummer eins zu sein. Ich hätte nie gedacht, dass ich einmal die Nummer eins sein werde. Es waren viele Jahre harter Arbeit, um dorthin zu kommen. Es ist solch eine schwierige Sache, es zu tun, weil die Leute um mich herum so unfassbar gut sind", sagte Murray.

8. November
1998
Steffi Graf gewinnt in Leipzig zum fünften Mal

Zwischen 1990 und 2003 fand ein WTA-Turnier in Leipzig statt. Steffi Graf ging in der ostdeutschen Metropole sechsmal an den Start und gewann fünfmal den Titel. Ihren letzten holte sich Graf mit einem Finalsieg über Nathalie Tauziat. 6:3, 6:4 hieß es am Ende für die Deutsche, die in Leipzig nie ein Match verlor.

Ein Jahr zuvor konnte sie zum deutschen Halbfinale gegen Anke Huber nicht antreten. „Das ist ein wunderbarer Moment für mich, nach all den Verletzungen und Enttäuschungen der letzten Monate. Ich fühle mich, als wenn ich mit beiden Beinen über der Erde schwebe", sagte Graf, die insgesamt 20 Titel in Deutschland gewann. Neben ihren fünf Erfolgen in Leipzig siegte sie neunmal in Berlin und sechsmal in Hamburg.

9. November
1993
Björn Borg spielt in Moskau sein letztes Karrierematch

Zweieinhalb Jahre, nachdem Björn Borg auf die ATP-Tour zurückgekehrt war, spielte er in Moskau sein letztes Match als Profi. Der damals 37-jährige Schwede traf beim ATP-Turnier in Moskau auf den Russen Alexander Volkov, damals die Nummer 17 der Welt. Borg war ganz dicht dran, erstmals seit 1983 wieder ein Match auf der ATP-Tour zu gewinnen.

Der Schwede hatte im Tiebreak des dritten Satzes einen Matchball – doch es reichte nicht zum Sieg. 6:4, 3:6, 6:7 (7:9) hieß es am Ende. „Heute war das beste Match, seit ich zum Tennis zurückgekehrt bin. Es war das erste Mal, dass ich seit dem Comeback Spaß hatte, weil ich in drei Sätzen ziemlich gutes Tennis gespielt habe. Ich bin einfach froh, dass ich ein gutes Match auf der Tour gespielt habe", sagte Borg und erklärte kurz darauf seinen endgültigen Rücktritt.

Borg verdarb sich durch sein völlig erfolgloses Comeback mit zwölf Niederlagen in zwölf Matches seine Siegquote bei Matches auf der ATP-Tour. Der Schwede beendete seine Karriere mit 609 Siegen und 127 Niederlagen und liegt bei 82,74 Prozent. Hätte er sich die zwölf Niederlagen nach seinem Comeback erspart, wäre sein Siegquote 84,1 Prozent gewesen.

10. November 2003
Kim Clijsters siegt mit Finalgala bei WTA-WM

Kim Clijsters spielte 2003 ihr wohl bestes Jahr auf der WTA-Tour. Die Belgierin erreichte in jenem Jahr zwei Grand-Slam-Finals und gewann neun Titel. Den letzten Turniersieg in der Saison errang Clijsters bei der WTA-Weltmeisterschaft in Los Angeles, wo sie als Titelverteidigerin an den Start ging. Die Belgierin fegte im Finale die Französin Amelie Mauresmo mit 6:2, 6:0 vom Platz.

„Ich habe den Ball wie einen Fußball gesehen. Ich habe ihn richtig gut gesehen. Das war ein schönes Gefühl, dass man weiß, dass man alles mit dem Ball anstellen kann, was man will", sagte Clijsters.

Kleiner Wermutstropfen nach der Finalgala: Trotz der Verteidigung des WM-Titels wurde Clijsters von ihrer Landsfrau Justine Henin an der Spitze der Weltrangliste abgelöst.

11. November 1990

Steffi Graf gewinnt Titel in Worcester

Zwischen 1986 und 1990 fand ein WTA-Turnier in Worcester im US-Bundesstaat Massachusetts statt. Bei der letzten Ausgabe des Hallenturniers nahm Steffi Graf erstmals teil und holte ihren zehnten Titel des Jahres. Im Finale besiegte die Deutsche die Argentinierin Gabriela Sabatini mit 7:6 (7:5), 6:3 und gewann das vierte Turnier in Folge.

„Ich war nicht positiv, als ich begonnen habe, aber ich war zufrieden, vor allem mit dem Ende des ersten Satzes und den zweiten Satzes. Ich wurde aggressiver", sagte Graf über den Titelgewinn in Worcester.

In der Woche darauf standen sich Graf und Sabatini erneut gegenüber. Im Halbfinale der WTA-Weltmeisterschaft siegte diesmal Sabatini mit 6:4, 6:4.

12. November 1995

Steffi Graf gewinnt Titel in Philadelphia

Steffi Graf spielte sich beim WTA-Turnier in Philadelphia für die darauf folgende WTA-Weltmeisterschaft in New York ein. Die Deutsche holte sich den Turniersieg mit einem Finalsieg gegen Lori McNeil. Graf besiegte die US-Amerikanerin, gegen die sie zuletzt zweimal verloren hatte, mit 6:1, 4:6, 6:3.

„Sie war immer eine schwere Gegnerin für mich. Lori hat so viel Talent und ist für viele Spielerinnen, darunter mich, schwer zu spielen", sagte Graf.

Die Deutsche trat fünfmal beim Hallenturnier im US-Bundesstaat Pennsylvania an und erreichte jedes Mal den Titel. Neben 1995 holte sie 1992 und 1998 den Titel.

13. November 1988

Chris Evert und Martina Navratilova spielen zum letzten Mal gegeneinander

Am 22. März 1973 trafen Chris Evert und Martina Navratilova zum ersten Mal aufeinander. 15 Jahre später spielten die beiden US-Amerikanerinnen ihr 80. und letztes Karriereduell. Navratilova besiegte Evert im Finale des WTA-Turniers in Chicago deutlich mit 6:2, 6:2. Ihre Bilanz nach 80 Matches: 43 Siege für Navratilova, 37 für Evert. 61 Matches fanden in einem Finale statt, davon 14 Grand-Slam-Endspiele.

„Je älter wir werden, desto mehr wissen die Leute es zu schätzen. Chris und ich sind wie Wein. Wir werden besser mit dem Alter", sagte Navratilova. Die beiden US-Amerikanerinnen blieben nach ihren Karrieren freundschaftlich miteinander verbunden.

14. November 1991

Boris Becker siegt im Prestigeduell gegen Michael Stich bei der ATP-WM

Zum ersten und bislang einzigen Mal qualifizierten sich zwei Deutsche für die ATP-Weltmeisterschaft, die beim Turnier auch noch aufeinandertrafen. Boris Becker und Michael Stich duellierten sich in Frankfurt beim Saisonfinale der acht besten Spieler des Jahres. Es war das erste Aufeinandertreffen der beiden Deutschen nach dem Wimbledon-Finale vier Monate zuvor, das Stich gewinnen konnte. In Frankfurt war die Gunst des Publikums klar verteilt. Bei der Begrüßung auf dem Platz wurde Becker frenetisch gefeiert, während es bei Stich kaum Resonanz gab.

Durch provozierende Gestik brachte Stich während des Matchs die Zuschauer noch weiter gegen sich auf. Becker siegte letztendlich im zweiten Match in der Gruppenphase mit 7:6 (7:1) 6:3 und sorgte für das Aus von Stich. „Ich habe niemals erwartet, das von 8.500 Leuten 8.000 für Boris sind und nur 500 für mich. Da kann ich ja gleich Schwede oder Däne werden, dann weiß ich wenigstens, was auf mich zukommt", sagte Stich.

Becker schied nach dem Erfolg gegen Stich trotz eines weiteren Sieges gegen Pete Sampras, der später ATP-Weltmeister wurde, in der Gruppenphase hauchdünn aus.

15. November 2014

Roger Federer gewinnt dramatisches Halbfinale bei ATP-WM gegen Stan Wawrinka

Roger Federer und Stan Wawrinka lieferten sich im Halbfinale der ATP-Weltmeisterschaft in London eines der hochklassigsten und dramatischsten Matchs in der WM-Geschichte. Zwischen den beiden Schweizern ging es hoch her. Wawrinka vergab drei Matchbälle und spielte dabei dreimal erfolglos Serve-and-Volley.

Kurz nachdem Wawrinka diese drei Matchbälle vergeben hatte, flippte er aus, weil Federers Frau Mirka: „Heul doch", in seine Richtung gerufen haben soll. Federer siegte mit 4:6, 7:6, 7:6 (8:6) und wehrte im Tiebreak noch einen vierten Matchball ab.

In der Umkleidekabine kam es laut John McEnroe zu einem Disput zwischen den beiden Schweizern. „Ich hatte heute Abend Glück. Stan spielte von der Grundlinie besser. Auf dieser Unterlage ist das in der Regel entscheidend. Aber ich habe weitergekämpft und freue mich nun auf einen erneutes Finale in London", sagte Federer.

Allerdings kam es dazu nicht. Federer verletzte sich in der Partie gegen Wawrinka am Rücken und trat zum Finale gegen Novak Djokovic nicht an. Eine Woche später gewannen Federer und Wawrinka vereint den Davis Cup für die Schweiz.

16. November 1997

Christian Vinck gelingt in Las Vegas Sensationssieg gegen Andre Agassi

Christian Vinck verpasste in seiner Karriere nur hauchdünn den Einzug in die Top 100. Die beste Weltranglistenposition des Deutschen war Platz 101. Vinck, der im Jahr 2000 die dritte Runde in Wimbledon erreicht hatte, darf über einen Titelgewinn in seiner Karriere besonders stolz sein. Der damals 22-Jährige erreichte beim ATP-Challenger-Turnier in Las Vegas das Finale und traf dort auf Andre Agassi, der in Las Vegas zu Hause war.

Agassi war auch wegen Verletzungsproblemen in der Weltrangliste bis auf Platz 140 abgestürzt und wollte bei seinem Heimturnier in Las Vegas einige Weltranglistenpunkte auf dem Weg nach oben sammeln. Im Endspiel wurde Agassi von Vinck, damals die Nummer 202 der Welt, überrascht. Der Deutsche siegte mit 6:2, 7:5 und gewann sein erstes von insgesamt vier Challenger-Turnieren.

Nach der Niederlage war Agassi nur noch die Nummer 141 der Welt, aber dennoch optimistisch für die Zukunft. „Ich habe meine langfristigen Ziele. Und diese Woche hat mich dabei begleitet, diese zu erreichen. Ich kann deswegen nicht das große Bild infrage stellen. Das ist lächerlich. Das ist die Aufgabe der Presse. Für mich zählt ein Schritt nach dem anderen", sagte Agassi.

Der US-Amerikaner sollte mit seinen Aussagen recht behalten. Knapp zwei Jahre später wurde er wieder die Nummer eins der Welt.

17. November 1991
Pete Sampras feiert in Frankfurt ersten Titel bei der ATP-WM

Pete Sampras gewann in seiner Karriere fünfmal die ATP-Weltmeisterschaft. Seinen ersten Titel beim Saisonfinale der acht besten Spieler des Jahres errang der US-Amerikaner 1991 in Frankfurt. Sampras überstand nur mit viel Glück die Gruppenphase und zog aufgrund des besseren Satzverhältnisses gegenüber Boris Becker ins Halbfinale ein. Im Endspiel setzte sich Sampras gegen seinen Landsmann und die damalige Nummer eins der Welt, Jim Courier, mit 3:6, 7:6 (7:5), 6:3, 6:4 durch.

„Wenn er heiß ist, ist er so heiß, dass er dich vom Platz fegen kann. Er macht Schläge, über die die meisten von uns nie nachdenken würden. Es war sein Tag heute", gestand Courier seine Niederlage ein.

18. November 2018
Alexander Zverev wird in London ATP-Weltmeister

Alexander Zverev krönte sich bei der ATP-Weltmeisterschaft in London zum dritten deutschen Weltmeister nach Boris Becker und Michael Stich. Nachdem der 21-Jährige im Halbfinale Roger Federer bezwingen konnte, gewann er im Finale auch gegen Novak Djokovic. Zverev besiegte die Nummer eins der Welt mit 6:4, 6:3 und feierte seinen größten Triumph.

Gegen Djokovic hatte der Deutsche im Gruppenspiel noch in zwei Sätzen verloren. „Ich kann nicht beschreiben, was ich fühle. Du kannst jedes Spiel gewinnen, das du willst. Ich bin dir sehr dankbar, dass du es heute nicht getan hast", sagte Zverev in Richtung Djokovic. Der Serbe entgegnete: „Du hast so viel besser gespielt als im Gruppenspiel. Du hast eine unglaubliche Karriere vor dir."

19. November 1995
Steffi Graf gewinnt deutsches Finale bei der WTA-WM gegen Anke Huber

Zwischen 1984 und 1998 wurde das Finale bei der WTA-Weltmeisterschaft im New Yorker Madison Square Garden über drei Gewinnsätze ausgetragen. Dreimal ging das Endspiel in den fünften Satz – so wie im Jahr 1995. Dort kam es zum ersten und bislang einzigen deutschen Finale bei einer WTA-Weltmeisterschaft.

Steffi Graf ging als klare Favoritin in das Duell gegen Anke Huber. Graf wurde ihrer Favoritenrolle gerecht und gewann das Match nach 2:47 Stunden Spielzeit mit 6:1, 2:6, 6:1, 4:6, 6:3. „Das ist ein wunderbares Ende eines unglaublichen Jahres", sagte Graf über ihren vierten von insgesamt fünf Weltmeistertiteln.

Huber nahm den Schwung der Endspielteilnahme beim Saisonfinale mit ins nächste Jahr und erreichte bei den Australian Open 1996 ihr erstes und einziges Grand-Slam-Finale.

20. November 1994
Boris Becker verliert WM-Finale in Frankfurt gegen Pete Sampras

Zum dritten Mal in Folge stand bei der ATP-Weltmeisterschaft in Frankfurt ein deutscher Spieler im Finale. Nachdem im Vorjahr Michael Stich den Titel gewinnen konnte, erreichte Boris Becker bereits zum sechsten Mal das Endspiel beim Saisonfinale der acht besten Spieler des Jahres.

Becker unterlag dem Weltranglistenersten Pete Sampras mit 6:4, 3:6, 5:7, 4:6 und verpasste seinen dritten WM-Titel. In der Gruppenphase hatte Becker gegen Sampras mit 7:5, 7:5 gewonnen und danach mit dem Sieg gegen Stefan Edberg dafür gesorgt, dass der US-Amerikaner doch noch ins Halbfinale einziehen konnte.

„Ich kann nicht erklären, was passiert ist. Ich habe mein Gefühl für fünf Minuten verloren und er hat er aus dieser Möglichkeit seinen Vorteil gezogen", sagte Becker. „Ich möchte dir danken, Boris, dass du mich hier sein lassen hast. Ich kaufe dir ein Apartment. Es spielt keine Rolle, was du willst", sagte Sampras nach dem WM-Titel.

21. November 1993

Michael Stich wird in Frankfurt ATP-Weltmeister

Bei der ATP-Weltmeisterschaft in Frankfurt konnte sich Titelverteidiger Boris Becker nicht für das Saisonfinale der acht besten Spieler des Jahres qualifizieren. Aus deutscher Sicht war stattdessen Michael Stich dabei.

„Wenn alle ihr bestes Tennis spielen, ist Michael Stich der Beste", sagten sowohl Pete Sampras als auch Jim Courier. Im Herbst 1993 spielte Stich sein bestes Tennis. Der Deutsche spielte sich bei der ATP-WM ins Finale vor und bezwang den Weltranglistenersten Sampras mit 7:6 (7:3), 2:6, 7:6 (9:7), 6:2.

„Es ist ein tolles Ende eines tollen Jahres. Nach Wimbledon ist dies der wichtigste Sieg", sagte Stich, der durch den Titelgewinn zum ersten Mal die Nummer zwei der Weltrangliste wurde.

Die Saison war allerdings noch nicht zu Ende für den Deutschen, der nach dem Weltmeistertitel kurz darauf auch noch den Davis Cup gewann und das Finale beim Grand Slam Cup erreichte.

22. November
1992
Boris Becker wird ATP-Weltmeister an seinem 25. Geburtstag

Einen schöneren Geburtstag hätte Boris Becker sich wohl nicht vorstellen können. An seinem 25. Geburtstag stand der Deutsche im Endspiel der ATP-Weltmeisterschaft in Frankfurt gegen Jim Courier. Becker holte sich den zweiten Weltmeistertitel nach 1988, indem er den US-Amerikaner nach einer beeindruckenden Vorstellung mit 6:4, 6:3, 7:5 besiegte.

Nach dem Titelgewinn animierte Becker das Publikum in der Frankfurter Festhalle dazu, ihm ein Geburtstagsständchen zu singen. „Es war das Unglaublichste, was ich hier in Deutschland erlebt habe. Vielen Dank dafür. Solch ein Saisonende zu haben, ist traumhaft für mich", sagte Becker direkt im Anschluss an den Turniersieg und ergänzte später: „Ich spiele wahrscheinlich besser als in meiner gesamten Karriere. Ich habe viel gelitten diesen Sommer. Ich konnte nicht die French Open spielen und habe nicht allzu gut gespielt in Wimbledon und bei den US Open. Ich spürte, dass ich es noch in mir habe. Und ich wollte es herausbringen."

Bei der Siegerehrung gab es schließlich noch eine Geburtstagstorte für den frisch gebackenen Weltmeister. Becker stand insgesamt achtmal im Finale der ATP-Weltmeisterschaft und gewann dreimal den Titel.

23. November
2014
Die Schweiz gewinnt erstmals den Davis Cup

Das Davis-Cup-Finale zwischen Frankreich und der Schweiz wurde zum Rekordmatch. Denn die Partie fand vor einer beeindruckenden Rekordkulisse statt. Das Fußballstadion des OSC Lille, das Stade Pierre-Mauroy, wurde für das Endspiel zu einem Tennisstadion umfunktioniert. 27.432 Zuschauer konnten nach Umbau des Stadions das Endspiel verfolgen.

Die Schweiz um ihre Superstars Roger Federer und Stan Wawrinka wollte endlich den ersten Davis-Cup-Titel gewinnen. Nach einem Sieg von Wawrinka (gegen Jo-Wilfried Tsonga) und einer Niederlage von Federer (gegen Gael Monfils) stand es nach dem ersten Tag 1:1. Im Doppel siegten Federer und Wawrinka. Und Federer sorgte mit einem klaren 6:4, 6:2, 6:2 gegen Richard Gasquet für den Premierentitel der Schweiz im Davis Cup.

„Es ist ein Gefühl, das sich nicht in Worte fassen lässt. Dieser Sieg ist nicht für mich, sondern für meine Jungs, für das Team", sagte der zu Tränen gerührte Federer und fügte an: „Es ist ein großer Tag für unser kleines Land."

24. November 1996

Boris Becker und Pete Sampras spielen Tennis von einem anderen Stern

Im Finale der ATP-Weltmeisterschaft 1996 in Hannover kam es im Endspiel zum Jahrhundertmatch zwischen Boris Becker und Pete Sampras. Die Atmosphäre in der Messehalle in Hannover war von Anfang an elektrisierend.

„Ich hatte eine dicke Gänsehaut. Es war wirklich unbeschreiblich. So ein Gefühl hatte ich auf einem Tennisplatz noch nie. Ich musste meine Gefühle zügeln, damit ich mich wirklich auf das Match konzentriere und nicht schon das Glücksgefühl auf dem Platz bekomme", meinte Becker später zur unglaublichen Atmosphäre.

Das Match begann mit einem Paukenschlag – mit vier Assen von Becker in Folge. Es entwickelte sich ein offener Schlagabtausch, bei dem Becker und Sampras ihr ganzes Repertoire auspackten. Die Medien bejubelten ein Match, das „Tennis von einem anderen Stern" bot – mit dem besseren Ende für Sampras. Der US-Amerikaner siegte mit 3:6, 7:6 (7:5), 7:6 (7:4), 6:7 (11:13), 6:4.

Becker war trotz der Niederlage zu Scherzen aufgelegt. „Haben wir eigentlich schon Tag oder ist schon Nacht? Ich habe völlig die Orientierung verloren", kommentierte er seinen Gemütszustand, um noch hinzuzufügen. „Jetzt mal im Ernst. Das war mein bestes Tennismatch, was ich in meinem Leben gespielt habe. Ich bin sehr stolz darauf."

25. November
2018
Kroatien gewinnt letzten traditionellen Davis Cup

Im Davis-Cup-Finale 2018 standen sich Kroatien und Frankreich in Lille gegenüber. Das Endspiel war von besonderer Bedeutung, da der Davis-Cup-Sieger zum letzten Mal im klassischen Format mit Heim- und Auswärtsspielen ermittelt wurde.

Die Franzosen, die als Titelverteidiger im Finale standen, konnten ihren Heimvorteil nicht nutzen. Marin Cilic brachte durch ein 7:6 (7:3), 6:3, 6:3 gegen Lucas Pouille das kroatischen Team uneinholbar mit 3:1 in Führung. Für Kroatien war es der zweite Davis-Cup-Titel nach 2005.

„Man wird nicht jeden Tag Davis-Cup-Sieger. Es war ein perfektes Wochenende, wir haben alle davon geträumt. Ich bin unglaublich stolz auf das Team", sagte Cilic. Seit 2019 wird der Davis-Cup-Sieger in einem Finalturnier mit 18 Nationen ermittelt.

26. November
1998
Pete Sampras stellt Weltranglistenrekord auf

Zum sechsten Mal in Folge stand fest, dass Pete Sampras das Jahr als Nummer eins der Welt im Herrentennis beenden würde. Bei der ATP-Weltmeisterschaft sicherte sich der US-Amerikaner die Führung in der

Weltrangliste bis zum Jahresende, nachdem Marcelo Rios, die Nummer zwei der Welt, nach seiner ersten Niederlage in der Gruppenphase verletzungsbedingt nicht mehr antreten konnte.

„Das ist eine ultimative Leistung. Es wird wahrscheinlich nie gebrochen werden. Ich versuche, trotz allem demütig zu bleiben, aber der Rekord spricht für sich selbst. Es ist etwas überwältigend", sagte Sampras, der zwischen 1993 und 1998 das Jahr als Nummer eins in der Weltrangliste beendete.

Jimmy Connors gelang der Jahresabschluss als Nummer eins der Welt zwischen 1974 und 1978 fünfmal in Folge. Sampras kassierte, wenige Tage, nachdem sein Rekord feststand, bei der ATP-Weltmeisterschaft eine überraschende Niederlage. Im Halbfinale unterlag er dem spanischen Sandplatzspezialisten Alex Corretja nach Vergabe von drei Matchbällen.

27. November 2016

Argentinien feiert Titelpremiere im Davis Cup

Darauf musste Argentinien sehr lange warten. Die Gauchos standen nach 1981, 2006, 2008 und 2011 zum fünften Mal im Finale des Davis Cups und strebten nach dem ersehnten Premierentitel im wichtigsten Mannschaftswettbewerb. Die Argentinier trafen im Endspiel auswärts in Zagreb auf Kroatien.

Nach den ersten beiden Tagen stand es 2:1 für die Kroaten. Nachdem am Schlusstag Marin Cilic im Spitzeneinzel gegen Juan Martin del Potro mit 2:0 in den Sätzen in Führung ging, schien der Davis-Cup-Traum von Argentinien abermals zu platzen. Doch del Potro kämpfte sich zurück, siegte mit 6:7 (4:7), 2:6, 7:5, 6:4, 6:3 und glich zum 2:2 aus. „Das war ein unglaublich emotionales Match und einer der wichtigsten Siege meiner Karriere", sagte del Potro nach dem Kraftakt.

Im entscheidenden Einzel setzte sich Federico Delbonis gegen Ivo Karlovic mit 6:3, 6:4, 6:2 durch. „Einer meiner Träume ist wahr geworden", sagte Delbonis über den Premierentitel von Argentinien im Davis Cup.

28. November 1985
Boris Becker verliert Auftaktmatch bei den Australian Open

Boris Becker ging als einer der Turnierfavoriten in die Australian Open, die in jenem Jahr zum letzten Mal zum Ende des Jahres ausgetragen wurden. Es war das vorletzte Mal, dass das Grand-Slam-Turnier in Melbourne auf Rasen gespielt wurde. Da Becker einige Monate in Wimbledon als 17-Jähriger seinen ersten Grand-Slam-Titel gefeiert und zuvor auch das Rasenturnier im Londoner Queen's Club gewonnen hatte, reiste er mit großen Erwartungen zu den Australian Open.

Im Jahr zuvor hatte Becker in Melbourne kurz nach seinem 17. Geburtstag das Viertelfinale erreicht. Doch diesmal scheiterte er als Nummer vier der Setzliste bereits in seinem Auftaktmatch. Becker verlor gegen den Niederländer Michiel Schapers, Nummer 188 in der Weltrangliste, mit 6:3, 4:6, 6:7 (6:8), 6:4, 3:6.

„Ich habe mich selbst überrascht damit, wie schlecht ich spielen kann", sagte Becker nach der sensationellen Auftaktniederlage.

29. November 2015
Andy Murray führt Großbritannien zum Davis-Cup-Titel

Darauf musste Großbritannien 79 Jahre lang warten. Angeführt von Andy Murray, gewann das britische Team im Finale gegen Belgien den Davis Cup.

Murray besiegte David Goffin mit 6:3, 7:5, 6:3 und brachte seine Mannschaft uneinholbar mit 3:1 in Führung. „Das ist natürlich ein unglaubliches Gefühl. Ich denke, es wird ein paar Tage dauern, bevor ich es begreife. Ich war wahrscheinlich nie so emotional wie jetzt nach einem Match, das ich gewonnen habe. Es ist unglaublich, dass wir es geschafft haben, diesen Wettbewerb zu gewinnen. Ich hätte nicht gedacht, dass es möglich ist. Das ist toll", sagte Murray.

Der Brite gewann in jenem Jahr alle Partien, die er im Davis Cup spielte – acht Einzel und drei Doppel.

30. November 2003

Australien gewinnt den Davis Cup

Im Davis-Cup-Finale zwischen Australien und Spanien in Melbourne auf Rasen ging es mit einer 2:1-Führung für Australien in den Schlusstag. Dort trafen Mark Philippoussis und Juan Carlos Ferrero aufeinander. Philippoussis setzte sich mit 7:5, 6:3, 1:6, 2:6, 6:0 durch und sicherte Australien den Titelgewinn.

Der Australier spielte dabei zum Ende unter starken Schmerzen wegen einer Verletzung des Brustmuskels. Dennoch schafft es Philippoussis mit Unterstützung der 14.000 Zuschauer in der Rod Laver Arena, den fünften Satz mit 6:0 zu gewinnen. „Das Publikum war unglaublich. Darum geht es im Davis Cup. Ohne sie hätte ich es nicht geschafft. Es pusht dich und betäubt den Schmerz", sagte Philippoussis. Für Australien war es der 28. und bislang letzte Triumph im Davis Cup.

Dezember: Davis-Cup-Helden

1. Dezember
1995
Pete Sampras gewinnt mit Krämpfen und wird zum Davis-Cup-Helden der USA

Pete Sampras avancierte im Davis-Cup-Finale in Moskau zwischen Russland und der USA zum Matchwinner. Der Weltranglistenerste spielte sein intensivstes Davis-Cup-Wochenende in seiner Karriere und war am Ende der gefeierte Held für die USA.

Im Eröffnungseinzel rang Sampras Andrei Chesnokov nach 3:38 Stunden mit 3:6, 6:4, 6:3, 6:7 (5:7), 6:4 nieder. Nachdem Sampras seinen zweiten Matchball nach einem wahnsinnigen 25-Schläge-Ballwechsel genutzt hatte, brach er von Krämpfen geschüttelt völlig zusammen. Nicht mal für das gegenseitige Händeschütteln am Netz reichte die Kraft. Sampras wurde sofort von Betreuern in die Kabine geschleppt.

„Wenn mein Ball gut ist, denke ich nicht, dass Pete einen weiteren Schlag hätte machen können", sagte Chesnokov. Sampras stimmte zu. „Ich weiß nicht, ob es hätte weitergehen können." Der US-Amerikaner gewann schließlich auch das Doppel an der Seite von Todd Martin und sicherte mit dem Erfolg gegen Yevgeny Kafelnikov in seinem zweiten Einzel den Davis-Cup-Sieg für die USA.

2. Dezember
2001

Nicolas Escude wird zum Davis-Cup-Helden in Frankreich

Es war alles angerichtet für den 28. Davis-Cup-Titel von Australien. Die Australier gingen als haushohe Favoriten in das Davis-Cup-Finale gegen Frankreich. Gespielt wurde zu Hause in der Rod Laver Arena in Melbourne auf Rasen. Mit dem aktuellen Weltranglistenersten Lleyton Hewitt, dem zweifachen Wimbledon-Finalisten Patrick Rafter und dem Weltklasse-Doppelspieler Todd Woodbridge hatten die Australier eine schlagkräftige Truppe beisammen. Die Franzosen setzten hingegen auf Teamgeist und waren damit erfolgreich.

Nicolas Escude avancierte zum Helden für die Franzosen, indem er zunächst im Auftakteinzel Hewitt in fünf Sätzen bezwang und dann auch das alles entscheidende Schlusseinzel gewann. Escude besiegte Australiens Aufschlagriesen Wayne Arthurs, der für den verletzten Rafter einspringen musste, mit 7:6 (7:3), 6:7 (5:7), 6:3, 6:3.

„Das braucht vielleicht eine Weile, bis mir das bewusst wird. Hier zweimal zu gewinnen, ist unglaublich. Den Davis Cup zu gewinnen, noch viel besser", freute sich Escude über den Davis-Cup-Titel für Frankreich.

3. Dezember
1989

Boris Becker verliert in New York WM-Finale gegen Stefan Edberg

Zum 13. Mal in Folge und zum letzten Mal fand die ATP-Weltmeisterschaft, das Saisonfinale der acht besten Spieler des Jahres, im New Yorker Madison Square Garden statt. Boris Becker ging als Titelverteidiger und Nummer zwei der Weltrangliste ins Turnier. Der 22-jährige Deutsche spielte sich souverän ins Finale vor und traf dort auf seinen Dauerrivalen Stefan Edberg.

In der Gruppenphase hatte Becker gegen den Schweden klar mit 6:1, 6:4 gewonnen. Im Finale wurden die Karten neu gemischt. Becker unterlag Edberg mit 6:4, 6:7 (6:8), 3:6, 1:6. Nachdem der Deutsche im Tiebreak des zweiten Satzes einen Satzball vergeben hatte, schwanden die Kräfte. „Ich fühlte mich hinterher müde, geistig und körperlich völlig leer", sagte Becker nach dem verlorenen WM-Finale.

Edberg schaffte das Kunststück, innerhalb von 24 Stunden zunächst die Nummer eins der Welt im Halbfinale, Ivan Lendl, und dann im Finale die Nummer zwei der Welt, Becker, zu besiegen.

„Ich habe auf diesen Titel gewartet. Es ist etwas, das ich brauchte. Ich muss an mich glauben, weil ich das Spiel und das Talent habe, um mich dem Wettbewerb um die Nummer eins der Welt zu stellen", sagte Edberg. Zwei Wochen trafen Becker und Edberg im Davis-Cup-Finale erneut aufeinander. Diesmal siegte der Deutsche klar in drei Sätzen.

4. Dezember
2000

Gustavo Kuerten wird erstmals Nummer eins der Welt

Gustavo Kuerten schaffte erstmals den Sprung an die Spitze der Weltrangliste und beendete das Jahr als Nummer eins der Welt – als erster Südamerikaner in der Tennisgeschichte. Der Brasilianer musste dafür die ATP-WM in Lissabon gewinnen, um Marat Safin vom Weltranglistenthron zu stürzen. Und Kuerten tat dies ausgerechnet in dem Land, in dem wie in Brasilien portugiesisch gesprochen wird.

Der 24-Jährige besiegte im Finale der ATP-WM Andre Agassi mit 6:4, 6:4, 6:4. „Ich kann es noch gar nicht fassen. Es wird wohl einige Tage dauern, bis ich es begriffen habe. Es war eine tolle Woche. Das letzte Turnier, das letzte Match des Jahres. Ich musste alles geben", sagte Kuerten. Der Brasilianer, der dreimal die French Open gewann, führte die Weltrangliste für insgesamt 43 Wochen an.

5. Dezember 1988
Boris Becker, Ivan Lendl und der weltberühmte Netzroller

Boris Becker und Ivan Lendl lieferten sich 1988 im Saisonfinale der acht besten Spieler des Jahres im New Yorker Madison Square Garden ein denkwürdiges Match mit einem spektakulären Ende. Das Endspiel musste im Tiebreak des fünften Satzes entschieden werden. Wie ausgeglichen dieses Finale war, zeigte ein Blick in die Statistik. Vor dem Tiebreak hatten beide Spieler 157 Punkte und 27 Spiele gewonnen.

Auch der Tiebreak wurde ein zähes Ringen um jeden Punkt. Bei 6:5 gab es den ersten Matchball für Becker. Es folgte der beste Ballwechsel der Partie, ein ungewöhnlich langer Ballwechsel für einen schnellen Teppichboden. Mal war Becker in der Defensive, mal war es Lendl, aber keiner traute sich den Weg ans Netz.

Schließlich schoben sich die beiden mit dem Rückhand-Slice den Ball lange zu. Mit dem 37. Schlag im Ballwechsel fiel dann die Entscheidung. Beckers Rückhand landete an der Netzkante und trudelte knapp hinters Netz auf die Seite von Lendl und bescherte dem Deutschen seinen ersten WM-Triumph. Nach 4:42 Stunden hieß es 5:7, 7:6 (7:5), 3:6, 6:2, 7:6 (7:5) für Becker.

„Am Ende habe ich den Ball nicht gesehen. Ich habe einfach nur gespielt und bin gelaufen. Spielen und laufen, ich wusste nicht mal den

Spielstand", erklärte Becker. Für Lendl hätte das Match kaum unglücklicher enden können. „Ich habe zu mir selbst gesagt: ‚Bitte, tue das nicht!' Aber es geschah. Wenn man das nicht unglücklich nennt, dann kann man nichts unglücklich nennen. Was kann man tun? Es ist herzzerreißend, aber du kannst dagegen nichts machen. Es war ein großartiges Match. Es gab nichts mehr, was ich hätte tun können, um zu gewinnen", erzählte Lendl.

6. Dezember
1984
Martina Navratilova verpasst bei den Australian Open den Grand Slam

Für Martina Navratilova lief das Tennisjahr 1984 nahezu perfekt. Navratilova verlor in ihrem ersten Turnier in jenem Jahr im Finale gegen Hana Mandlikova und startete dann eine unglaubliche Siegesserie. Die US-Amerikanerin gewann unglaubliche 74 Matches in Folge – die längste Siegesserie im Profitennis.

Navratilova triumphierte bei den French Open, in Wimbledon und bei den US Open. Bei den Australian Open, das zum damaligen Zeitpunkt als letztes der vier Grand-Slam-Turniere ausgetragen wurde, schien der Grand Slam, der Titelgewinn bei allen vier „Major"-Turnieren innerhalb eines Jahres, zum Greifen nah.

Navratilova verlor bei den Australian Open im Halbfinale trotz Traumstart gegen die Tschechoslowakin Helena Sukova mit 6:1, 3:6, 5:7. Im letzten Aufschlagspiel der Tschechoslowakin wurde es dramatisch, als Navratilova drei Matchbälle bei 0:40 und noch zwei weitere Matchbälle abwehren konnte, ehe der Traum vom Grand Slam platzte. „Es tut weh, aber ich werde darüber hinwegkommen", sagte Navratilova.

7. Dezember
1987
Ivan Lendl sichert sich mit Finalgala letzten Titel bei der ATP-WM

Die ATP-Weltmeisterschaft ist ganz eng mit Ivan Lendl verbunden. Der gebürtige Tschechoslowake stand zwischen 1980 und 1988 neunmal in Folge im Finale des Abschlussevents der besten Profis des Jahres. Bei der 1987er-Ausgabe gewann Lendl seinen fünften und letzten Titel und spielte eines seiner besten Turniere.

Im Finale deklassierte Lendl den Schweden Mats Wilander mit 6:2, 6:2, 6:3. „Heute war vielleicht das Beste, wie ich den Ball getroffen habe und mich bewegt habe. Ich glaube aber, dass es noch besser geht", sagte Lendl und kündigte an. „Es gibt noch Millionen Wege, wie ich mich verbessern kann. Es gibt noch so viele Dinge, die ich tun möchte. Jeder im Tennis würde gerne Grand-Slam-Turniere gewinnen. Ich habe meine Arbeit auf und abseits des Platzes gemacht. Und nun genieße ich die Früchte davon."

8. Dezember
1996
Boris Becker feiert beim Grand Slam Cup seinen letzten Titel

Boris Becker holte sich beim Grand Slam Cup in München, einem Turnier der besten 16 Grand-Slam-Spieler des Jahres, seinen 49. und letzten ATP-Titel. Der 29-jährige Deutsche spielte ein blitzsauberes Turnier und blieb in seinen vier Matches ohne Satzverlust.

Becker besiegte im Finale den Kroaten Goran Ivanisevic mit 6:3, 6:4, 6:4. „Ich habe unglaubliches Tennis gespielt und kaum Fehler gemacht. Ich liebe es, in meiner Heimat zu spielen", sagte Becker über seinen fünften Turniersieg in Deutschland.

„Ich wusste nicht, was ich tun sollte. Er war zu gut", sagte Ivanisevic. Für den Titelgewinn beim Grand Slam Cup erhielt Becker 1,875 Millionen US-Dollar Preisgeld. Es war der größte Preisgeldscheck in der Karriere des Deutschen.

9. Dezember 1985
Stefan Edberg gewinnt bei den Australian Open seinen ersten Grand-Slam-Titel

So etwas hatte es im Herrentennis noch nie gegeben. Zum ersten und bislang einzigen Mal standen sich zwei Schweden in einem Grand-Slam-Finale gegenüber. Stefan Edberg und Mats Wilander trafen im Endspiel der Australian Open, die zu diesem Zeitpunkt noch auf Rasen gespielt wurden, aufeinander.

Der 19-jährige Edberg entthronte den zweimaligen Titelverteidiger in Melbourne mit einem klaren 6:4, 6:3, 6:3 und sicherte sich seinen ersten Grand-Slam-Titel. „Ich war noch nie so glücklich. Das ist ein wundervoller Tag für mich und Schweden. Ich bin sehr froh, dass ich für meine Mutter und meinen Vater gewinnen konnte", sagte Edberg. Die beiden Schweden waren dermaßen gut miteinander befreundet, dass sie den Abend vor dem Finale zusammen verbrachten und vor dem Endspiel sogar miteinander trainierten.

„Wenn es jemanden gibt, bei dem es mir nichts ausmacht, zu verlieren, dann ist es Stefan. Er ist ein sehr guter Freund", sagte Wilander. Edberg sollte insgesamt sechs Grand-Slam-Titel gewinnen, jeweils zweimal bei den Australian Open und US Open sowie in Wimbledon.

10. Dezember
1995

Goran Ivanisevic gewinnt den Grand Slam Cup

Die erfolgsverwöhnten deutschen Fans hofften beim Grand Slam Cup in München, das Turnier der 16 besten Grand-Slam-Spieler des Jahres, auf die Finalteilnahme von Boris Becker. Doch der Deutsche scheiterte im Halbfinale am US-Amerikaner Todd Martin. Im Endspiel kam es zum Match zwischen Martin und Goran Ivanisevic.

Der Kroate sicherte sich den Titelgewinn und den Preisscheck von 1,6 Millionen US-Dollar mit einem 7:6 (7:4), 6:3, 6:4 gegen Martin. „Heute habe das ich geschafft, was ich immer schaffen wollte. Ich habe mein bestes Tennis im Finale gespielt. Ich war nicht ängstlich, jeden Schlag zu jeder Zeit zu machen. Außerdem habe ich unglaublich aufgeschlagen", sagte Ivanisevic, der insgesamt 28 Asse servierte.

11. Dezember
1994

Magnus Larsson macht sich beim Grand Slam Cup das beste Weihnachtsgeschenk

Als frisch gebackener Davis-Cup-Sieger mit Schweden reiste Magnus Larsson direkt weiter zum Grand Slam Cup in München. Der 24-Jährige krönte seinen traumhaften Dezember mit dem Gewinn des Turniers.

Larsson besiegte im Finale den Weltranglistenersten Pete Sampras mit 7:6 (8:6), 4:6, 7:6 (7:5), 6:4 und feierte seinen sechsten ATP-Titel. Der Schwede bekam für den Turniersieg beim Grand Slam Cup 1,5 Millionen US-Dollar und verdoppelte damit fast seine bisherigen Preisgeldeinnahmen, die vor Turnierbeginn bei 1,69 Millionen US-Dollar lagen.

„Das ist das beste Weihnachtsgeschenk, das ich bekommen kann", sagte Larsson, der sich dank seiner Halbfinalteilnahme bei den French Open 1994 für den Grand Slam Cup qualifizieren konnte.

12. Dezember 1993
Michael Stich verpasst beim Grand Slam Cup perfekten Jahresabschluss

Michael Stich ritt 1993 im November und Dezember in Deutschland eine Welle des Erfolgs. Nachdem er die ATP-WM in Frankfurt gewinnen konnte, sicherte er zwei Wochen später dem deutschen Davis-Cup-Team den dritten und bislang letzten Titel im Davis Cup. Kurz darauf trat Stich auch noch beim Grand Slam Cup in München als Titelverteidiger an.

Mit einem Fünfsatzsieg nach 0:2-Satzrückstand im Halbfinale gegen Stefan Edberg zog der 25-jährige Deutsche ins Finale ein. Sein Gegner Petr Korda hatte im Halbfinale Pete Sampras nach Abwehr von fünf Matchbällen und 4:32 Stunden Spielzeit mit 13:11 im fünften Satz bezwungen.

Einen Tag später mussten beide antreten zum Endspiel, das Stich nach 3:48 Stunden mit 6:2, 4:6, 6:7 (5:7), 6:2, 9:11 verlor. „Meine Beine haben aufgegeben. Ich hatte ein größeres Recht, müde zu sein. Er hat nicht aufgegeben und die wichtigen Punkte so gut gespielt", sagte Stich. „Ich habe die ganze Nacht Tennis in meinem Kopf gespielt und von meinem Match gegen Sampras geträumt. Ich bin optimistisch aufgewacht, weil ich mich fitter als erwartet fühlte. Mein Vater sagte mir: ‚Gib niemals auf. Sei ein Kämpfer auf dem Platz.' Genau das habe ich getan", sagte Korda.

13. Dezember 1992

Michael Stich gewinnt den Grand Slam Cup

Michael Stich holte sich seinen zweiten Titel in Deutschland, indem er den Grand Slam Cup in München gewann. Der 24-jährige Deutsche besiegte im Finale den US-Amerikaner Michael Chang klar mit 6:2, 6:3, 6:2. Für seinen Turniersieg erhielt Stich die Rekordpreisgeldsumme von zwei Millionen US-Dollar.

„Ich wäre viel glücklicher, wenn ich Wimbledon gewonnen und 10.000 US-Dollar Preisgeld erhalten hätte, als hier zu gewinnen und zwei Millionen zu kassieren. Für mich zählt es mehr, dass ich vier Top-Ten-Spieler in vier Matches geschlagen habe. Das Geld kommt danach, wenn ich begriffen habe, wie viel ich bekomme", sagte Stich nach dem Gewinn seines siebten ATP-Titels.

14. Dezember 1998

Roger Federer kassiert Geldstrafe wegen Verstoß gegen „Best-Effort-Regel"

Roger Federer ist der Inbegriff von Sportsgeist und Leidenschaft für den Tennissport. Der Schweizer war in jungen Jahren allerdings so etwas wie ein „Enfant terrible". Wutausbrüche und Schlägerwerfen sah man bei Federer immer wieder.

Bei einem Satellite-Turnier in Küblis in der Schweiz, einem Profiturnier der untersten Ebene, wurde der damals 17-Jährige wegen Lustlosigkeit bestraft. Federer traf in der ersten Runde auf seinen Landsmann Armando Brunold, den er einige Wochen zuvor bei einem weiteren Turnier in der Schweiz besiegen konnte. Doch diesmal war Federer nicht in Spiellaune.

„Er stand nur unmotiviert und nonchalant auf dem Platz und produzierte pro Spiel zwei Doppelfehler", berichtete Schiedsrichter Claudio Grether in der Federer-Biografie von Journalist René Stauffer. Federer verlor das Match mit 6:7, 2:6 und kassierte ein Strafgeld von 100 US-Dollar, da er laut Ansicht des Schiedsrichters gegen die „Best-Effort-Regel" verstoßen hatte, die verlangt, dass die Spieler ihr Bestes geben.

„Ich hätte ihn auch disqualifizieren können, aber dann hätte er den ganze Circuit nicht mehr spielen können", sagte Schiedsrichter Grether. Federer erhielt für die Teilnahme an der ersten Runde am Turnier in Büblis 87 US-Dollar. Er machte also wegen der Strafe 13 US-Dollar Verlust. „Die Buße war gerechtfertigt", zeigte sich Federer einsichtig.

15. Dezember
1990

Brad Gilbert und David Wheaton prügeln sich beinahe auf dem Platz beim Grand Slam Cup

1990 fand die Premierenausgabe des Grand Slam Cups in München statt. Ein Turnier mit den 16 besten Grand-Slam-Spielern des Jahres im Herrentennis. Den großen Aufreger beim ersten Grand Slam Cup boten im Halbfinale die US-Amerikaner Brad Gilbert und David Wheaton, die sich beinahe eine Prügelei lieferten. Zwischen den Landsmännern kam es zu hitzigen Diskussionen und gegenseitigem Schubsen, ehe sie von Turnieroffiziellen getrennt wurden. Auslöser für die aggressive Atmosphäre war eine Schiedsrichterentscheidung im Tiebreak des dritten Satzes, mit der Wheaton nicht einverstanden war.

„Brad hat etwas über meinen Bruder gesagt, das ich nicht mochte. Ich habe ihm gesagt, dass er seine Bemerkungen zurücknehmen solle. Wenn er mich zuerst geschlagen hätte, wäre ich ziemlich glücklich gewesen. Er hat geweint und gejault wie ein Kind und seinen Willen bekommen", sagte Wheaton über die Beinahe-Prügelei. Gilbert gewann schließlich das Match mit 6:3, 3:6, 7:6 (9:7), 2:6, 6:4.

„Es war wie einer dieser Schuljungenkämpfe, bei denen man mit Schimpfwörtern nur so um sich schmeißt. Den Zuschauern bleibt nicht verborgen, dass wir uns an den Kragen gehen, sie machen noch mehr Lärm, pfeifen und johlen. Wheaton rempelt mich an, und ich rempele zurück. Wir stehen Nase an Nase und brüllen uns ins Gesicht. Es ist wie im Zoo", beschrieb Gilbert die Situation in seinem Buch *Winning Ugly*.

16. Dezember 1988
Carl-Uwe Steeb schlägt Mats Wilander im Davis-Cup-Finale

Zum dritten Mal nach 1970 und 1985 stand Deutschland im Finale des Davis Cups und spielte erneut um den Premierentitel im Mannschaftswettbewerb. Wie schon 1985 traf die deutsche Mannschaft auf Schweden. In Göteborg auf einem Sandplatz ging das deutsche Team als Außenseiter ins Endspiel. Mit Mats Wilander und Stefan Edberg stellten die Schweden die beiden herausragenden Spieler des Jahres.

Im Eröffnungseinzel traf Carl-Uwe Steeb, damals die Nummer 74 der Welt, auf den Weltranglistenersten Wilander. Steeb spielte dabei das Match seines Lebens und gewann nach über fünf Stunden Spielzeit und einem 0:2-Satzrückstand sowie Abwehr eines Matchballs mit 8:10, 1:6, 6:2, 6:4, 8:6. Wilander war nach der ersten Niederlage in seiner Karriere nach 2:0-Satzführung fix und fertig.

„Ich fühle mich tot. Nicht in meinen Beinen, aber in meinen Schlägen. Er hat sein Spiel so gemixt, wie man es gegen mich auf Sand machen muss", sagte Wilander. Steeb war nach seinem glanzvollen Sieg euphorisiert. „Ich bin überglücklich. Am Anfang war ich nervös, aber nach vier Stunden denkt man nicht mehr darüber nach", sagte Steeb.

Im Anschluss fegte Boris Becker mit einem klaren 6:3, 6:1, 6:4 über Edberg hinweg und brachte die 2:0-Führung für das deutsche Team. Einen Tag später war der Premierentitel von Deutschland im Davis Cup vollbracht, als Becker und Eric Jelen das Doppel gewannen und das „Weihnachtsmärchen von Göteborg" perfekt machten.

17. Dezember 1989
Deutschland verteidigt Titel im Davis Cup

Ein Jahr nach dem „Weihnachtsmärchen von Göteborg" trafen Deutschland und Schweden erneut im Davis-Cup-Finale aufeinander. Für die Schweden war es das siebte Davis-Cup-Endspiel in Folge. Doch im Vergleich zum Jahr 1988 standen die Vorzeichen anders. Im Vorjahr waren die Schweden die klaren Favoriten, diesmal hatten die Deutschen leichte Vorteile. Gespielt wurde in Stuttgart auf einem schnellen Teppichboden, der Boris Becker sehr entgegenkam. Und Deutschlands Superstar lieferte vor heimischem Publikum eine einzigartige Galavorstellung ab und führte sein Land zum zweiten Davis-Cup-Titel.

Im Auftakteinzel gab es ein Wiedersehen zwischen Carl-Uwe Steeb und Mats Wilander, die sich ein Jahr zuvor ein denkwürdiges Duell geliefert hatten. In der Weltrangliste waren beide mittlerweile auf Augenhöhe. Doch diesmal behielt Wilander nach fünf Sätzen mit 5:7, 7:6 (7:0), 6:7 (4:7), 6:2, 6:3 die Oberhand und brachte die Skandinavier in Führung. Auf Becker war anschließend Verlass. Mit einem überzeugenden 6:2,-6:2,-6:4-Sieg gegen Stefan Edberg glich er für Deutschland aus.

Im Doppel brachte Becker zusammen mit Eric Jelen sein Team auf Siegkurs. Das deutsche Duo bezwang Jan Gunnarsson und Anders Jarryd in fünf spannenden Sätzen mit 7:6 (8:6), 6:4, 3:6, 6:7 (4:7) 6:4. Am Schlusstag lief Becker schließlich zur absoluten Hochform auf und fertigte Wilander mit 6:2, 6:0, 6:2 ab. Deutschland hatte seinen Titel verteidigt und zum zweiten Mal den Davis Cup gewonnen – wie im Vorjahr am 17. Dezember.

„Das ist das Beste, was jemand je gegen mich gespielt hat. Niemand kann Becker an einem Tag wie diesem schlagen, nicht auf diesem Belag", gestand Wilander ein. „Ich hätte nie geträumt, dass ich im Finale so gut spielen würde. Heute habe ich das beste Match meines Lebens gespielt. Es ist fast unmöglich für mich, besser zu spielen", freute sich Becker.

Und Niki Pilic, Vater das Erfolgs, schloss sich dem Tenor an. „Objektiv betrachtet, ich habe noch nie jemanden über drei Tage solche eine Art von Tennis in einem so wichtigen Match spielen sehen."

18. Dezember
2013

Boris Becker wird Trainer von Novak Djokovic

Es war eine Nachricht, die wie ein Blitz in der Tenniswelt einschlug. Novak Djokovic verkündete, dass Boris Becker zu seinem Trainerteam dazustoßen werde. „Ich bin total begeistert über die Möglichkeit, mit Boris zu arbeiten. Er ist eine wahre Legende", sagte Djokovic auf seiner Webseite.

„Ich bin stolz, dass Novak mich gefragt hat, sein Coach zu sein", sagte Becker, der wenige Tage zuvor in der TV-Show *Wetten, dass ...?* eine große Neuigkeit angekündigt hatte. Zunächst gab es viele Zweifel, ob Becker bei seinem ersten Engagement als Trainer großen Einfluss auf Djokovic haben würde.

Becker räumte schnell alle Zweifel beiseite und war drei Jahre lang als Trainer von Djokovic tätig. Mit dem Deutschen an der Seite kehrte Djokovic zurück zur Nummer eins der Welt und gewann fünf Grand-Slam-Titel.

19. Dezember 1987
Schweden verhindert historischen Davis-Cup-Titel von Indien

Indien spielte sich 1987 sensationell ins Davis-Cup-Finale mit Siegen gegen Argentinien, Israel und Australien – allesamt auf Rasen. Im Endspiel traf das indische Team auf Schweden, das als haushoher Favorit ins Finale ging. Nicht nur, weil die Schweden zu Hause in Göteborg spielen konnten, sondern auch, weil auf einem Sandplatz gespielt wurde.

Die Sensation blieb aus. Nach dem Doppel stand der vierte Davis-Cup-Titel von Schweden fest. Joakim Nyström und Mats Wilander besiegten die Brüder Anand und Vijay Amritraj mit 6:2, 3:6, 6:1, 6:2 und brachten die Skandinavier uneinholbar mit 3:0 in Führung. Für das indische Team spielte zudem Ramesh Krishnan im Einzel, was dazu führte, dass erstmals Vater und Sohn in der Geschichte von Davis-Cup-Endspielen standen. Ramanthan Krishnan hatte 1966 im Davis-Cup-Finale für Indien gespielt.

20. Dezember 1998
Roger Federer gewinnt die Orange Bowl

Roger Federer beendete seine Karriere bei den Junioren mit einem Turniersieg. Der 17-jährige Schweizer gewann die prestigeträchtige Orange Bowl, die inoffizielle Junioren-WM, in Key Biscayne im US-Bundesstaat Florida.

Federer besiegte im Finale den Argentinier Guillermo Coria mit 7:5, 6:3. Mit dem Titelgewinn bei der Orange Bowl schaffte der Teenager zum ersten Mal den Sprung auf Platz eins der Junioren-Weltrangliste. „Ein schönes Weihnachtsgeschenk", sagte Federer, der sich vor dem Turnier nach einer verlorenen Wette die Haare blond gefärbt hatte.

21. Dezember
1975
Björn Borg führt Schweden zum ersten Davis-Cup-Titel

Dank des Einflusses von Björn Borg entwickelte sich Schweden zwei Jahrzehnte lang zu einer Macht im Herrentennis, insbesondere im Davis Cup. 1975 schlug die große Stunde der Skandinavier.

Angeführt von Borg, holen sie den Premierentitel im Davis Cup. Im Endspiel in Stockholm siegte Schweden gegen die damalige Tschechoslowakei mit 3:2. Gefeierter Spieler war natürlich Borg, der alle drei Punkte zum Titelgewinn beisteuerte.

Der 19-Jährige gewann zunächst sein erstes Einzel gegen Jiri Hrebec mit 6:1, 6:3, 6:0. Im Doppel siegte Borg an der Seite von Ove Bengston. Den dritten und entscheidenden Punkt steuerte der Schwede mit einem klaren 6:4, 6:2, 6:2 über Jan Kodes bei. „Das war mein schönster Triumph. Ich habe immer davon geträumt, den Davis Cup zu gewinnen, seitdem ich vor drei Jahren mein erstes Match bestritten habe", sagte Borg.

Der Schwede verlor von 40 Einzeln im Davis Cup nur drei. Schweden gewann siebenmal den Davis Cup und stand insgesamt zwölfmal im Finale.

22. Dezember
1985
Deutschland verpasst Premierentitel im Davis Cup

Zum zweiten Mal nach 1970 stand Deutschland im Finale des Davis Cups. Die deutsche Mannschaft traf in einem Heimspiel in München auf Titelverteidiger Schweden.

Nach den ersten beiden Tagen hatte es 2:1 für die Skandinavier gestanden. Mats Wilander hatte Schweden mit einem Dreisatzsieg gegen Michael Westphal in Führung gebracht, Boris Becker glich mit einem Viersatzsieg gegen Stefan Edberg aus. Im Doppel unterlag Becker an der Seite von Andreas Maurer gegen Joakim Nyström und Wilander glatt in drei Sätzen. Am Schlusstag sorgte Becker mit einem 6:3, 2:6, 6:3, 6:3 über Wilander für den 2:2-Ausgleich.

Im entscheidenden Einzel traf Westphal auf Edberg. Der Deutsche begann stark, verlor jedoch mit 6:3, 5:7, 4:6, 3:6, sodass Deutschland weiter auf den Premierentitel im Davis Cup warten musste. „Ich war etwas nervös zu Beginn. Ich habe nicht gut gespielt, aber ich habe gekämpft. Und es hat sich ausgezahlt", sagte Edberg.

„Ich dachte, ich habe eine richtig gute Chance, weil ich gesehen habe, wie nervös er war", sagte Westphal. Drei Jahre später traf Deutschland erneut im Davis-Cup-Finale auf Schweden und gewann schließlich zum ersten Mal den Mannschaftswettbewerb.

23. Dezember
1973

Australien sichert sich historisches Triple

In den 1970er-Jahren waren Australien und die USA das Maß aller Dinge im Damen- und Herrentennis. Für die Australier war das Jahr 1973 ein ganz besonderes Jahr. Sie gewannen nicht nur den Davis Cup und den Fed Cup, sondern auch den Bonne Bell Cup, einen Ländervergleich zwischen den USA und Australien im Damentennis, der sich über drei Tage hinzog.

Nach zwei Tagen hatte es 3:3 gestanden. Der letzte Tag kam mit dem Spitzeneinzel zwischen Evonne Goolagong und Chris Evert. Die Australierin Goolagong gewann mit 6:4, 6:3. Kerry Melville brachte mit einem 2:6, 6:1, 6:4 gegen Julie Heldman Australien uneinholbar mit 5:3 in Führung. Das historische Triple von Australien mit dem Gewinn von drei prestigeträchtigen Titeln in einem Jahr war damit perfekt.

24. Dezember 2013
Roger Federer verkündet kommende Vaterschaft

An Heiligabend gab Roger Federer die frohe Botschaft auf seinem Twitter®-Profil bekannt. „Mirka und ich sind sehr glücklich, die Neuigkeit zu teilen, dass Myla und Charlene große Schwestern im Jahr 2014 sein werden. Happy Holidays", schrieb Federer.

Die Frau des Schweizers war erneut schwanger. Am 6. Mai 2014 wurden die Zwillinge Leo und Lennart geboren. Die Federers wurden 2009 bereits Eltern von Zwillingen. Am 23. Juli 2009 kamen Myla Rose und Charlene Riva zur Welt.

25. Dezember 2016
Angelique Kerber beendet Jahr als Nummer eins

Für Angelique Kerber war das Jahr 2016 das größte in ihrer Karriere. Das Traumjahr begann im Januar bei den Australian Open, als die Deutsche in der ersten Runde einen Matchball gegen sich hatte und anschließend ihren ersten Grand-Slam-Titel gewann – im Finale gegen Serena Williams.

Im weiteren Saisonverlauf folgten der Einzug ins Finale in Wimbledon, die Silbermedaille bei den Olympischen Spielen in Rio de Janeiro und der Titelgewinn bei den US Open. Nach den US Open wurde Kerber erstmals die Nummer eins im WTA-Ranking. Die Deutsche schloss das Jahr mit der Finalteilnahme bei der WTA-Weltmeisterschaft in Singapur ab.

Aufgrund ihrer Erfolge wurde Kerber in Deutschland zur Sportlerin des Jahres gewählt. „Das war ein Traumjahr für mich. Ich bekomme nach wie vor Gänsehaut, wenn ich hier stehe und das alles erzähle", sagte Kerber.

Nachdem sie im September die Führung in der Weltrangliste übernommen hatte, gab die Deutsche die Nummer eins bis zum Ende des Jahres nicht mehr ab. Kerber überwinterte damit als erste Deutsche seit Steffi Graf im Jahr 1996 als Weltranglistenerste.

26. Dezember
1972
Karl Meiler schlägt sensationell Ken Rosewall bei den Australian Open

Ken Rosewall ging als zweifacher Titelverteidiger und Nummer eins der Setzliste bei den Australian Open an den Start. In seinem Auftaktmatch traf der Australier auf Karl Meiler.

Der 24-jährige Deutsche spielte das Match seines Lebens und besiegte Rosewall klar mit 6:2, 6:3, 6:2. „Ich habe noch nie von Meiler gehört. Ich bin mir nicht mal sicher über seinen Vornamen", sagte der perplexe Rosewall nach der krachenden Niederlage.

Meiler nahm den Schwung aus dem Sensationssieg mit und erreichte bei den Australian Open das Halbfinale – sein bestes Grand-Slam-Ergebnis in seiner Karriere. Meiler gewann insgesamt vier Titel als Profi und schaffte es in der Weltrangliste bis auf Platz 20.

27. Dezember
2007
Evonne Goolagong wird nachträglich zur Nummer eins erklärt

31 Jahre, nachdem sie die Weltrangliste im Damentennis hätte anführen müssen, wurde Evonne Goolagong von der WTA nachträglich zur Num-

mer eins erklärt. Fehlende Papieraufzeichnungen, die nicht einberechnet wurden, führten dazu, dass die Australierin vom 26. April bis 9. Mai 1976 nicht die Spitzenposition auf der WTA-Tour innehatte.

Goolagong, eine Aborigine-Frau vom Stamm der Wiradjuri, ist damit die zweite Nummer-eins-Spielerin in der Geschichte der WTA-Tour. „Als es ans Licht kam, dass sie tatsächlich im Jahr 1976 für eine Zeitspanne die Nummer eins übernimmt, war es wichtig, diese Errungenschaft anzuerkennen", sagte der damalige WTA-Präsident Larry Scott. Goolagong gewann in ihrer Karriere sieben Grand-Slam-Titel im Einzel.

28. Dezember 1986

Pat Cash wird zum Davis-Cup-Helden für Australien

Pat Cash spielte sich im Davis-Cup-Finale zwischen Australien und Schweden in Melbourne in die Herzen aller Australier. Der 21-Jährige steuerte alle drei Punkte beim 3:2-Sieg gegen die favorisierten Schweden bei.

Cash bezwang zunächst im Eröffnungseinzel Stefan Edberg mit 13:11, 13:11, 6:4. Im Doppel siegte er an der Seite von John Fitzgerald gegen Edberg und Anders Jarryd mit 6:3, 6:4, 4:6, 6:1. Am Schlusstag drehte Cash einen 0:2-Satzrückstand gegen Mikael Pernfors und gewann mit 2:6, 4:6, 6:3, 6:4, 6:3. Somit holte Australien zum 26. Mal den Titel im Davis Cup.

„Das ist ein fantastisches Gefühl und mein größter Moment im Tennis. Das ist das beste Comeback, das ich geschafft habe", sagte Cash.

29. Dezember 2001
Roger Federer und Mirka Vavrinec spielen Liebesdoppel beim Hopman Cup

Roger Federer ist seit 2000 mit Miroslava „Mirka" Vavrinec liiert. Was einige nicht wissen, ist, dass seine Frau eine erstklassige Tennisspielerin war, ihre Karriere jedoch wegen einer hartnäckigen Fußverletzung früh beenden musste.

Beim Hopman Cup in Perth traten die beiden für die Schweiz als Team an. Die beiden waren zum damaligen Zeitpunkt seit mehr als einem Jahr ein Liebespaar. In ihrem ersten von drei gemeinsamen Mixed-Matches verloren Federer/Vavrinec gegen die Australier Lleyton Hewitt und Alicia Molik mit 3:6, 1:6. Zumindest in ihrem letzten Mixed siegten die beiden Schweizer. Ein Liebesdoppel beim Hopman Cup hatte es vorher noch nie gegeben.

30. Dezember 1972
Karl Meiler verpasst Finale bei den Australian Open

Nachdem Karl Meiler wenige Tage zuvor den zweifachen Titelverteidiger Ken Rosewall bei den Australian Open in der zweiten Runde besiegt hatte, ging die Reise des 23-jährigen Deutschen weiter. Meiler bekam die Chance, als erster Deutscher überhaupt das Finale bei den Australian Open zu erreichen.

Im Halbfinale traf er auf den Neuseeländer Onny Parun. Trotz guten Starts musste sich Meiler mit 6:2, 3:6, 5:7, 1:6 geschlagen geben und verpasste die Endspielteilnahme in Melbourne. Die Halbfinalteilnahme war das beste Grand-Slam-Ergebnis in der Karriere von Meiler, der es in der Weltrangliste bis auf Platz 20 schaffte. Von seinen 18 Finals auf Profiebene konnte er vier gewinnen.

31. Dezember
1977

Vitas Gerulaitis gewinnt bei den Australian Open seinen einzigen Grand-Slam-Titel

Vitas Gerulaitis stand stets im Schatten seiner Landsleute John McEnroe und Jimmy Connors. Bei den Australian Open 1977 schlug die große Stunde des US-Amerikaners. Gerulaitis nutzte die Abwesenheit einiger Topspieler und ging als Topgesetzter ins Turnier.

Das Finale in Melbourne wurde am Silvestertag ausgetragen. Gerulaitis besiegte den Briten John Lloyd mit 6:3, 7:6, 5:7, 3:6, 6:2 und gewann seinen ersten und einzigen Grand-Slam-Titel. Der US-Amerikaner verkündete nach dem Finalsieg, dass er ab Beginn des vierten Satzes unter starken Krämpfen litt.

„Ich wäre beinahe vom Platz gegangen am Ende des vierten Satzes. Aber, zum Teufel, das war ein Grand-Slam-Turnier und ich wollte nicht einfach aufgeben", sagte Gerulaits. „Heute war mein glücklicher Tag. Die Schmerzen waren furchtbar. Ich erinnere mich, wie ich im vierten Satz in den Himmel schaute und zu mir selbst sagte, dass ich nicht ohne eine Form von Hilfe gewinnen würde", ergänzte der US-Amerikaner.

ANHANG

1 LITERATUR

Bücher

Becker, B. (2003). *Augenblick, verweile doch ...* München: C. Bertelsmann Verlag.
Collins, B. (2010). *The Bud Collins history of tennis.* New York: New Chapter Press.
Fein, P. (2002). *Tennis confidential.* Washington, D.C.: Brassey's Inc.
Fein, P. (2008). *Tennis confidential II.* Washington, D.C.: Brassey's Inc.
Fein, P. (2005). *You can quote me on that.* Dulles: Potomac Books.
Flink, S. (2012). *The greatest tennis matches of all time.* New York: New Chapter Press.
Flink, S. (1999). *The greatest tennis matches of the twentieth century.* Danbury: Rutledge Books.
Gilbert, B. (1997). *Winning ugly.* Lüneburg: zu Klampen.
Hausschild, R. & Falz H. (1999). *Danke, Steffi.* Berlin: Sportverlag Berlin.
Henkel, D. (1993). *Steffi Graf.* München: Copress Sport.
Kaiser, U. (1992). *Sternstunden des Tennis.* München: Copress Sport.
Sampras, P. (2008). *A champion's mind.* New York: Random House.
Seles, M. (2009). *Getting a grip.* New York: Avery.
Stauffer, R. (2010). *Das Tennisgenie – Die Roger Federer Story.* München: Pendo Verlag.
Stauffer, R. (2019). *Roger Federer: Die Biografie.* München: Piper Verlag.
Walker, R. (2008). *On this day in tennis history.* New York: New Chapter Press.
Walker, R. (2014). *The days of Roger Federer.* New York: New Chapter Press.

Artikel

Eurosport (2017). Julia Görges triumphiert bei B-WM in Zhuhai. Zugriff am 1. März 2020 unter *https://www.eurosport.de/tennis/wta-elite-trophy/2017/julia-gorges-triumphiert-bei-b-wm-in-zhuhai_sto 6399062/story.shtml*

Eurosport (2017). Fed Cup: Hymnen-Skandal bei USA-Deutschland. Zugriff am 15. März 2020 unter *https://www.eurosport.de/tennis/fed-cup-2/ 2017/fed-cup-eklat-usa-spielt-erste-strophe-des-deutschlandliedes_ sto6056584/story.shtml*

Eurosport (2016). Alexander Zverev gewinnt sein erstes Turnier. Zugriff am 22. März 2020 unter *https://www.eurosport.de/tennis/atp-sankt-petersburg/2016/atp-st.-petersburg-alexander-zverev-gewinnt-sein-erstes-turnier-sieg-gegen-stan-wawrinka_sto5873654/story.shtml*

Focus (2009). Qualifikant Becker triumphiert in 's-Hertogenbosch. Zugriff am 1. März 2020 unter *https://www.focus.de/sport/tennis/tennis-qualifikant-becker-triumphiert-in-s-hertogenbosch_aid_410015.html*

Frankfurter Allgemeine Zeitung (2000). Gustavo Kuerten überwintert als Erster. Zugriff am 1. März 2020 unter *https://www.faz.net/aktuell/ sport/tennis-gustavo-kuerten-ueberwintert-als-erster-112484.html*

Frankfurter Allgemeine Zeitung (2001). Sieg in Stuttgart. Thomas Haas auf Beckers Spuren. Zugriff am 8. März 2020 unter *https://www.faz. net/aktuell/sport/tennis-sieg-in-stuttgart-thomas-haas-auf-beckers-spuren-139920.html*

Frankfurter Allgemeine Zeitung (2001). Haas in Wien auf den Spuren von Becker und Stich. Zugriff am 8. März 2020 unter *https://www. faz.net/aktuell/sport/tennis-haas-in-wien-auf-den-spuren-von-becker-und-stich-138931.html*

Frankfurter Allgemeine Zeitung (2004). Deutschland bleibt im Davis Cup zweitklassig. Zugriff am 15. März 2000 unter *https://www.faz.net/ aktuell/sport/tennis-deutschland-bleibt-im-davis-cup-zweitklassig-1178527.html*

Frankfurter Allgemeine Zeitung (2004). Haas gewinnt Finale von Los Angeles gegen Kiefer. Zugriff am 22. März 2020 unter *https://www.faz.net/aktuell/sport/tennis-haas-gewinnt-finale-von-los-angeles-gegen-kiefer-1175629.html*

Los Angeles Times (1994). Agassi again too much for Stich in rematch of US Open final. Zugriff am 1. März 2020 unter *https://www.latimes.com/archives/la-xpm-1994-10-24-sp-54047-story.html*

Los Angeles Times (1990). Graf shrugs off start, knocks off Sabatini. Zugriff am 1. März 2020 unter *https://www.latimes.com/archives/la-xpm-1990-11-12-sp-3359-story.html*

Los Angeles Times (1994). Graf turns tables on Austin. Zugriff am 8. März 2020 unter *https://www.latimes.com/archives/la-xpm-1994-02-24-sp-26696-story.html*

Los Angeles Times (1987). Becker beats Connors for Queen's club title. Zugriff am 15. März 2020 unter *https://www.latimes.com/archives/la-xpm-1987-06-16-sp-7609-story.html*

NTV (2001). Haas schlägt Sampras. Zugriff am 8. März 2020 unter *https://www.n-tv.de/sport/Haas-schlaegt-Sampras-article137412.html*

New York Times (1995). Graf wins, but Hingis shows all the Promise. Zugriff am 8. März 2020 unter *https://www.nytimes.com/1995/02/17/sports/tennis-graf-wins-but-hingis-shows-all-the-promise.html*

New York Times (1985). Becker is upset at Australian Open. Zugriff am 15. März 2020 unter *https://www.nytimes.com/1985/11/29/sports/becker-is-upset-at-australian-open.html*

Rheinische Post (2000). Kiefer siegt im Finale von Hongkong. Zugriff am 22. März 2000 unter *https://rp-online.de/sport/kiefer-siegt-im-finale-von-hongkong_aid-8224515*

Rheinische Post (2003). Deutsches Davis-Cup-Team steigt ab. Zugriff am 22. März 2020 unter *https://rp-online.de/sport/andere/pleite-deutsches-daviscup-team-steigt-ab_aid-16748337*

Spiegel (2003). Schüttler triumphiert in Lyon. Zugriff am 1. März 2020 unter *https://www.spiegel.de/sport/sonst/vierter-turniersieg-schuettler-triumphiert-in-lyon-a-269502.html*

Spiegel (2007). Haas triumphiert in Memphis. Zugriff am 8. März 2020 unter *https://www.spiegel.de/sport/sonst/tennis-haas-triumphiert-in-memphis-a-468543.html*

Spiegel (2007). Deutschland scheitert an Russland. Zugriff am 15. März 2020 unter *https://www.spiegel.de/sport/sonst/daviscup-halbfinale-deutschland-scheitert-an-russland-a-507344.html*

Sport1 (2017). Struff sichert DTB den Klassenerhalt. Zugriff am 1. März 2020 unter *https://www.sport1.de/tennis/davis-cup/2017/09/davis-cup-deutschland-bleibt-nach-sieg-gegen-portugal-in-weltgruppe*

Spox.com (2017). Seles-Attentat, Ende von Nadals Mega-Serie. Zugriff am 8. März 2020 unter *https://www.spox.com/de/tennisnet/1607/Artikel/atp-hamburg-elf-unvergessene-momente-am-hamburger-rothenbaum-42326.html*

Spox.com (2017). Connors-Show, Brown-Gala, Zverevs großer Sieg. Zugriff am 8. März 2020 unter *https://www.spox.com/de/tennisnet/turniere/atp/1706/Artikel/gerry-weber-open-atp-halle-denkwuerdige-momente-roger-federer-boris-becker-alexander-zverev-rafael-nadal.html*

Süddeutsche Zeitung (2018). Zverev holt seinen größten Sieg. Zugriff am 15. März 2020 unter *https://www.sueddeutsche.de/sport/zverev-djokovic-atp-finale-1.4216714*

Tagesspiegel (1998). Fünfter Turniersieg in Leipzig für Steffi Graf. Zugriff am 15. März 2020 unter *https://www.tagesspiegel.de/sport/fuenfter-turniersieg-in-leipzig-fuer-steffi-graf-der-verrueckteste-erfolg-den-ich-je-hatte/65136.html*

Tampa Bay Times (1990). Becker routs Edberg, wins Stockholm Open. Zugriff am 22. März 2020 unter *https://www.tampabay.com/archive/1990/10/29/becker-routs-edberg-wins-stockholm-open/*

Tennis.com (2019). Patrick Rafter became No. 1 – for one week. Zugriff am 22. März 2020 unter *https://www.tennis.com/pro-game/2019/07/20-years-ago-australias-patrick-rafter-became-no1-one-week/83691/*

Tennismagazin (2019). Als Sabine Lisicki ihren ersten Titel gewann. Zugriff am 23. Februar 2020 unter *https://www.tennismagazin.de/news/flashback-als-sabine-lisicki-ihren-ersten-wta-titel-gewann/*

Tennismagazin (2019). Miami Open: Die Fairplay-Geste von Agassi gegenüber Sampras. Zugriff am 23. Februar 2020 unter *https://www.tennismagazin.de/news/miami-open-die-fairplay-geste-von-agassi-gegenueber-sampras/*

Tennismagazin (2019). Indian Wells: Philipp Kohlschreiber schreibt Tennisgeschichte. Zugriff am 23. Februar 2020 unter *https://www.tennismagazin.de/news/indian-wells-kohlschreiber-schreibt-tennisgeschichte/*

Tennismagazin (2018). John McEnroe im Interview: „Hey, ich war die Nummer eins." Zugriff am 23. Februar 2020 unter *https://www.tennismagazin.de/interview/107019/*

Tennismagazin (2016). Kerber ist Sportlerin des Jahres 2016. Zugriff am 23. Februar 2020 unter *https://www.tennismagazin.de/news/naechste-ehrung-kerber-ist-die-sportlerin-des-jahres-2016/*

Tennisnet.com (2014). Denkwürdige Herren-Matches in Melbourne. Zugriff am 9. Februar 2020 unter *https://www.tennisnet.com/news/zehn-denkwurdige-herren-matches-bei-den-australian-open-39088*

Tennisnet.com (2014). Denkwürdige Damen-Matches in Melbourne. Zugriff am 9. Februar 2020 unter *https://www.tennisnet.com/news/zehn-denkwurdige-damen-matches-bei-den-australian-open-39129*

Tennisnet.com (2014). Sechs große Aufholjagden im Herrentennis. Zugriff am 9. Februar 2020 unter *https://www.tennisnet.com/news/atp-tour-sechs-grosse-aufholjagden-im-herrentennis-35488*

Tennisnet.com (2018). Australian Open: Hewitt, Baghdatis und das Late-Night-Finish. Zugriff am 9. Februar 2020 unter *https://www.tennismagazin.de/kurz-cross/australian-open-hewitt-baghdatis-und-das-late-night-finish/*

Tennisnet.com (2017). Die denkwürdigsten Disqualifikationen im Herrentennis. Zugriff am 16. Februar 2020 unter *https://www.tennisnet.com/news/atp-tour-die-denkwurdigsten-disqualifikationen-im-herrentennis-32066*

Tennisnet.com (2013). Zehn denkwürdige Endspiele in Melbourne. Zugriff am 16. Februar 2020 unter *https://www.tennisnet.com/news/zehn-denkwurdige-endspiele-der-australian-open-45929*

Tennisnet.com (2019). Als Karsten Braasch die Williams-Schwestern vernaschte. Zugriff am 16. Februar 2020 unter *https://www.tennisnet.com/news/australian-open-als-karsten-braasch-die-williams-schwestern-vernaschte-38836*

Tennisnet.com (2016). Es werden wieder Helden gesucht. Zugriff am 16. Februar 2020 unter *https://www.tennisnet.com/news/davis-cup-zehn-denkwurdige-davis-cup-endspiele-39970*

Tennisnet.com (2019). Der Grand Slam Cup. Zugriff am 16. Februar 2020 unter *https://www.tennisnet.com/news/grand-slam-cup-ein-millionen-turnier-ohne-richtigen-stellenwert-59429*

Tennisnet.com (2010). Mayer unterliegt Federer. Zugriff am 23. Februar 2020 unter *https://www.tennisnet.com/news/final-niederlage-in-stockholm-mayer-unterliegt-federer-60357*

Tennisnet.com (2017). Das Matchball-Drama um Michael Stich. Zugriff am 23. Februar 2020 unter *https://www.tennisnet.com/news/das-matchball-drama-um-michael-stich-und-das-vergebene-jahrhundert-finale-53564*

Tennisnet.com (2016). Sensationen in New York – Die größten Favoritenstürze bei den US Open. Zugriff am 23. Februar 2020 unter *https://www.tennisnet.com/news/us-open-die-grossten-favoritensturze-bei-den-us-open-53997*

Tennisnet.com (2011). Mit 39 Jahren ins Halbfinale der US Open. Zugriff am 23. Februar 2020 unter *https://www.tennisnet.com/news/der-unglaubliche-lauf-von-jimmy-connors-mit-39-jahren-ins-halbfinale-der-us-open-54169*

Tennisnet.com (2014). Sechs große Aufholjagden im Damentennis. Zugriff am 1. März 2020 unter *https://www.tennisnet.com/news/wta-tour-sechs-grosse-aufholjagden-im-damentennis-35578*

Tennisnet.com (2016). Tränen bei Olympia. Zugriff am 1. März 2020 unter *https://www.tennisnet.com/news/olympia-kiefer-schuttler-und-das-verschenkte-olympia-gold-48329*

Tennisnet.com (2017). Die olympische Zweckgemeinschaft. Zugriff am 1. März 2020 unter *https://www.tennisnet.com/news/olympia-boris-becker-michael-stich-und-die-olympische-zweckgemeinschaft-48356*

Tennisnet.com (2017). Aufholjagd in Vancouver. Zugriff am 1. März 2020 unter *https://www.tennisnet.com/news/erster-deutscher-fed-cup-sieg-aufholjagd-in-vancouver-51214*

Tennisnet.com (2017). Die Davis-Cup-Schlacht von Hartford. Zugriff am 8. März 2020 unter *https://www.tennisnet.com/news/boris-becker-john-mcenroe-und-die-davis-cup-schlacht-von-hartford-55116*

Tennisnet.com (2012). Zehn denkwürdige Endspiele in New York. Zugriff am 8. März 2020 unter *https://www.tennisnet.com/news/zehn-denkwurdige-endspiele-der-us-open-47940*

2 BILDNACHWEIS

Covermotiv und Grafik Tennisball: Adobe Stock

Coverlayout & Umschlaggestaltung: Katerina Georgieva

Innenlayout: Katerina Georgieva

Satz: Anja Elsen, Annika Naas

Lektorat: Dr. Irmgard Jaeger

Autorenfoto: Jürgen Hasenkopf

Abonnieren Sie unseren kostenlosen Newsletter unter **www.dersportverlag.de**

UNTERHALTSAMES AUS DER WELT DES FUSSBALLS

ISBN 978-3-8403-7685-6
€ [D] 18,00

ISBN 978-3-8403-7630-6
€ [D] 16,00

ISBN 978-3-8403-7702-0
€ [D] 16,00

ISBN 978-3-8403-7641-2
€ [D] 17,00

SPIEL DEIN BESTES TENNIS

ISBN 978-3-89899-847-5
€ [D] 19,95

ISBN 978-3-8403-7536-1
€ [D] 22,95

ISBN 978-3-89899-948-9
€ [D] 28,00

ISBN 978-3-89899-923-6
€ [D] 22,95

Preisänderungen vorbehalten und Preisangaben ohne Gewähr! Bild oben rechts ©AdobeStock

MEYER & MEYER	Telefon	02 41 - 9 58 10 - 25
Fachverlag GmbH	Fax	02 41 - 9 58 10 - 10
Von-Coels-Str. 390	E-Mail	vertrieb@m-m-sports.com
52080 Aachen	Website	www.dersportverlag.de

MEYER & MEYER VERLAG

Unsere Bücher erhalten Sie online oder bei Ihrem Buchhändler.

**Code Black
2x4er Tennisbälle**

Zuzahlung nur 1,– €

GLEICH HIER BESTELLEN

WWW.TENNISMAGAZIN.DE/M-M-SPORTS 040/38 90 68 80
(BEST.-NR.: 1960886)

Sie erhalten 3 Ausgaben tennis Magazin für nur 13,70 € inkl. MwSt. und Versand des jeweiligen Zuzahlungsbetrags. Dieses Angebot gilt nur solange der Vorrat reicht. Ersatzlieferung vorbehalten. Anbieter des Abonnements ist JAHR TOP SPECIAL VERLAG GmbH & Co. KG. Belieferung, Betreuung und Abrechnung erfolgen durch DPV Deutscher Pressevertrieb GmbH als leistenden Unternehmer.